九州文库

土地市场降温
与地方政府债务风险防控

丁　树　著

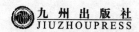

九州出版社
JIUZHOUPRESS

图书在版编目（CIP）数据

土地市场降温与地方政府债务风险防控／丁树著．
北京：九州出版社，2025.2. -- ISBN 978-7-5225
-3682-8

Ⅰ. F321.1；F812.7
中国国家版本馆 CIP 数据核字第 2025L7K850 号

土地市场降温与地方政府债务风险防控

作　　者　丁　树　著
责任编辑　陈春玲
出版发行　九州出版社
地　　址　北京市西城区阜外大街甲 35 号（100037）
发行电话　（010）68992190/3/5/6
网　　址　www.jiuzhoupress.com
印　　刷　三河市华东印刷有限公司
开　　本　710 毫米×1000 毫米　16 开
印　　张　14.5
字　　数　237 千字
版　　次　2025 年 2 月第 1 版
印　　次　2025 年 7 月第 1 次印刷
书　　号　ISBN 978-7-5225-3682-8
定　　价　89.00 元

前　言

中国共产党第二十届中央委员会第三次全体会议公报指出，要"落实好防范化解房地产、地方政府债务、中小金融机构等重点领域风险的各项举措"。

识别地方政府债务成因及其经济效应，进而防范化解地方政府债务风险，对维护中国经济高质量发展和社会稳定至关重要。由于独特的制度背景，中国地方政府债务与其他国家地方政府债务存在巨大差异，主要包括依托土地的举债方式，用于土地开发的资金用途，依赖土地使用权出让作为还款来源等。这些差异使他国现有政府债务管控措施在中国很难发挥效力。过去，中国经济发展速度快，经济活动活跃，对生产生活要素需求大，使得土地快速增值，地方政府可以依托土地增值快速扩张债务。2022年开始，受国内外多重因素影响，中国经济下行压力加大，土地下游的房地产市场供求关系发生巨大变化，土地市场迅速降温，地方政府债务失去重要的偿债资金来源——国有土地使用权出让收入。因此，地方政府债务风险日益凸显，严重威胁财政安全和经济稳定，亟需予以防范化解。

过往文献对中国地方政府债务做出了较为丰富的研究和探索，但一定程度落后于中国地方政府债务及其风险的演化和创新，部分文献忽略了土地、金融等宏观系统因素的关键作用。并且，鲜有文献从现实操作层面提出具体案例和实践对策。中国的地方政府债务不是一个独立的问题，而是整个经济、社会系统衍生的一个局部问题。因此，防范化解地方政府债务风险，既要从债务方——地方政府出发进行管控，也要从债权方——金融机构出发进行约束，还要从债务的信用来源——土地进行控制，从而建立起逻辑连贯、内外结合、完备可行的地方政府债务风险防范化解对策。

简单来说，中国的地方政府债务经历了"探索→发展→规范→变异→风险"的演化历程。特别是 2008 年后，中国积极的货币政策和财政政策使金融市场快速发展，走过了发达国家上百年才走过的道路。同时，地方政府债务依托土地制度和土地市场在金融属性上不断演化、变异、扩张。2008—2022年是"土地、金融、债务"共同作用、蓬勃发展的繁荣期，而 2023 年房地产市场快速降温打破了土地、金融、债务市场繁荣。基于以上现实状况，本书从土地切入，运用案例分析、仿真模拟等方法，详细分析了中国地方政府债务的起源、发展和特点，以及该类债务对中国经济、社会和政治的深远影响。本书认为，在土地市场降温背景下，地方政府可支配财力减少，地方政府债务面临的偿债压力和风险剧增，已成为财政、金融和国家经济的安全隐患。基于此，本书提出了一系列风险防范化解应对策略和政策建议，旨在帮助各级政府和政策制定者更好地理解、解决因土地偿债资金锐减可能引发的地方债务风险。

　　本书在研究内容上，结合"土地、金融"对地方政府债务展开研究，不仅揭示了我国地方政府债务及其风险的底层逻辑，还将其置于房地产、金融等更宽广的研究视域解读债务风险在主体间的作用和传染，研究内容具有很好创新性。研究方法上，选取具体城市的土地开发项目作为案例，具象化展示土地对我国地方政府债务的核心基石作用，增加了本成果的可读性和可靠性。同时，使用规范的数理和计量方法定量测度土地、政府债务之间的关系强弱和已有措施的管控效力，确保研究结论更加可靠、直观，研究方法具有较强创新性。学术观点上，相较于传统的内部控制观点，本书更注重从外部采用"去杠杆"等市场方法防范化解风险，观点上具有较好创新性。

　　迄今，中国地方政府债务已历经近 30 年的长期积累，防范化解其风险并非一朝一夕之功，需要多部门协同合作，遵循市场机制和经济规律长期协作，久久为功。

目 录
CONTENTS

导　论

截至 2023 年末，中国国债余额 30.0 万亿元，地方政府债务余额 40.7 万亿元，合计 70.7 万亿元，占 GDP 比重约 56%。叠加规模庞大的地方融资平台债务和各级政府对外应付义务，政府各类口径下的债务规模更大、债务率更高。近年来，随着土地市场降温，地方政府可支配财力下降，偿债能力被削弱。因此，地方政府债务风险已成为非常严峻且亟待解决的重大问题。

本书遵循债务生命周期的逻辑脉络，系统研究我国地方政府债务的起源、影响及风险防控。本书首先介绍地方政府债务的产生背景和土地市场发展情况，重点阐述地方政府债务的现实情况和土地市场降温的客观事实，列明本书的意义和价值。然后，梳理国外地方政府债务的已有研究，包括马斯格雷夫和布坎南对"政府举债"问题的不同见解，回顾二者对政府官员和政府职能的观点差异，以及不同观点下对政府债务的不同哲学理念，并综合性地对政府债务产生哪些经济效应的文献进行分类梳理，例如地方政府债务是否挤出私人投资，是否推动经济增长等。结合已有文献，本书从土地视角切入，按地方政府债务的时序发展，划分探索尝试、积极货币政策、灵活货币政策三个阶段，回顾不同学者对政府债务成因的不同观点。

基于以上社会现实和学术背景，接下来本书使用具体土地开发项目形象展示地方政府债务的形成过程。结合对金融机构、财政局等债务实践部门调研结果，咨询实务领域专家意见，本书挑选出典型案例：Z 市国资委控股 H 集团，及其受政府委托的 S 商务区土地开发项目。第一步，介绍 Z 市的经济、财政、债务情况。第二步，选取 Z 市国资开发商 H 集团作为案例对象，形象展示地方政府债务的形成过程。第三步，从操作流程、优点、缺点、风险、对策 5 个方面对债务展开分析，总结地方政府债务特征，阐明这一现象背后的客观动因。

在案例分析基础上，本书进一步在理论模型中引入土地因素，对地方政府债务形成过程进行仿真模拟。本书构建了一个包含购房者、房地产开发商和政府三个部门债务杠杆率的 DSGE 模型，使用中国宏观经济数据进行参数估计。分析结果表明，购房者、房地产企业和地方政府自身的杠杆率是地方政府债务水平的核心外生影响因素。结论指出，土地相关的地方政府债务，本质上是中国房地产举债行为随要素交易链条的溯源扩散，上游政府的债务规模和结构较大程度取决于下游开发商和购房者的举债意愿和能力。

接下来，是地方政府债务的计量实证。本书搜集各类年鉴数据、国泰安数据、Wind 金融终端数据，检验中国地级市 2008—2017 年 10 年间，土地房产等杠杆率是地方政府债务的显著成因。实证过程发现，地方政府债务存在较大"粘性"，举借的债务和上期存量债务显著正相关。该实证结果不仅证实了之前的章节结论，还发现了地方政府债务存在"自发增长"的自我强化机制。这与本书的案例分析和仿真模拟结果前后呼应。因此，从风险角度看，持续的信贷宽松将导致地方政府债务不断扩张，长年累月的"借新还旧"将导致地方政府债务风险持续累积，最终引发公共债务危机甚至财政危机。

在计量实证完成后，本书基于主体决策模型，按顺序阐述地方政府债务的经济效应。具体内容包括：为避免债务违约，地方政府对房地产政策存在决策硬约束，主动规避使房价、地价下跌的政策，自发选择稳房价的经济政策，形成政府决策的"单向棘轮效应"。债务还赋予政治家实现激励的机会，提高政治目标实现概率，因此地方政府债务扩张将软化政府财政约束效力。至于地方政府债务如何影响企业投资决策，取决于人民银行的货币政策宽松力度和精准度，不是简单的单向影响；地方政府债务对居民决策的影响，以居民是否有理性预期为准；地方政府债务是否引发财政风险和公共风险，取决于既定投资政策下的中央银行货币政策和金融机构盈利政策的选择。

在提出对策建议前，需要实证检验地方政府债务制度性管控措施的有效性。本书搜集中国 2014—2019 年各市国有企业财务数据，将其划分为城投企业和非城投国企两组后，使用双重差分方法（DID），检验地方政府债务风险事件行政问责机制的政策效应。结果表明，行政问责实施后，城投企业显著增强了筹资活动，提高了自身资产负债水平，从而避免债务违约引发问责。基于通报案例发现，该政策效应在地理上存在区域外溢性；分组回归表明行政问责对经济发达城市更加显著，地方政府债务的决策者会通过转移、集中负债，降低多主体管理成本，减小被问责概率。

为制定科学、合理、有效的对策建议，本书还对如何评估地方政府偿债能力做出分析。评估地方政府偿债能力是防范化解债务风险的关键前提。目前，我国金融领域的融资工具、资金用途、法律关系加速创新，地方政府债务呈现快速演化趋势；而且近年来的再融资占比上升、资金用途延伸、城投负债和担保增多等问题给合理界定地方政府债务边界和偿付义务造成较大困难，制约了地方政府偿债能力评估工作。基于理论分析，从资源角度，本书建议，应分类构建综合偿债能力评估指标矩阵，探索政府财务报告部分公开机制；从关系角度，应加快政府职能向服务型角色转变，从"管企业"转为"管资本"，制定重要机构清单，清晰划定政府与企业债务关系。

最后是防范化解地方政府债务风险的对策建议。在回顾以上研究结论基础上，本书提出了 5 点对策建议：（1）继续推动土地要素市场化改革；（2）更加合理地划分财政和一级开发商责任边界，建立制度约束；（3）更加广泛地运用市场约束；（4）建立财政的动态风险预警和评估机制；（5）建议财政、金融工作加强协调配合，提高政策的协同效力，保持对经济恢复的必要支持力度，用好宝贵时间窗口，实现社会经济全面协调发展。

本书结论可以概括为以下几个方面：一是金融信贷的快速发展以及宽松政策下信贷杠杆率提高是我国地方政府债务形成的重要原因。具体来说，由于地方政府依托土地，存在较强金融势能，在多方位内生因素和金融外生因素协同作用下，地方政府债务得以加速发展。二是部分地方政府债务起源于土地一级开发需求，存在不受财政预算刚性约束的优点，使土地一级开发更加便捷快速，但相应存在委托代理关系的"道德风险"和"逆向选择"，债务人存在使用地方财政"公共池"倾向。三是我国地方政府债务存在较大"粘性"。为了土地一级开发而举借的债务存在较大比例的"借新还旧"现象，过往存量债务扩大了现期债务。四是地方政府债务风险的防范化解必须协调金融监管、金融机构和金融政策相互配合，综合运用土地市场化改革、明晰政企权责边界、优化主体激励等手段，从根源上改变地方政府债务的核心动因。

第一章

绪　论

第一节　中国地方政府债务的形成背景

一、债务形成背景

（一）地方政府债务形成的现实背景

中国地方政府举借债务，支持当地社会公共投资和基础设施建设，累积了大量具有中长期回报潜质的优质公共资产，在过去很长一段时间内缓解了全国性基础设施供给不足困境，有效推动了中国经济发展。2015 年之前，受《预算法》约束，地方政府主要依托下属融资平台公司作为法人主体向金融机构举借债务，将信贷资金用于基础设施建设，从而推动土地增值，再将土地使用权出让后用出让金偿还历史债务。审计署统计显示，截至 2013 年 6 月末，全国各级政府已有 245 万笔政府性债务，全国政府性债务余额为 30.27万亿元，其中，地方政府负有偿还责任的债务为 10.89 万亿元，负有担保责任的债务为 2.67 万亿元，可能承担一定救助责任的债务为 4.34 万亿元，合计 17.9 万亿元[1]。审计署 2013 年《全国政府性债务审计结果》总结指出，地方政府举债主体主要是融资平台公司，为 6.97 万亿元，占地方政府性债务的

---

[1]　根据国务院相关文件，本书统称政府所有债务为"政府性债务"，并按"显性债务""隐性债务""直接债务""或有债务"等口径进行区分。根据本书研究主题，以下"地方政府债务"限定为债务人直接或间接借助地方政府信用举借、用于公共基础设施等土地增值、需要使用国有土地使用权出让收入等地方财力偿还、容易形成地方财政兜底预期的债务。

39%；审计结果同时指出，各地政府性债务增长较快，部分地方和行业负担较重。该审计结果公开后，为防范债务风险，帮助地方政府"开前门、堵后门"，全国人大常委会于 2014 年修订了《预算法》，赋予了我国地方政府（限定省级）公开发债的权力，各省和直辖市政府可在同级人民代表大会审批限额内，通过金融市场公开发行地方政府一般债券、专项债券筹措资金。公开举债的法律约束解除后，政府性债务中的显性债务（地方政府债券）规模持续扩大：2015 年，各省、自治区、直辖市在审批限额内公开发行地方政府债券；从 2017 年开始，各级地方政府开始发行土地储备专项债券、棚户区改造专项债券等各类土地开发类政府债券，后于 2019 年被叫停；截至 2023 年，全国地方政府以债券形式为主的显性债务余额为 40.7 万亿元，相对 2022 年同期同比增长 16.1%，债务增速远超 GDP 增速。特别是 2023 年下半年，各地方政府再融资债券发行提速，多数再融资债券资金用于偿还存量债务。再融资债券的大规模发行说明，各地政府债务期限结构存在问题，未来的地方政府债务规模仍会快速扩张。

从统计数据可见，地方政府债务中很大一部分是地方政府所控制法人主体的隐性债务。参考世界银行的财政风险矩阵，各地政府有大量隐性债务未完全被披露，这些债务主要以地方融资平台公司等国资法人实体的债务形式为主，凭借土地作为增信资产向金融机构举借。[①] 根据 Wind 金融终端，截止至 2023 年末，融资平台债务中，城投债规模高达 11.7 万亿元。根据官方定义，融资平台公司属地方政府所有，是以融资为目的组建的企业法人机构。它将土地储备与城市基础设施等代际公共产品相"捆绑"，是地方政府同中央展开表外策略博弈、软化财经纪律约束的工具载体。[②] 除此之外，城投企业有大量银行贷款、信托贷款、委托贷款、应付账款等债务尚未被披露，曾有学者估计隐性债务规模约在 21.39 万亿元~45.14 万亿元区间。

从以上债务规模来看，地方政府债务已成为我国金融市场的重要组成部分，对宏观经济发展发挥着巨大作用，亟需深入研究其起源，阐释其对经济的影响机理，提出可行的风险防控建议。

---

① POLACKOVA H. Contingent government liabilities: a hidden risk for fiscal stability [M]. Washington, DC: World Bank Publications, 1998: 3-8.

② 郭玉清，毛捷. 新中国 70 年地方政府债务治理：回顾与展望 [J]. 财贸经济，2019，40 (9)：51-64.

（二）债务依赖土地出让的现实背景

2013年，审计署公布的《全国政府性债务审计结果》指出，地方政府债务对土地出让的依赖程度较高，是该类债务的一大特征。根据财政部《2019年政府收支分类科目》，政府专项债务偿还被纳入"政府性基金预算"。另根据历年财政部公开信息，政府性基金预算85%以上收入是国有土地使用权出让收入，① 因此从偿债来源看，专项债务很大程度依赖土地使用权出让偿还。除专项债务外，大部分城投等政府融资平台债务同样依赖土地融资来偿还。融资平台作为隐性债务主体，最主要的借债手段是土地抵押融资，而土地租费收入是决定偿债能力的重要"制度外"财源。② 以上因素使得我国政府债务与土地、房地产市场联系紧密，筹措的债务资金投入公共基础设施建设，这些资金产生的价值"资本化"到土地中，最终依赖土地出让后所获收入偿还，形成规模庞大的地方政府债务。一旦房产价格下跌，传导至土地使其价格回落，那么会迅速削弱政府和融资平台的偿债能力，引发债务风险连锁反应。因此，在"城市土地归国家所有"制度设定下，依靠抵押品增值和出让收入增长而快速扩增的地方政府债务（也称为以地融资债务）已是政府参与市场资源配置的重要渠道，对整个宏观经济体系的影响不可忽视。

参考已有文献，本书的"地方政府债务"是指债务人直接或间接借助地方政府信用举借，用于公共基础设施等土地增值行为，需要直接或间接使用国有土地使用权出让收入予以偿还或履行远期结算义务，容易形成地方财政兜底预期的债务③。这类债务通常包括使用国有土地出让收入予以偿还的地方政府专项债务、地方政府与土地开发机构合同约定远期结算的土地开发款等。

从2019年开始，受房地产供求关系变化影响，各地土地出让减收与财政支出刚性增长之间的矛盾迅速凸显，而地方政府债务规模逆势增长。2019年，国有土地使用权出让收入同比下降11.4%，2022年同比下降23.3%，2023年同比下降13.2%，土地使用权出让收入减少而债务规模扩大，将产生严重的

---

① 2020年1—11月累计政府性基金预算收入7.27万亿元，其中，国有土地使用权出让收入为6.51万亿元，占比89.6%。

② 张莉，黄亮雄，刘京军. 土地引资与企业行为——来自购地工业企业的微观证据[J]. 经济学动态，2019（9）：84-98；朱军. 高级财政学Ⅱ—DSGE的视角及应用前沿（模型分解与编程）[M]. 上海：上海财经大学出版社，2019：72-73.

③ 毛捷，马光荣. 政府债务规模与财政可持续性：一个研究综述[J]. 财政科学，2022（11）：10-41.

财政收支缺口，累积财政风险。如果继续放任地方政府债务扩增，可能诱发经济危机。2020年12月中央经济工作会议明确提出，要"抓实化解地方政府隐性债务风险工作"。从2021年开始，以融资平台公司债务为代表的地方政府隐性债务进入"风险化解"阶段。

因此，与西方不同，中国地方政府债务依赖土地是中国特有国情，西方研究结论不能直接套用，必须结合土地对债务的形成机理及其影响机制展开研究。

（三）债务主体多样化和影响复杂化的社会背景

在地方政府债务中，债务人是地方政府、事业单位、融资平台公司等公共机构，债权人是金融中介。由于我国的地方政府债务包含土地这一必不可少的生产生活要素，导致我国的政府债务影响范围不仅仅局限于传统金融市场上的债权债务两方，大量机构深度参与其中。

（1）公共机构：债务人包括地方政府、事业单位、融资平台公司等公共机构。其中，以公开债券形式存在的债务人主要是各省级人民政府。省级以下人民政府需要发行债券的，由省级人民政府代为发行债券后转贷给省以下政府。事业单位，过去主要指以城市规划、土地整理等基建业务为主，属于各级地方政府行政机构下属事业单位法人；融资平台公司，是由地方政府及其部门和机构等通过财政拨款或注入土地、股权等资产设立，以地方国有企业属性承担政府投资项目融资功能，并拥有独立法人资格的经济实体，初期仅承担"公益项目"融资功能，后又扩展为承担"公益性或准公益性项目"。自2020年以来，医院、学校等地方事业单位开始出现"平台化"苗头，财政部在多次会议中强调，要妥善处理融资平台公司债务和资产，剥离其政府融资职能，防止地方国有企业和事业单位"平台化"，并要打破地方政府兜底预期，分类推进融资平台公司市场化转型。

（2）中央银行：我国的中央银行是中国人民银行，属于国务院直属行政部门，在国务院领导下制定和执行货币政策，维护金融稳定。2023年，中央银行公布执行的货币政策为"稳健的货币政策要精准有为，总量适度，节奏平稳，搞好跨周期调节，保持流动性合理充裕，保持货币供应量和社会融资规模增速同名义经济增速基本匹配。"为确保与GDP增速匹配，中央银行通过公开市场操作，调整房地产抵押品和干预购房杠杆率等工具调控宏观经济，间接影响土地价值和抵押债务规模、政府债务利率等债务核心要素，是地方政府以地举债融资行为的重要参与方。

（3）金融中介部门：我国金融中介包括商业银行、证券公司以及信托公司、私募资产管理公司等规章制度允许吸收存款或募集资金后进行贷款、投资的公司法人，中国的金融中介部门主要以"商业银行"为主。该类部门一方面在金融市场直接购买债券；另一方面接受政府信用、土地抵押等增信措施，向地方政府（含直属部门和事业单位）、地方融资平台、房地产部门、非房地产部门发放各类贷款。2003年以来，由于我国金融中介部门获得经营自主权，且金融中介部门内部存在"金融分权"，导致出现"弱融资约束"，进而导致地方政府有能力和动机扩充债务，加快土地开发。债务的持续增长，离不开金融中介部门提供的信贷资金①。

（4）房地产部门：房地产企业是连接土地、建筑物（商住用房）的核心部门，是住房需求逆向回溯到土地出让需求的关键节点②。该部门分为两类：一类是接受地方政府委托，对已有权利主体的土地进行征收、拆迁和整备，也称土地一级开发机构；另一类是土地二级开发机构，其主要从地方政府购买土地，向地方财政国库支付国有土地使用权出让金，成为政府债务偿债资金的供给来源；房地产部门也向金融机构抵押土地，举借债务，用于修建住房等土地开发操作；在销售终端，房地产部门将住房出售给居民，获取房地产终端销售收入。

（5）实体企业（非房地产部门）：除了资本、劳动力，实体企业还需要使用土地、政府公共投资所形成的基础设施进行生产。如果地方政府债务规模扩增过快，将对实体企业产生"挤出效应"。也就是说，政府如果向公众或商业银行举债规模过大，将引起实际利率上升，导致实体企业在既定技术水平下获得的信贷资源减少，最终导致财政增支的债务扩张全部被实体企业资产减少所抵消。

基于多部门交互行为影响，地方政府债务问题愈发复杂，传统的研究方法须得到改进。因此，需要在多部门基础上深入研究地方政府债务的形成机

---

① 毛捷，刘潘，吕冰洋. 地方公共债务增长的制度基础——兼顾财政和金融的视角 [J]. 中国社会科学，2019（9）：45-67.

② ANG A，BAI J，ZHOU H. The great wall of debt：Real estate，political risk，and Chinese local government financing cost [J]. The Journal of Finance and Data Science，2023，9：100098.

理及影响机制，模拟并定量测度地方政府债务对各部门经济行为的影响（路径、方向、大小），阐明政府债务影响经济活动的客观规律，最终为我国政府防范化解债务风险，实现宏观经济高质量发展提供科学解决方案。

（四）债务风险事件涌现的处置背景

财政单一制国家基本存在公共机构作为债务人承担政府债务以及公共投资支出责任的现象，中国作为公有制经济占主导地位的国家，这类现象更为普遍。2023 年开始的全国性房地产销量下滑和房价下降，导致各地土地出让规模减小，政府性基金收入的快速减少导致各地政府债务难以获得偿债资金来源。以全国土地出让收入为例，2023 年，国有土地使用权出让收入为 5.8 万亿元，同比下降 13.2%。

各地债务风险事件随之涌现。2023 年 10 月，上海票据交易所发布 9 月《承兑人逾期名单》，多家城投公司、城投子公司存在票据承兑逾期或持续逾期现象。同年 11 月，财政部监督评价局通报地方政府隐性债务问责典型案例，主要为国有企业代地方政府垫资建设、通过国有企业举债融资、要求代理银行垫付资金、承诺以预期土地出让收入作为偿债来源等 8 起隐性债务新增案例。

处置地方政府债务风险事件的财政重整计划随之出台运行。2016 年，《地方政府性债务应急风险处置预案》发布，其中设置了专门的风险处置模块：如果市县政府年度一般债务付息支出超过一般公共预算支出的 10%，或者专项债务付息支出超过当年政府性基金预算支出 10% 的，市县当地的债务管理领导小组或债务应急领导小组必须启动财政重整计划，并向省级政府报备；必要时，省级政府可以成立工作组进驻风险事件爆发的市县，帮助或者接管风险市县的财政管理，帮助制定或者组织实施风险市县财政重整计划。财政重整计划的主要内容包括：（1）拓宽财源渠道。（2）优化支出结构。财政重整期内，除必要的基本民生支出和政府有效运转支出外，压缩基本建设支出，压缩政府公用经费，控制人员福利开支，特别是机关事业单位暂停新增人员，必要时采取核减机构编制、人员等措施，并清理各类对企事业单位的补助补贴，甚至调整过高支出标准，优先保障国家出台的教育、社保、医疗、卫生等重大支出政策，严重者暂停土地出让收入各项政策性计提，土地出让收入扣除成本性支出后应全部用于偿还债务。（3）处置政府资产，公共机构的各类经营性资产、行政事业单位资产、国有股权等，结合市场情况予以变现。

（4）申请省级救助。（5）加强预算审查。2021年底，国内首个地级市财政重整计划被曝光，其宣布取消公开招聘政府基层工作人员计划后，引发全国各界关注。

现阶段，社会各界和各级政府对政府债务风险的处置，仍以"上级救助"和省级政府"再融资债券"为主。在人口数量下降、房地产市场衰退的大环境下，上级救助能否扑灭各地政府债务风险事件，逐渐消除并杜绝金融市场对上级政府"隐性担保"预期，最终遏制债务风险蔓延，是亟待解答的重大问题。

（五）风险化解工作急需建章立制的制度背景

中国的地方政府债务覆盖面较广，既有债券形式的地方政府债券，也有融资平台举借需要地方政府提供偿债支持的政府债务，更有不同部门急需地方财政资金履行的对外偿付义务。因此，中央政府很难制定有针对性、精准性的债务管控和风险化解政策。2010年以来，国务院、财政部、发改委等机构陆续发布关于加强政府债务和融资平台管理的通知，从事前、事中、事后对全国政府性债务问题进行规范。其间经历了以下几个阶段：清理规范、摸底排查、建章立制、债务阳光化、剥离政府功能、依法担责、分类处置等。但由于在地方政府债务各类主体中，大多以融资平台等国有企业法人为主，不仅债务本身涉及面广，而且偿债义务在法律上存在延伸性。一方面这类债务形式广泛，仅统计口径就难以清晰界定，股东结构、主营业务、收入来源等公司治理核心要素更难规范。一家国企，其性质是正常的生产经营性的产业企业，还是以举债开发为主营业务的"平台化"企业，边界十分模糊；另一方面，这类债务的治理涉及《公司法》《合同法》《预算法》等多项上位的法律规章制度，而这些法律之间的协调、顺位关系尚未完成统筹，紧急出台的治理政策有可能与以上法律制度相违背。

另外，地方政府债务除了快速扩张、依赖土地、主体复杂等现实问题外，债务工具的进化速度十分迅速，政策时效性很难确保这类债务得到有效治理。从2000年开始，早期的地方政府债务模式是抵押土地向银行贷款，2013年后兴起了在证券交易所和银行间市场公开发行债券，再往后随着金融市场的融资租赁业务的兴起，出现了以固定资产或设备进行融资租赁的类信贷业务，例如使用公立医院、学校作为借款人（承租人）向金融机构开展融资租赁业务；2017年以后又出现了集合票据、应收账款抵押、资产支持证券（ABS）、供应链金融、PPP 项目资产支持票据（PPP-ABN）等新型债务工具。法律赋予融资平台企业较大程度自主经营权，配合金融机构对金融从业人员的高额奖励方案，使地方政府债务的监管政策赶不上债务工具和债务关系的演化速度。

因此，"政策赶不上变化"成为国家各部门整治地方政府债务的难关，与其说是地方政府债务，不如说是各类对外偿付资金义务。因此，急需对债务治理政策进行优化，避免地方政府债务负担过多、过快累积。

二、本书的目标

针对地方政府债务，本书运用案例分析、理论模型、计量实证等方法，从土地视角展开经济学分析，计划完成以下几个研究目标。

1. 选取某地级市及其下属国有控股集团、该市某商住地块项目作为典型案例，全面考察地方政府、国有控股集团及其下属子公司的公开资料和调研材料，挖掘地方政府、地方国资控股集团及其下属子公司在土地、市政、住房等领域展开土地金融、土地财政的具体操作细节，归纳总结地方政府债务，实现效益最大化的具体内容，以案例方式形象展现我国地方政府土地相关债务形成过程及各主体相互关系，为后续理论模型和计量实证研究奠定微观基础。

2. 参考前期研究，采用全国地级市土地出让、信贷规模等数据，使用计量实证方法论证"贷款—土地—债务"的相互关系，即通过地级市土地出让和信贷数据说明，金融中介部门深度介入地方政府土地出让和土地金融过程，定量展示信贷资金和金融机构参与地方政府债务的广度、深度。

3. 运用一般均衡理论模型（DSGE），在结合土地融资驱动的事实基础上，设定与地方政府债务相关的各部门行为方程，求解债务和其他关键要素的稳态均衡解，校准参数和使用贝叶斯估计方法确定相关内生参数，进行脉冲响应分析，观测不同债务政策冲击后各部门不同响应，全面阐明政府债务的形成机理，以及政府债务对房地产企业和非房地产企业的劳动力、资本、土地配置的影响路径、影响方向、影响大小，识别政府债务影响各部门劳动力、资本配置的关键路径与核心节点，为我国有效管理政府债务风险提供理论依据。

4. 对已有政府债务管控措施的效力进行实证检验。搜集中国 2014—2019年各市国有企业财务数据，在将国有企业划分为城投企业和非城投国企两组后，使用双重差分方法（DID），检验地方政府债务风险事件行政问责机制的政策效应，为制定科学、合理的地方政府债务风险防范化解方案提供理论依据。

5. 综合现实案例、模型结果、计量结果，归纳总结我国地方政府债务形成机理和影响机制，预判我国政府性债务未来的演进趋势，结合近年来的现实案例进行验证，分析并提出防范化解地方政府债务风险的具体举措。

以上各个研究目标由现实到理论，确保了研究的科学性、系统性与整体性，以便为有效防范化解政府债务风险提供坚实科学依据。

三、本书的意义

纵观世界各国，政府债务是财政代表政府参与市场经济活动和金融活动的最广泛、最重要的财政政策工具，债务的规模、期限结构、资金用途、还款方式决定了财政能否有效实现宏观调控基本职能，决定了政府的行为边界和目标导向。中国作为社会主义国家，执行"以公有制为主体，多种所有制经济共同发展"的社会主义市场经济体制。从土地这一基本要素出发，剖析我国地方政府债务的形成机理和对经济的影响机制，对于防范化解地方政府债务风险具有很强的理论意义和实践意义。

（一）理论意义

我国信用市场的快速发展，使得地方政府债务在模式和结构上演化也较快，涉及主体愈发众多。但过往财政领域的政府债务研究集中于 2014 年之前的政府主导式开发债模式，聚焦行政因素和债务成因的因果关系检验，对最新的金融创新模式和创新工具较少涉及。本书从以下几方面就地方政府债务做出理论上的推进：首先，著者利用自身金融行业优势，深入挖掘分析了现行较为成熟且普遍的"一级开发模式"，展示了某地级市政府借债开展一级开发的流程细节，并就政府举债进行一级开发的模式进行了深入分析；其次，使用 DSGE 模型研究政府债务，将"杠杆率冲击"作为金融冲击的代表，补充完善了理论上尚未定量衡量土地杠杆率、金融杠杆率对政府债务冲击响应的缺陷，更加可视化、动态化地展示了地方政府债务成因；最后，本书在前人研究的基础上，通过将 Wind 金融终端的微观城投公司债券数据与城市统计年鉴数据、国土资源数据、国泰安数据进行整合，归集到地级市层面，定量分析地方政府债务的不同成因和成因系数，有助于量化展示中国"土地债务""土地金融"的现实情况，丰富和拓展了政府债务的财政理论，补充完善了政府债务的"资源配置""宏观调控"的财政职能学说。

（二）实践意义

本书使用案例分析、理论模型分析、计量实证分析等方法，揭示了地方政府债务的形成机理和影响机制，以及二者影响市场资源配置的客观规律，可为中央政府、省级政府合理控制地方政府债务，防范化解债务风险提供科学理论依据。2019 年，《土地增值税法（征求意见稿）》《土地管理法》均明确将涉及土地的部分税制细则立法权赋予省级人民政府。党的二十届三中全会进一步提出"拓展地方税源，适当扩大地方税收管理权限"。基于此，本书内容可为省级政府、省级人大常委会、法制办公室等部门提供实践帮助，为未来的立法过程提供科学理论支撑。近年来，房地产已成为全国金融行业最大的"灰犀牛"，抑制房地产泡沫，进而防范地方政府债务风险，防治财政危机，是防范化解重大风险攻坚战的核心内容。在实践中，本书可为金融监管部门制定相关政策法规、实现财政政策和货币政策协调发展提供决策参考。本书还研究了地方政府债务会产生哪些影响。地方政府债务规模深度影响着央地政府的房地产制度决策、居民购房决策、金融机构市场决策等经济行为，阐释地方政府土地相关债务对经济的影响效应，有助于我国构建全方位有效协调的宏观调控新机制，尤其有助于建立与高质量发展要求相适应、体现新发展理念的财政政策和货币政策协调配合机制。

第二节　中国土地市场降温的特征事实

一、土地基本制度与地方财政

目前，我国实行两种土地制度，分别是城市土地的国家所有制，和农村土地的集体所有制。前者是指国家代表全体人民，拥有城市土地的所有权。虽然国家是城市土地的所有者，但因为土地的不可移动性，只能由地方政府作为国家的代表，行使城市土地的所有权、处置权、收益权等各项权利[1]。土

---

[1]　刘民权，孙波. 商业地价形成机制、房地产泡沫及其治理 [J]. 金融研究，2009（10）：22-37.

地是人民赖以生存的基本生产生活资料，如何获取土地成为人民与政府之间必须解决的关键问题。

土地使用权批租制度应运而生。地方政府作为国家代表，在一级市场批租某个期限的国有土地的使用权，例如 70 年，一次性收取整个租期的使用权出让金，这就是我国的土地批租制度。城市土地（国有土地）的批租制度起源于 1987 年。随着非政府和非公共主体对土地需求的增大，1987 年，七届全国人大一次会议审批通过《宪法修正案》，约定"土地使用权可以依照法律的规定转让。"之后 1987 年《土地管理法》、1990 年《城镇国有土地使用权出让和转让暂行条例》规定了土地使用权批租的操作细节，至此土地批租制度正式落地成型。

仅有制度无法诞生大规模的土地财政，土地财政离不开以下几个先决条件。

1. 在财政体制上，1994 年分税制改革明确国有土地有偿使用收入归属地方财政收入；

2. 在土地制度上，土地使用有偿化改革；

3. 在住房导向上，住房商品化改革；

4. 在经济发展下，旺盛的居民住房需求。[①]

1994 分税制改革约定，国有土地有偿使用收入归属地方政府固定收入，因此土地出让收入成为地方政府在预算之外重要的财力来源。1998 年取消福利分房制度，全面实行住房货币化制度改革，将大部分居民住房需求推向市场。2001 年末加入 WTO，中国经济快速腾飞使得居民住房需求日益旺盛。至此，土地财政正式成为中国地方政府非常重要的收入来源。

2004 年全面实行的土地招拍挂制度，结束了各类公共主体依靠机构隶属关系低价获取土地的历史，标志着土地市场正式实现了商业化、公开化、透明化，增加了地方政府国有土地使用权出让收入规模。如图 1-1 所示，我国的国有土地出让收入规模从 2010 年的 2.82 万亿快速攀升至 2021 年的 8.50 万亿元，约占当年 GDP 规模的 7.4%。

随后从 2022 年开始，土地使用权出让收入开始下降。

---

① 陈志勇，陈莉莉．"土地财政"：缘由与出路 [J]．财政研究，2010 (1)：29-34.

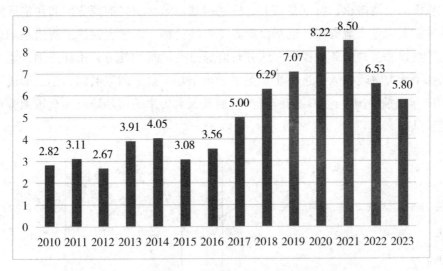

图1-1 历年国有土地使用权出让收入（单位：万亿元）

资料来源：中经网统计数据库。

二、土地市场降温的特征事实

如图 1-1 所示，2022 年国有土地使用权出让收入开始下降，可见土地交易市场发生了较为显著的变化。从高速增长转向降温，这一过程不仅影响了房地产业本身，也对经济、社会和地方政府财政产生了深远的影响。以下阐述中国土地市场降温的主要特征和事实。

如图 1-2 的房地产企业商品房销售面积和土地成交价款数据所示：

1. 2013 年之前，是中国房地产市场和土地市场的启动期。无论是房地产商品房销售面积，还是土地成交价款均在稳步上升，直至到达 2013 年的局部顶点。这期间商品房销售面积和土地成交价款稳步上升的主要原因是：（1）中国加入 WTO，消除了中国商品在全球的流通壁垒，降低了制造业产品的外贸交易成本，从而增强了中国制造业的国际竞争力。这一变化带来了制造业的快速扩张和出口的大幅增加，为地方政府提供了更多的税收和土地出让金，从而推动了土地市场的活跃。（2）外贸成本的降低使中国经济加速发展，加快了中国城镇化进程。随着经济的持续增长，越来越多的农业人口迁移到城市，寻求更多的就业机会和更高的生活质量，这直接推动了城市基础设施和住房需求的增加，加速了土地的开发和销售。（3）城镇化进程带来了大规模的土地需求，特别是商业、住宅用地需求。新兴的商业区和住宅区的开发需要大量土地资源，这不仅推高了土地价格，同时也促进了周边基础设施的建设和公共服务的提升。地方政府通过土地招拍挂方式出让土地，显著增加了地方财政收入，进一步加热了土地市场。这些因素共同作用，形成了2013 年之前中国土地市场持续升温的局面，为后来的市场降温和政策调整奠定了基础。

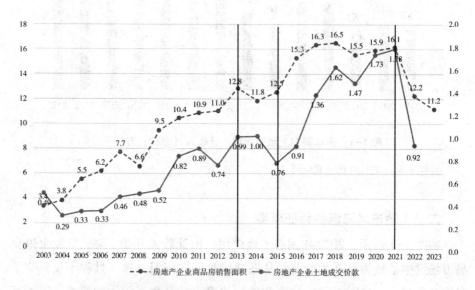

图 1-2　房地产行业情况（单位：亿平方米、万亿元）

资料来源：中经网统计数据库。

　　2. 2013—2015 年期间，是房地产和土地市场调整期。中国商品房销售面积和土地成交价款处于缓慢下降阶段，其中，商品房销售面积从 2013 年的12.8 亿平方米下跌至 2015 年的 12.5 亿平方米，土地成交价款下跌至 0.76 万亿元。这期间主要是房价涨幅过大和房地产企业债务过快增长，银行信贷在房地产行业集中度过高问题引发中央政府管控，人民银行要求金融机构收紧对各家房地产企业的开发贷款。虽然人民银行管控房地产信贷的文件未能公开，但《国务院办公厅关于继续做好房地产市场调控工作的通知》（国办发〔2013〕17 号）要求人民银行加强银行对购房者的差别化信贷政策，完善稳定房价工作责任制和现行住房限购措施。监管当局"暂停"房地产企业在资本市场的融资已有 3 年之久。在实际操作中，人民银行进行"窗口指导"，要求停止房地产企业相关业务，但对信托融资方面就没有这么严格，各地监管当局要求各家商业银行进行总量控制，银行执行层面通常制定房企"白名单"或满足"四三二"（四证齐全、30%资本金、二级以上开发资质）条件。虽然监管当局希望通过信贷管控手段稳定房价，但实际导致房地产企业和行业的融资利率快速上升。据《21世纪经济报》报道，2013年，房地产开发融资的一年期综合成本最高可以突破20%/年，15%/年左右的综合成本相当常见。

3. 2016—2021年期间，是房地产和土地市场局部繁荣期。房地产和土地市场在传统信贷资金之外，获得巨量金融资源倾斜，依托高杠杆、高周转、高负债模式，房地产行业开始突飞猛进。这期间，大部分金融机构从原来的"贷款"模式转为"类信贷""公开市场债券""明股实债"等新型模式规避中央政府（人民银行）管控房地产贷款业务的行政指令。这其中：（1）类信贷主要指金融机构通过非直接贷款方式提供融资，例如通过信托产品、资产管理计划等间接方式，为房地产项目提供资金。这种方式多通过理财产品向投资者募集资金，再将这些资金以投资的形式注入到具体的房地产项目中，从而绕开对房地产直接贷款的限制。（2）公开市场债券是指房地产企业通过资本市场，主要包括银行间市场、沪深交易所市场公开发行的房地产类债券，以筹集资金用于项目开发或债务重组。这种方式使房地产各类企业能够直接向公众投资者募集资金，相较于银行贷款，债券发行提供了一种固定利率、长期的融资渠道，但同时也增加了对公众市场的信用信息披露。（3）明股实债是指金融机构或投资者以信托股权投资的名义进行的实质债权投资。在这种安排下，投资者名义上投资信托计划，委托信托公司入股房地产企业作为股东，再以股东名义进行股东贷款，确保贷款不计入房地产企业负债；但实际上，信托计划和信托公司享有债权人的地位和回报方式，通常包括固定的利息支付和优先的资本偿还权，这样的安排常见于高风险项目投资，可以为投资者提供一种保护机制，同时也使房地产企业能够在不直接增加负债的情况下获得资金，做低房地产企业资产负债率，方便后续继续以房地产企业和房地产项目扩大借款规模。依托新型信贷模式，商品房交易量从2015年的12.5亿平方米迅速攀升至2021年的16.1亿平方米，土地成交价款也从2015年0.76万亿元快速涨至2021年1.78万亿元。这期间金融市场、金融工具、金融创新的繁荣对土地单位价值起到了非常重要的助推作用，土地增值对整个房地产链条上各个主体的债务规模起到了催化作用。

4. 2022年至今，房地产企业商品房销售面积和土地成交价款滑坡，土地市场骤然降温。2021年，商品房销售面积16.1万亿平方米，但2023年骤降至11.2万亿平方米；土地成交价款也降至2022年的0.92万亿元。这期间房地产和土地市场降温的主要原因是：（1）公共卫生事件导致的经济活动降温使得居民和生产部门对各类房产需求减少。疫情期间，许多企业面临经营困难，居民收入变得不稳定，消费信心下降，减少了对新房和办公空间的需求。此外，长时间的居家隔离和远程工作模式的普及也改变了人们对住房和商业空间的需求结构。（2）外贸形势严峻，外商投资下降，外需减少使得对工业和商业地产需求的下降。许多依赖出口的企业面临订单减少，导致对新的生产设施和扩张的需求降低。同时，外国直接投资的减少，尤其是在房地产开发领域的投资下滑，进一步压缩了土地市场的资金来源和需求。（3）新生儿人数下降使得居民对未来预期变得保守。随着出生率的持续下降，长期的人口增长预期受到影响，家庭对扩大住房需求的计划也相应减少。这种人口结构的变化直接影响了居民的住房需求，尤其是对较大型家庭住宅的需求减少。此外，年轻一代购房者的负担感加重和未来收入预期的不确定性也导致他们推迟或取消购房计划。（4）金融政策收紧导致融资成本增加。2020年，为了防控金融风险，特别是针对房地产市场的过热问题，政府和金融监管机构再次加强了对房地产贷款的限制，实施了更为严格的信贷政策。这包括提高房地产开发贷款的门槛（三道红线）、调整个人住房按揭贷款的首付比例和利率等措施。这些政策过渡结束后正式落地实施，显著提高了房地产开发企业及购房者的融资成本，限制了市场上的流动性，从而抑制了房地产市场的需求和投资活动。此外，金融市场的波动和全球经济的不确定性也影响了投资者的信心，进一步加剧了土地市场和房产市场的降温。在这些因素的综合作用下，房地产市场经历了明显的降温，表现为销售面积和土地成交价款的大幅下滑，这对地方政府的土地财政收入构成了直接的压力，增加了债务风险的管理难度。

综上可见，2022年起，房地产供求关系已发生巨大变化，地方政府作为国有土地的各项权利代表，将遭受来自下游房地产行业的冲击。

三、土地市场降温与地方政府财力

商品房市场与土地市场之间存在着密切联系，其中，商品房市场的变动直接影响着土地市场的表现。商品房作为房地产行业的重要组成部分，其收入的波动对土地市场有着直接的影响。这一关系可以通过一系列经济活动和决策过程来理解，其中，包括房地产企业的收入情况、土地购买决策以及政府的土地出让收入。

如图1-3所示，商品房销售收入与国有土地使用权出让收入保持高度正相关性，商品房销售收入增加，则土地出让收入增加，反之则减少。特别是在2021年，商品房销售达到顶峰的17万亿元后开始滑坡，2023年仅销售11.7万亿元。同时，土地出让收入从2021年8.5万亿元下降至2023年5.8万亿元。其中的作用机理是"商品房→房地产企业收入→土地市场→政府土地出让收入"逻辑链条，即房地产企业的商品房销售收入减少，企业的决策者会立即减少购地，在土地市场上削减购地需求，从需求端控制土地购入，降低企业经营成本，从土地需求端导致土地市场降温，进而导致地方政府收到的国有土地使用权出让收入减少。

图1-3 国土使用权出让收入、商品房销售情况（单位：万亿元）
资料来源：中经网统计数据库。

国企在2022、2023年的土地出让中扮演重要角色。虽然财政部已明确要求各地不得通过国企购地等方式虚增土地出让收入用以弥补财政收入缺口，但在财政紧平衡状态下，仅以文件约束的方式无法完全改变国企托底土地市场的行为。特别是土地出让收入长期维持高位的地区，土地价格的下跌将导致财政收支严重失衡。这类托底性质的国企购地，一般情况下没有实际用途、实际项目或者城投国企没有能力长期开发土地，当期的土地出让收入却能形成财政收入的增量，后续地方政府可以通过其他形式将这部分收入返还城投，形成财政收入在政府和国企之间空转，导致财政收入虚增。现阶段，在权益拿地金额和权益用地面积上，国企均超越了民企。有数据显示，权益拿地金额的前 100 家企业中，国企权益拿地总金额占比 2020 年仅为 34.4%，2023 年前三季度国企拿地金额占比已经上升至 71.83%，权益拿地总面积占比更是从 2020 年的 30.21% 增加至 2023 年前三季度的的 74.75%。无论是购地金额，还是购地面积，国企占比均已超七成①。

　　商品房市场与土地市场之间存在密切联系，商品房销售收入的增减直接影响土地市场的活跃度及政府的土地出让收入。2021 年商品房销售达顶峰后，随着销售收入的下滑，企业减少购地需求，导致土地市场降温和政府土地出让收入下降。同时，在财政压力下，国企在土地市场中的角色加重，尽管存在政策限制，国企购地行为仍旧活跃，其在 2023 年的土地购买金额和面积占比显著上升，说明地方政府存在通过国企间接维持土地市场的稳定和财政收入的增长的情况。但这种类型的财政收入筹集方式存在多方面的问题和风险。

　　首先，通过国企购地来虚增土地出让收入，本质上是一种短期机会主义行为，这种做法会掩盖地方政府财政的真实状况，延缓必要的财政改革和调整。其次，这种方式可能导致国企承担过重的财政帮扶负担，影响其正常的经营活动和长期发展，尤其是当这些企业缺乏实际开发土地的能力时，未来可能形成巨大的资金和土地闲置。此外，这种依赖性的财政筹资模式还可能引发市场对政府财政健康的疑虑，影响投资者和市场对地方政府债务和财政可持续性的信心。长期来看，这种模式可能导致土地市场的泡沫化，当土地价格与市场实际需求脱节时，一旦市场调整，可能引发更广泛的经济波动。最后，这种做法还可能破坏公平竞争的市场环境，因为国企在土地市场中的优势地位可能挤压民营企业的生存空间，限制市场的创新和活力。长此以往，这不仅影响经济结构的优化升级，还可能加剧社会的不平等和不公。因此，依赖国企购地来筹集财政收入的方式需要被慎重评估和调整，以寻找更加健

① 戚丹璎，张晗，周清雅，等. 关于国资国企在我国房地产业中发展情况的研究 [J]. 上海房地，2024（3）：2-7.

康和可持续的财政和土地管理策略。

第三节 研究方法、研究思路和主要创新点

一、研究方法

近十年来，对财政问题的经济分析集中使用计量实证方法，验证财政现象的内生因果关系和外生因素作用。但因果关系的实证检验在复杂的经济环境中无法全面刻画土地和地方政府债务的相互作用关系，单向逻辑的因果检验容易隐含内生性问题，尤其是土地作为所有部门生产生活的基础要素，无论是在计量实证，还是在理论实证中常被简化处理，削弱了研究的微观基础。另外，传统 DSGE 模型往往使用"技术冲击""需求冲击"简化外部冲击，导致大量的社会经济现象被归因于"技术""需求"变量，对经济系统的过度简化导致部分对中国土地和地方政府债务的研究结论过于片面。

鉴于此，本书在借鉴国内外已有研究的基础上，首先使用案例分析法形象描述我国土地从拆迁到交付、建造和出售房产的全过程，在此基础上构建与我国经济实际情况相适应的微观基础假设，然后建立多部门动态随机一般均衡模型（DSGE 模型），在综合性框架下分析地方政府债务的形成机理和经济效应，并使用地级市地方政府债务数据对债务和杠杆率、土地进行因果验证。

具体研究方法如下：

（一）案例分析法

选取 Z 市 H 集团某地块的一级开发模式作为案例，搜集、分析来自商业银行、债券管理机构、证券承销商等渠道披露的该集团公司、房地产子公司、土地整备子公司、市政建设子公司、金融子公司等主体资料，总结该集团公司围绕"土地""房地产""金融"等核心业务所开展土地开发和债务形成的全过程，为后续方程建构提供现实基础。通过案例梳理土地开发流程操作细节和作用机制，分析案例中关键细节的先决条件，分析土地开发一级开发模式的优点、缺点，整理潜在风险，制定对策建议。

（二）理论模型法

构建包含地方政府和土地要素的 DSGE 模型的数理分析框架（理论实证），以校准和估计相结合的方式估计模型的参数，使用不同部门杠杆率冲击的脉冲响应分析地方政府债务形成机制，以及不同部门信贷杠杆率对宏观经济变量的影响，验证财政政策和货币政策之间的相互关系，进而提出防范化解地方政府债务风险的对策建议。

（三）计量实证方法

"土地"是地方政府债务极其关键的抵押品和偿债来源，是地方政府债务的关键信用来源。作者搜集了全国大中城市 2004—2017 年的地方政府土地相关债务数据、土地出让数据和城市金融数据，针对债务规模具有较强"粘性"的特征，使用一阶差分广义矩估计（FD-GMM）和系统广义矩估计（SYS-GMM），来验证金融信贷作用于土地开发乃至地方政府债务的路径机制。

二、研究思路

本书沿着"经济现实→理论模型→计量实证→政策设计"这一思路对地方政府债务的形成机理、影响机制和风险防控问题展开研究，技术路线如图1-4 所示（见下页）。

三、研究创新

本书使用规范理论实证和计量实证方法，从土地开发的现实案例出发，研究我国地方政府土地相关债务的形成机制和经济影响，其在以下几方面具备创新性：

1. 理论分析框架的创新：DSGE 模型常用于货币政策和供需变动对宏观经济变量冲击的研究，本书将政府举债行为引入模型框架，新的理论分析框架将金融和地方政府债务同框架进行分析，紧密贴合城市土地国有基本制度背景从而实现创新。通过分析政府债务的形成机理和对市场资源配置的影响机制，从图形上展示地方政府债务对我国可视化的经济效应，为有效防范化解地方政府债务风险提供新的理论依据，是公共财政领域政府债务问题的有益拓展和深化。

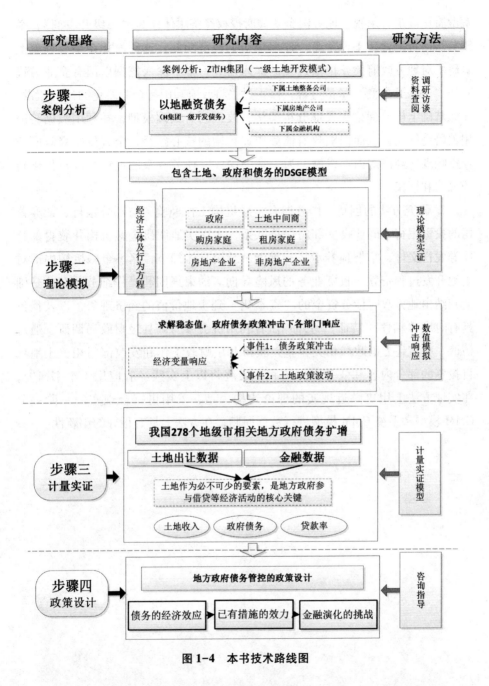

图1-4 本书技术路线图

2. 研究视角与研究内容的创新：现有政府债务研究大部分集中于政府内生决策视角展开，由于数据限制，通常将土地要素与地方政府债务主体的关系做简化设定，忽视了地方国企或政府授权经济主体作为"一级开发商"，举债参与信贷配置、土地整备、住房建造的经济功能，这种简化在某种程度上阻碍了对地方政府债务扩增过程的深入研究。本书深入挖掘以国有企业为代表的"一级开发商"举债过程，修正过去将政府和国有企业简化的研究假设，在此基础上构建理论和实证分析架构，改进已有数理模型，并利用数据验证相关研究结论，进而识别政府债务快速扩增的核心路径，全方位阐释政府债务影响现实经济的内在机制，为未来中国政府债务政策的设计与执行提供新的思路和框架。

3. 研究方法的创新：作者拥有金融机构工作经验，与部分银行、证券公司的投资银行、同业投资部门保持联系，多次实地调研金融机构并获得部分债券发行文件，掌握债券承揽、承做、承销具体细节，熟悉金融机构内部对土地开发过程贷款、投资业务的风险导向、约束规则和操作细节，在此基础上归纳出地方政府债务资金的"资本化"到土地价值的经济现象，以及债务具有时序"粘性"特征。另外，作者利用机会参与区县级财政局调研，通过访谈、驻点地方财政局相关科室，获得基层财政工作和发改部门相关土地项目投资的部分内容和业务操作流程。最终将以上实践经验应用于本书研究，在实证方法上用更贴近现实的理论建构模型，采用更符合现实的一阶差分GMM 模型和系统 GMM 模型进行数据回归，在方法上具有很好的创新性。

第二章

债务理论综述

中国土地要素市场和地方政府债务是基于中国特色法律体系、经济制度的国家架构产生的，与西方国家存在巨大差异。

首先，《中华人民共和国宪法》（以下简称《宪法》）规定，城市土地归属国家所有。虽然城市土地归国家所有，但中国法律将土地的使用权和所有权分离，"土地使用权可以依法转让"。根据《中华人民共和国土地管理法》（以下简称《土地管理法》），"中华人民共和国实行土地的社会主义公有制，即全民所有制和劳动群众集体所有制。全民所有，即国家所有土地的所有权由国务院代表国家行使。"具体的权力行使主体，法律规定由市、县人民政府管理监督土地使用权出让，收取土地使用权出让金，依法行使国有土地有偿使用制度。《宪法》《土地管理法》等法律法规是我国地方政府在一级市场垄断建设用地，实现土地资源优化配置的关键制度基础。

其次，土地用途管制制度强化了政府对土地要素的经济管理职能。根据《土地管理法》，中国土地执行用途管制制度，地方政府依据国民经济和社会发展规划、国土整治和资源环境保护的要求、土地供给能力以及各项建设对土地的需求，组织编制土地利用总体规划，总体规划纳入上级政府土地利用规划；县、乡镇一级政府在规划中划分土地利用，确定土地为何种性质，包括住宅用地、商服用地、工业用地、其他用地等土地固定用途。明确土地用途后，报上级政府分级审批，获得上级政府批复后执行用途管制。规划获批后，使用土地的单位和个人必须严格按照地方政府确定的条件使用土地，例如地块位置、用途、年限等条件，使用土地用于居住和工业生产。因此，除了在一级市场，二级市场的土地交易受地方政府全方位管制。

以上制度体系确立了地方政府代表国家行使土地一级垄断、二级管制的各项权力，即由地方政府代表国家行使对土地等国有资产的所有权、使用权和处置权。根据《土地出让暂行条例》，拥有土地使用权的主体可以抵押土地使用权，必须连同地上建筑物、其他附着物一并抵押。因此除土地出让外，地方政府作为权利行使主体，可将土地抵押用于融资，为地方政府债务进行增信（包括地方政府显性债务、隐性债务）。曾有学者估算，我国国有土地资产规模价值约 22 兆元，是地方政府举借债务，参与各类经济活动的重要渠道。[①]

基于以上制度背景，国内外社会科学领域学者对土地，尤其中国学者对地方政府债务展开了广泛且深入的研究。

第一节　国外政府债务研究综述

一、对政府债务的不同意见

西方公共经济学领域学者马斯格雷夫和布坎南对政府职能和衍生的支出和债务问题做了较为全面的阐述，为政府公债理论打下了坚实基础。

（一）马斯格雷夫

马斯格雷夫对政府借债持赞同观点，"资本预算应该由贷款的方式融资"，他赞同债务融资的原因如下：

"政府需要债务融资完成各种各样的任务。有些问题通过国会预算程序的模式解决的效率较高，市场模式在解决另一些问题时则更胜一筹。"[②]

马斯格雷夫赞同凯恩斯的政府扩大财政支出，弥补有效需求不足的观点。他认为，市场总需求的不足不可能被市场中的自动调整所克服——因为工资具有向下调整的刚性。而且即使工资下降，也可能由于价格下降不会提高实际的需求。利率的降低也会有一个限度，增加的货币供应将会被无限弹性的流动性需求吸收。通过赤字融资而增加的政府支出将避免税收增加的通货紧缩性效果，提供了唯一可行的产生需求的手段，因此恢复了充分就业。

---

① 汤林闽. 我国地方政府资产负债表：框架构建及规模估算 [J]. 财政研究，2014（7）：18-22.

② 布坎南，马斯格雷夫. 公共财政与公共选择：两种截然对立的国家观 [M]. 类承曜，译. 北京：中国财政经济出版社，2000：24，50.

另外，对于公共部门（含地方政府），马斯格雷夫认为，公共部门作为一种工具，通过这种工具表达人们所关心的重要问题，因此构成了关键的社会资本。公共部门对于市场而言是补充性的，不是竞争性的，是平等的，不是低人一等的。而且，公共部门的扩张是必要的和建设性的发展。基础设施如高速公路、公共教育的增长以及社会保险的出现对于经济增长和社会福利做出了重要贡献。为保持社会的繁荣，市场和一个合理的和强大的公共部门都是必需的，二者缺一不可。在筹款方面，他认为政府资本支出可以由借债的方式筹资，偿还方式可以由政府征税偿还，也可以由基础设施收费偿还。

（二）布坎南

布坎南强烈支持平衡预算修正案，认为各级政府不能通过支出大于目前所能获得收入，即"入不敷出"透支未来，这会将最终负担落在公民头上。布坎南认为，政府规模的扩大是因为公共财产效应：税基被认为是公共财产，以税收作为融资来源的政府特定支出项目是由特定集团消费的私人产品，所以总是存在一种过度扩张政府部门的倾向，需要遏制这种过度扩张的倾向。

布坎南认为，政府的职能就是确立并强制实施一定的规则，以确保"看不见的手"能正常发挥作用，私人机构能做正确的事情。他希望各级政府能从事更高级的职责：发现规则、建立规则；但布坎南认为政府不可能发现这样的规则。

布坎南总结，西方社会政治制度就像市场制度，政治家就像企业家，公民就像消费者，选举制度就像交易制度，选票就像货币。布坎南认为，政府的政策制定者（官员、政治家）同经济学的理性经济人一样，是理性自私的人，他们就像在经济市场上一样在政治市场中追求着他们自己的最大利益——政治利益，而不管这些利益是否符合公共利益。因此，需要尽快对政府以及它的机构扩张施加宪法限制，其中包括由政治利益衍生出扩大赤字的债务融资行为。

两位公共经济学界权威专家分别从所处的哲学角度对地方公共部门是否应该借债分别进行了阐释，二者基于自身经历和哲学思维体系出发，对研究未来中国的地方公共部门债务融资提供了很好的思路。

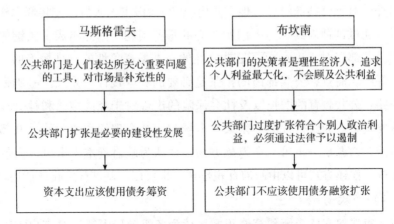

图 2-1　马斯雷夫与布坎南观点对比

二、政府债务的经济效应

政府债务在世界范围内广泛存在，对其如何作用于经济的研究较为丰富，主要集中在以下几个方面。

（一）政府债务与资本累积

对地方政府举债原因的研究集中在 20 世纪 90 年代及之前，至今仍有不同观点。伴随"大政府""小政府"争论，学界展开了对政府债务如何影响经济的讨论，西方经济学者对地方政府债务持有不同看法。

从债务本质看，政府债务与私人部门债务不同，私人债务融资会遵循主观审慎原则，债务人不会超过自己全生命周期收入现值而过度举债。而政府不同，可以通过征税，将债务转嫁给私人部门承担。政府债务资金的使用受约束少，免受纳税人和国会等代议机构的干涉，容易将偿债负担交由后代民众负担，因此会减少未来民众用于生产的资本存量。对比私人债务，政府债务的后续影响更加复杂。

首先是历史上重商主义者认为，国家债务是"左手欠右手"，不存在负担转嫁的问题。[①] 但是亚当·斯密不这么认为，他认为税收融资是一般规则，税收征上来的资金主要来自"非生产性资金"，而债务融资会占用"生产性资

---

① 马斯格雷夫，皮考克. 财政理论史上的经典文献 [M]. 刘守钢，王晓丹，译. 上海：上海财经大学出版社，2015：200.

金"，从而减少私人部门，乃至国家的生产性资本存量。① 而且，税收存在反馈机制，征税过重会使私人部门抗议，而债务融资不存在引发抗议问题。

李嘉图对公共部门债务问题最早提出了李嘉图等价定理。他指出，一个理性的人遇到政府举债弥补预算赤字，他会意识到，未来的税收收入也会增加，以供政府支付债务本金利息。因此，如果人群是理性的，他们会意识到政府举债会在未来增加税收，那么人群会主动增加存款，存到未来以应对未来的税收增加，而这部分存款会被人群或金融机构用于投资政府债券，结果政府举债与政府现时征税在本质上相同。那么政府采用举债筹资和税收筹资，两种筹资方式在经济效应上是等价的。②

凯恩斯主义观点认为，支持公共部门债务融资是弥补有效需求不足，实现充分就业的良好手段。尽管会产生代际负担的问题，但债务等于是"激活"了资金，没有减少私人投资。债务融资与税收融资，是否会对未来的资本存量造成削减，关键在资金是从消费中截留的还是从资本形成中截留的。

马斯格雷夫在后续经典著作《财政理论与实践》也接纳了公共债务挤出私人资本的观点。他后续对公共部门债务问题的观点是，赤字类似于从私人资本中抽走资源，会产生超额负担，如果债务总额占 GNP 比率过大，将会产生严重的负担和抑制问题。对发展中国家，在发展的初级阶段，需要的公共投资数额非常巨大，例如交通体系等。另外，对外部效益较强的基础设施投资，也只能由公共部门负责。因此，财力有限的发展中国家公共部门不可避免地需要借债。③

（二）政府债务与经济增长

按照凯恩斯主义观点，应该扩大赤字，弥补有效需求不足，从而避免经济衰退或经济萧条，实现整体经济的更高效率。因此，从结果角度判断，公共部门举债是否能推动经济增长，直接决定了债务融资的合理性。现阶段有学者利用数据进行实证分析，研究结果存在较大差异。大多数学者认为，债

---

① 亚当·斯密. 国民财富的性质和原因的研究 [M]. 郭大力，王亚南，译. 北京：商务印书馆，1972：488-489.

② BUCHANAN J M. Barro on the Ricardian equivalence theorem [J]. Journal of Political Economy，1976，84（2）：337-342.

③ 马斯格雷夫. 财政理论与实践（第5版）[M]. 邓子基，邓力平，译. 北京：中国财政经济出版社，2003：583-585.

务是否能推动经济增长，取决于债务资金的用途。Afonso 和 Jalles 分析了 155 个 OECD 国家的数据后发现，债务期限越长，则经济增长率越高；在执行细节上，加强财政纪律和稳定性，会推动经济增长；他们还利用数据分析发现，在 90% 的杠杆率之下，增加 10% 的杠杆率，能够推动 GDP 增长 0.2%。① Teles 和 Mussolini 通过改进内生增长模型，发现债务会减少国家年轻一代人的资本存量，因此会对经济增长造成负面影响，建议采取"使用者付费"模式，将债务所支持的基础设施建设分担到使用者身上，避免年轻一代的储蓄和资本流失。② Panizza 和 Presbitero 使用 OECD 国家数据发现，债务并不会帮助经济增长。该文章结论还表明，虽然不会帮助经济增长，但对经济增长没有负面作用。③ Eberhardt 和 Presbitero 使用部分国家数据，剔除线性和非线性方式，采用时间序列研究方法，研究发现公共部门债务和经济长期增长之间有着负相关关系。这篇文章尝试寻找一个债务率的临界值，但国和国之间，甚至一国内部之间均不存在债务率对经济增长的临界值。④

　　综合国外文献可见，国外学者对"债务—经济增长"之间的研究结果差异性较大，一般受国别差异、宏观杠杆率临界值选取等因素影响。但这些文献不约而同指向了公共部门债务资金的使用问题：用于生产性支出相对于非生产性支出，更能避免对经济产生负面作用。

三、政府债务的管控观点

（一）债务管控的基本理论

　　之前提到，政府的债务与私人部门债务不同，可以通过税收向后代转嫁。按照布坎南的观点，如果不进行法律上的管控和约束，任由政府决策者以理性人行为最大化决策者个人利益，会造成公共债务无序扩大，因此需要对债务融资行为进行管控与约束。

---

①　AFONSO A, JALLES J T. Growth and productivity：The role of government debt ［J］. International Review of Economics & Finance, 2013, 25：384-407.

②　TELES V K, Mussolini C C. Public debt and the limits of fiscal policy to increase economic growth ［J］. European Economic Review, 2014, 66：1-15.

③　PANIZZA U, PRESBITERO A F. Public debt and economic growth：is there a causal effect? ［J］. Journal of Macroeconomics, 2014, 41：21-41.

④　EBERHARDT M, PRESBITERO A F. Public debt and growth：Heterogeneity and non - linearity ［J］. Journal of International Economics, 2015, 97（1）：45-58.

Barro 提供了一个公债规模的理论分析模型。其中政府预算约束方程如下：

$$G_t + rb_{t-1} = \tau_t + b_t - b_{t-1} \tag{2-1}$$

以上 G_t 为政府支出规模，r 为公债利率，b_t 为借债规模，τ_t 为税收收入。通过无限期加总推导，Barro 分三个情形考虑的债务规模增长。[①] 整体看，Barro 的模型中，债务增长率 γ 与经济增长率 ρ 的关系要控制为：

$$\gamma \leqslant \rho \tag{2-2}$$

即常规情况下，政府的债务增长率不能超过经济增长率，否则会导致债务的无序扩张。

1987 年，世界环境与发展委员会发布"可持续发展的概念"，其经济含义是：经济发展使得社会财富的增加值高于债务增加值，从而使政府有能力偿还债务。用公式表示如下：

$$db/dt = (r_B - e)b, \ r_B < e \tag{2-3}$$

b 指债务率，即"政府债务/GDP"，r_B 指政府的债务增长率，e 代表经济增长率，db/dt 指债务的增量需求。同样的，政府债务率的增长不应该超过经济增长率。

现实中，欧盟 1992 年签署了《马斯特里赫特条约》（以下简称《马约》），约定各成员国将赤字/GDP（赤字率）控制在 3% 以下，将国债/GDP 比率（债务率）控制在 60% 以下。实际上，很多国家打破了《马约》的约束，美国 2018 年末政府债务率已达 105%，其政府债务规模仍在不断持续扩张。

以上数理公式推导的政府债务管控观点，在现实应用中存在诸多难点，特别是中央政府或联邦政府层面总量控制的债务规模和增速措施很难应用到地方政府层面。在中央和地方财政分权趋势下，对地方政府的债务规模进行集权式管控，很难有效落地到地方政府。放眼全球，各国地方政府普遍负责投资大量的生产性基础设施。考虑到代际公平和税负承担问题，仅依靠当代经常性财政收入是无法足额资助这些生产性基础设施和项目的。因此，地方政府利用掌握的各类资产作为增信资产向金融市场进行融资。这些融资通常

---

① BARRO R J. On the determination of the public debt [J]. Journal of Political Economy, 1979, 87 (5, Part 1)：940-971.

采取不同形式，从银行借款到一般或专项债券，再到外债、担保债务和应付账款等都有涉及。特别是在发达国家，地方政府开始使用更复杂、通常相当不透明的借款工具，例如通过特殊目的载体来模糊地方政府与贷款人（出资人）的债权债务关系和应付义务。

（二）管控措施的实践难点

地方政府通过举债较好解决了财力不足、代际公平、国内资本市场不成熟等问题，但财政领域学者指出放任地方政府债务权力很容易导致过度举债，引发地方政府财政压力甚至债务危机。[1] 实际上，不仅仅在新兴经济体和发展中国家，即便在发达国家也存在长期且严峻的地方政府债务危机问题。地方政府债务诱发的财政危机给居民造成了巨大痛苦，例如基本公共服务中断、借款成本攀升和资本市场禁入，甚至有些地方政府债务风险外溢引发主权债务风险事件。

基于以上原因，大多数国家试图建立或严或松的管控措施来规范地方政府借款。尽管这些管控措施在细节上有很大差异，但可以归纳为以下四大类。

1. 举债自由度安排，即下级政府的借款限额要么在上级和下级政府之间进行协商，要么由上级政府强加，例如上级政府对下级政府设定限额。但举债自由度安排为政治讨价还价提供了很大的空间，并最终可能导致预算软约束。

2. 规则控制。近几十年来，通过制度或行政力量控制地方政府债务变得越来越受欢迎，正如采纳一个或多个次级财政规则的国家数量所证实的，大量国家因为制度或行政力量管制下级政府举债的管控成本低廉，所以规则控制被采纳、使用。

3. 组合型管控。最常见的组合型管控措施是预算平衡约束和债务限额，许多国家也正在采纳支出规则，也就是对地方政府债务在支出环节设定十分严苛的限制措施。

4. 依赖金融市场的纪律约束。为了有效地确保地方政府借款的可持续性，这种市场方法需要满足一些苛刻的先决条件，包括：上级政府不对经济困难的下级政府进行金融救助的硬性规定；发达的、有竞争力的金融市场；地方

---

[1]　TER-MINASSIAN T. Fiscal and Financial Issues for 21st Century Cities [J]. Global Economy and Development at Brookings, 2016: 13.

政府没有其他获得信贷的特殊渠道；金融机构和上级政府掌握地方政府借款行为的充分信息，包括关于潜在的和未来的长期负债和对外应付账款；以及各级政治家对市场信号的早期响应。由于这些条件在实践中很少得到满足，仅依赖金融市场纪律往往在预防地方政府的过度举债方面效果不佳。

由于多方面的原因，以上管控措施在某些方面难以获得支持。这些影响管控措施的方面包括：对债务管控措施的政治和社会支持程度；措施所倚赖法律依据的稳健性；管控措施设计的合理性；地方政府公共财务管理的状态；各级政府，特别是中央、联邦政府执行管控措施的坚定性。

现实中，地方政府债务管控措施的挑战包括：

1. 管控措施的设计问题

首先，管控措施是地方政府自行规定还是中央政府强制施加。由地方政府自行制定的措施可能比那些由中央、省级政府强加的规则获得更大的"主导权"，但可能无法确保管控措施的有效性和财政可持续性。

其次，是管控措施所能覆盖的范围。为了确保管控措施的有效性，各项措施必须涵盖地方政府的所有金融操作，包括直属或控股企业、事业单位、金融机构与特定目的载体（SPV）的各类金融操作。

再者，是管控措施的设定原则。有些政府债务管控措施的底层逻辑是"收支平衡""黄金法则"，但基于这些逻辑的债务管控措施仅仅在数据上进行控制，既不能满足地方政府投资资金筹集需求，也不能带来财政的长期可持续性。

最后，是管控措施的灵活性。设计债务管控措施时，有两个方面必须予以考虑：一是避免财政政策出现顺周期性而舍弃财政逆周期相机抉择功能。这在中央政府层面通常是由财政部和央行通过制定逆周期性调整（或结构性）财政平衡来实现的，但在地方政府层面，出于地方利益，地方决策者可能不愿意顺从中央政府的意图。二是债务管控措施是否应适应突发外生冲击（例如自然灾害冲击下的被动财政支出），这些事务可以通过明确规定的逃逸条款来突破政府债务管控措施。

2. 管控措施的实施问题

地方政府债务有赖于科学完善的政府财务制度，但政府财务制度存在几方面问题：

一是很难及时准确地评估地方政府财务能力、财政空间乃至偿债能力，因此中央/联邦对地方的一般转移支付规模很难精准预测和计量，特别是在部分地方政府严重依赖一般转移支付的情境下，其很难有效执行地方政府债务管控措施。

二是要求中央政府对地方政府有着全面、可靠和及时的预算数据信息系统，能够在地方政府债务发生之前、之时和之后启动债务管控措施，防范化解风险。

三是要求地方政府有健全的会计和报告系统，确保地方财政运作的透明度。

即使管控措施的实施问题得以解决，上级政府对于不合规的下级政府行为也要予以明确无误和坚定的处罚，并强制下级政府在预定的时间内纠正违反管控措施的风险行为。

四、政府债务风险的处置措施

地方政府债务风险处置过程涉及的具体问题包括：（1）在地方政府债务违约的情况下，将如何有序地重组地方政府的收支和资产；（2）哪些基本的公共服务将被保持并且如何保持；（3）违约的地方行政机关必须采取哪些结构性调整措施来恢复其偿债能力。[①]

实践中，各项处置措施必须集中解决好以下问题：一是帮助地方政府避免公共服务供应中断，缓解下级政府利用公共服务求助上级政府带来的救助压力；二是有序地进行债务重组，最大限度地减少由于债权人不退让所引起的问题；三是帮助违约的地方行政机构重新进入信贷市场；四是防止地方政府和债权人依赖上级政府救助，从而有效地规避预算软约束。

（一）美国地方政府债务风险处置

美国的政治体制与中国不同，地方政府仅有 State 和 Local 两级。所以通常情况下，文字上指代的美国地方政府，与中国地方政府不同，前者不包含州政府（对应中国的省、自治区、直辖市政府）。美国有近 9 万个地方政府，它们在权力、地位、组织、功能、权限和创建方式上都有很大的差异，即使在特定的州内，这些差异也很大。这 9 万个地方政府承担了教育、警务、消

---

① TER-MINASSIAN T. Fiscal and Financial Issues for 21st Century Cities [J]. Global Economy and Development at Brookings, 2016：15.

防、街道和道路维护、公共交通以及污水和固体废物清除、土地利用和社区发展等大量直接面向居民的公共服务。美国地方政府的市政当局形式包括：郡县（County）、城市（City/ Municipality/Municipal Corporation）、镇（Township）、特殊地区（Special District）。这些市政当局以供给公共服务为主要目的，相互间通常不存在上下级隶属关系，相关事务可向州政府或州议会汇报。①

美国的州和地方政府借债主要用于三个方面：（1）为公共投资计划提供资金，例如学校建设、道路修筑、供排水工程等。（2）支持补贴私人活动，例如私人的住房抵押贷款、学生贷款和地方工业发展计划等。（3）为短期性支出或特别计划提供资金。如果遭遇利率下行，州和地方政府可以借新还旧，也即"再融资债券"。与联邦政府不同，州、地方议会通常禁止借款弥补预算赤字。② 多数情况下，美国的州和地方民众认为，现今的公共投资项目所产生的债务成本将由未来后代承担，可能诱使民众对超过他们真实意愿的公共投资项目投赞成票。但有学者指出，未来后代的税收会被"资本化"到现今的房价、地价中，以房地产税、财产税为主体税种的美国地方政府，不会将负担转移给下一代，而在增加的房地产税、财产税中由当代人承担。

美国州和地方借债主要有两种方式，一种是一般债券，是由州和地方政府信用（预算收入）作为担保的公债；另一种是收入债券，这种债券无州和地方政府信用担保，偿还资金主要依赖于某一特定项目或资产收入，例如公路收费或水处理设施的费用。现今，美国州和地方政府债券以收入债券为主。

美国的政府债券发行有严格配套的管理程序。首先，任何地方政府债券的发行，必须经地方代议机构批准（州或地方议会），甚至有些举债需要当地居民投票决议。其次，地方公债委员会（通常由律师组成），检查该地方政府发行债券的合法性，并向未来的投资者做出保证：地方政府为了发行债券，已经采取了所有被要求的、适当的法律步骤，同时公债委员会要努力保证公债利息免征联邦税。然后由地方政府债券的中介机构，例如证券公司、财务公司等，他们就发行债券结构提出建议，准备必要的财务文件，向投资者进行推销。最后，地方政府债券往往被评定一个信用等级，通常由穆迪或者标

---

① FELDSTEIN S G, FABOZZI F J. The handbook of municipal bonds［M］. New Jersey：John Wiley & Sons, 2008：12-17.

② FISHER R C. State and local public finance［M］. England：Routledge, 2018：167-176.

普信用评级公司做出，再在证券交易市场予以发行。

美国历史上经历过三次较为大规模的地方政府债务违约：19 世纪 20—30 年代州债务危机、19 世纪 70 年代州以下地方债务危机、20 世纪 30 年代大萧条时期的债务危机。三次债务危机中，美国联邦政府贯彻了"联邦不救助"原则，拒绝了州和地方政府对联邦政府的求助。美国联邦政府的不救助原则使得地方政府债务风险降低。自此，如何管理地方政府债务，从联邦的上级政府管控转变为州和地方政府自律型债务管控。

20 世纪 30 年代大萧条促使美国联邦政府和国会共同推出市政破产法。1937 年，美国国会通过了修订后的市政破产法，即《地方政府破产法案》，并被美国最高法院认可，后演化为美国《破产法》第 9 章。

根据规定，能够使用《破产法》第 9 章的市政当局必须是：城市、县、乡、学区和公共服务区，还包括提供服务的收入性机构，这些服务的费用是由用户而不是由税收支付的，例如桥梁管理局、公路管理局和天然气管理局等收入性机构。也就是说，市政当局是"一种政治分支机构、公共机构或州的媒介"。

而且，使用《破产法》第 9 章必须满足以下条件：

1. 市政当局无力清偿债务；

2. 债权人和债务人均希望实施债务调整计划；

3. 提交申请前，债权人和债务人已经付出努力解决财务问题，并已经有了正在筹划的债务重整计划。债务人必须满足：对正在筹划的偿债计划达成了一致，或债权人和债务人经过认真谈判，但失败了，或谈判未达成一致。

《破产法》第 9 章的主要内容是：

1. 地方政府市政债务的债权人不能强迫政府非自愿申报第 9 章，不能强迫政府提交债务调整计划，不能强迫政府委任新委托人，也不能剥夺市政府自身的财产和收入决策权。

2. 第 9 章不能强迫市政府清算公共资产来偿还债务，破产法庭也无权强迫地方政府扩大征税。

3. 破产法庭不能像对企业重组那样管理市政破产，出现债务危机的市政当局必须经过州政府特批才能提交第 9 章破产。

综合来看，美国《破产法》第 9 章的核心思想是：一方面，破产法庭不能代替债务人进行治理，不能干涉市政当局行政或管辖权，也不能干涉其财产和收入。法庭不能命令市政当局减少支出，提高税收或出售财产。但法庭给予债权人和债务人在法律上的谈判地点和谈判空间，拥有较高司法解释权的联邦法院列席谈判，并对双方谈判内容从联邦上位法角度进行修正，联邦法院的职能仅限于批准破产申请以及债务调整计划的制定、确认和实施。另一方面，给予承担大量债务负担的市政当局一定程度的司法保护，避免债权人损害民生的债务处置主张。

1. 底特律破产案

2013 年 7 月 18 日，美国底特律市根据《破产法》第 9 章申请破产保护，成为有史以来申请破产的最大美国市政当局。底特律市的破产案例是政府破产领域的一个里程碑，不仅因为其规模，还因为它申请破产，引发了关于大型城市如何处理债务困境、如何重新安排公共和私人担保，以及如何确保市民的基本服务不受影响的广泛讨论。

底特律出现债务危机的主要原因是产业和人口的衰退。20 世纪，底特律被称为"汽车之城"，是美国汽车工业的诞生地。在其繁荣巅峰的 1950 年代，底特律拥有超过 180 万居民，制造了世界上一半数量的汽车。但是，从 1950 年到 2012 年，底特律人口减少了超过 63%。人口的减少导致税收收入大幅下降。截至 2013 年，底特律已经连续七年财政赤字。在破产重组前，该市预计 2014 年的现金流为负数 1.9 亿美元，其赤字到 2017 年可能增长到超过 13 亿美元。① 另一方面，产业和人口的衰退使底特律市政当局被迫承接数万座废弃的建筑和空置的物业。所得税、房地产税的税基大幅减少，进一步使得城市再融资压力巨大，财务管理混乱，养老基金资金不足，引发底特律政府各个领域的公共服务供给障碍。

最为重要的是，底特律的 180 亿至 200 亿美元的债务中，约有 57 亿美元是为"其他退休后福利"的应付义务，包括为退休人员提供的健康和人寿保险以及死亡福利计划。另外还欠有 35 亿美元的间接养老金义务。从 2007 年到 2012 年，底特律普通退休制度的养老金支付超过了收入约 17 亿美元，底特律的警察与消防退休支付超过了 16 亿美元，这导致了养老金基金信托本金的清算。当底特律在 2013 年 7 月申请破产时，该市没有按期支付养老金资

---

① WIESEN M A. Chapter 9 Bankruptcy in Detroit and the Pension Problem [J]. New Eng. L. Rev. On Remand, 2014, 49: 25.

金，并已推迟支付约 1.04 亿美元的养老金。①

2014 年 11 月，美国破产法庭法官对底特律市政当局的重整计划予以裁决：调减财政供养人员的养老福利。底特律所在密歇根州的宪法保护养老金，但联邦破产法院认为养老金关系为法律合同关系，联邦法院有权予以调整。重整方案允许市政当局与 12 个私人组织谈判，称之为 "Grand Bargain"，12个私人组织同意注资城市养老金账户。作为交换，底特律市政当局在破产过程中承诺，政府相关艺术收藏不会作为城市的资产被出售。② 最终，市政当局的公务退休人员接受了养老金减少 4.5% 的条件，并同意停止生活费用增加、医疗保健费用提高，并退还之前的不当得利；消防员和警察也同意了养老金的削减。底特律向联邦申请使用《破产法》第 9 章引发关键问题：如果一个市政当局满足《破产法》第 9 章的所有资格要求，那么《破产法》是否可以凌驾于各州宪法之上？如果可以，那么联邦法院可以削减州和地方政府财政供养人员养老金；如果不可以，那么联邦法院无权削减养老金，联邦法院失去处置市政债务的重要手段。底特律是一个鲜明的例子，围绕《破产法》和州宪法冲突的上诉和争议已经导致了大量的诉讼，给破产财产和债权人带来了非常多的费用。

底特律案例说明，养老金义务构成了美国各地市政机构所面临的最重要债务问题之一。对于像底特律市这样负担沉重的养老金义务的市政机构，美国《破产法》第 9 章提供了缓冲和救济。然而，重组这些养老金对外支付义务，面临着法律上非常独特的挑战，即州宪法和联邦《破产法》之间存在冲突。底特律的案例部分证实，联邦《破产法》法律效力高于州宪法。

2. 瓦列霍市破产案

瓦列霍市位于加利福尼亚州。2000 年后，该市的财政收入减少，引发市政府财务危机。瓦列霍市的税收从 2008 年的 8300 万美元急剧下滑到 2011 财年的 6500 万美元，主要是因为经济衰退导致房地产泡沫破裂，引发房产价值快速缩水 67%，瓦列霍市仰赖的房地产税收大幅下降，使财政对养老退休金

---

① SHAFROTH F. PETERSEN J, Municipal Market Leader: An Interview with Frank Shafroth [J]. Municipal Finance Journal, 2013.

② 艺术收藏品的具体处置方案未做披露。

的补助减少。①

劳资协议规定的退休金债务和财政偿付义务是瓦列霍市最大的债务。市政当局经州政府同意，向联邦法院破产法庭提交了调整计划，寻求在《破产法》第9章框架下调整其劳资协议，但当地的工会提出抗议。在《破产法》第9章程序下经3年5个月来回博弈后，破产法院批准了瓦列霍市修改后的五年调整计划，并允许其在2011年11月前破产重整。在破产重整期间，瓦列霍市关闭了消防站，缩减了老年活动中心、图书馆和公共工程经费，废除了消防部门的最低雇佣标准，并且寻求新的财政收入来源，还采取了其他重整措施：增加职工医疗保险的个人承担部分，减少新雇佣人员的退休福利，增加正在工作人员的退休金个人负担部分。通过这些重整计划，确保债权人在两年内能够收到5%~20%的债务本金偿付。但瓦列霍市的重整计划不影响由特定项目和资产收入来源担保的收入债券，例如水务收入债券。

3. 杰斐逊县破产案

杰斐逊县是巴拉巴马州人口最多的县，下辖伯明翰市，于2011年11月向联邦法院申请《破产法》第9章破产。这次申请破产旨在解决杰斐逊县下属下水道系统的过度债务问题，该系统是一个特定用途的工具。自1994年成立以来，下水道系统一直存在收入和支出的结构性失衡。该县曾在1994年开始了下水道修复和重建项目，最初项目估计需要10亿美元，但后来演变成高达32亿美元的项目。为此，杰斐逊县发行了32亿美元的债券来为该项目筹集资金。杰斐逊县使用了结构化金融产品来减少债务应付义务和偿债风险，延续结构化金融产品的期限和偿付义务。然而，2008年的全球次贷危机破坏了债券市场，杰斐逊县的结构性金融工具失去了偿债资金来源。

杰斐逊县的破产申请显示，其下水道举债成本增加了400%。为了规避高额的债务成本，该县让金融机构通过购入利率掉期协议，将其长期固定的较高利率转换为短期的可变利率。2008年的金融危机发生后，由于金融市场的流动性不足，导致债务成本大幅增加，杰斐逊县违约了其下水道债务利息支付，导致债务累积加速。

杰斐逊县在提交联邦破产申请前，州政府、县政府和债权人进行了长期

---

① CANUTO O, LIU L. Subnational debt, insolvency, and market development [M]. Washington DC: World Bank, 2013: 5.

的债务谈判，包括：（1）削减下水道系统债务；（2）将债务利率设定为固定利率；（3）将债务规模增幅限定为通货膨胀率。

之后联邦法院批准了杰斐逊县的破产重组法案。在偿债前期，除了财政供养体系普遍的裁员、降薪、冻结政府招聘之外，杰斐逊县的政府财产都可能被拍卖用于还债。例如，重组计划要求县政府只能保留不超过20%的公车，政府办公地点将会改为廉价的旅社或旧居民楼、废弃的厂房办公。重组计划规定，一切宪法不作要求的公共服务都在可削减范围之内。在杰斐逊县破产之前，以摩根大通为首的债权人已经同意将其债务有条件减免至21.9亿美元。申请破产保护并不能让杰斐逊县政府摆脱债务。值得一提的是，对于杰斐逊县的普通居民来说，政府的破产、裁员、拍卖、清算是在基于保护其基本市民权益的前提下进行的。

综合来看，从1937年至2012年4月份，美国地方政府行政当局636份破产申请中的162份，即大约26%的申请因为没能通过重整方案而没有获批。自从1980年来，大约31%的申请因为重整方案没能通过而流产。①

（二）日本地方政府债务及其风险处置

日本地方政府债务问题与中国具有类似特征：一是日本和中国一样，采用基本相同的单一财政体制；二是日本具有三级政府，分别是中央政府、都道府县、市町村。其中，都道府县和市町村统称为"地方自治团体"，与中国的中央、省、市（直管县）结构相类似；三是日本也有多样化的公共经营机构，例如国有企业，这些机构是日本地方政府的重要债务主体；四是日本的财政会计处理与中国类似，分为一般账户、专项账户等。日本的《地方自治法》规定，凡是与居民日常生活密切相关的行政工作，尽可能由地方自治团体完成，地方自治团体无法完成的才给中央政府作为事权。相应地，日本地方自治团体承担了大量的教育、生活保障、基础设施的公共服务事权，拥有数量较多的准政府实体。②

2006年，日本为响应社会变革，应对人口老龄化，缓和地方经济差异化，推出了《分权改革促进法》。该法案希望通过增强地方政府的权力和责任，更

---

① SPIOTTO J E. Chapter 9: The last resort for financially distressed municipalities [J]. The Handbook of Municipal Bonds, 2012: 145-190.

② GOTO Y. Governance of the Management of Public Debt in Japan [J]. Public Policy Review, 2008, 4 (1): 1-36.

好地满足基层居民的需求。具体措施包括：

1. 推动地方分权：将中央政府的一部分职责转移到地方政府，促进地方自治。

2. 简化行政程序：减少中央政府对地方政府的过多干预，简化行政程序，使地方政府能够更有效地提供服务。

3. 提高财政自主性：提高地方政府的财政自主权，以便它们可以自行决定如何使用资金。

4. 重新分配税收：为了确保地方政府有足够的资源来履行其新的职责，需要重新分配税收。

在日本的法律中，日本地方自治团体建设项目的举债工具有以下几种：（1）公开募集地方政府债券；（2）申请中央政府财政投资贷款项目；（3）地方公共团体金融机构贷款，也称为"日本地方公共企业金融公库"；（4）银行等金融机构贷款。以 2017 年为例，日本地方自治团体债务余额中，32.1% 属于市场公开募集债券、26.6% 属于城市银行贷款、21.8% 属于 FILP 贷款、8% 属于 JFM 贷款。其中，市町村的债务主要源于 FILP 贷款。①

接下来使用图示方式对日本地方政府、日本地方准政府组织的债务审批行政程序和资金流程进行说明。如图 2-2 所示，日本地方政府（也称为"地方自治团体"）举借债务，需要获得来自地方议会的批准，并且获得总务省的发行审批。值得注意的是，总务省的发行审批权力来源于国会批准的地方政府融资计划，如果融资计划不在国会批准范围内，总务省也没有否决地方政府债务计划的权力。

资金方面，地方政府债务资金主要来源于公开的金融市场。除了公开金融市场，总务省和财务省会就具体的地方政府债务进行沟通协调，而后财务省可从 FILP 给予地方政府债务资金。另外，日本邮政储蓄基金、地方其他公共部门和其他金融机构也可以向地方政府提供债务资金。

可见，日本地方政府债务融资是在多方制约、协调下的结果：既有来自地方议会的预算管理制约，也有来自总务省（含国会）的发行审批制约，还有来自财务省（含国会）的资金供给端制约。

---

① 刘穷志，刘夏波. 日本地方政府债务治理及启示 [J]. 现代日本经济，2020 (5)：24-39.

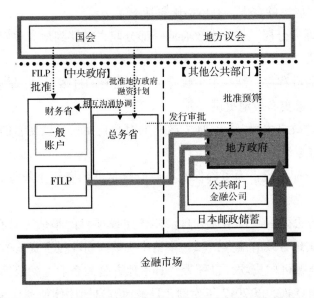

图 2-2　日本地方政府债务的行政程序和资金流程图

注：实线箭头表示资金流向，虚线箭头表示行政审批关系，下同。

　　日本地方政府（地方自治团体）的"财政投资和借贷项目"由准政府组织作为债务人，这些组织通常是地方高速公路企业、日本学生服务组织、政府住房贷款企业等，它们的债务资金大部分来源于公开金融市场（见图2-3）。相关权威机构在咨询财务省后，对具体领域准政府组织的财政投资和借贷项目进行发行审批，获得同意后向公开金融市场进行融资。[①]

　　日本准政府组织还可以申请获得财务省所管理的一般账户担保（见图2-4）。建设教育、高速公路等基础设施的准政府组织向中央相关权威机构申请融资时，可以申请从财务省获得来源于一般账户的担保。在获得担保后，除了金融市场的资金，准政府组织可以获得来自日本邮政储蓄基金的资金支持。

---

① 此处相关权威机构主要指具体投资项目的中央主管机构，例如高速公路基础设施归属国土交通省，学校基础设施建设归属文部科学省。

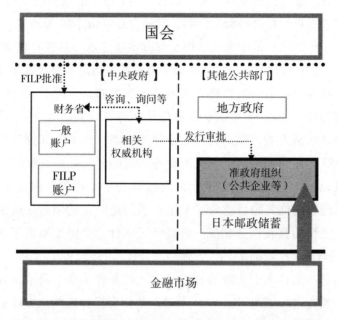

图 2-3 日本地方准政府组织财政投资和借贷项目行政程序和资金流程图

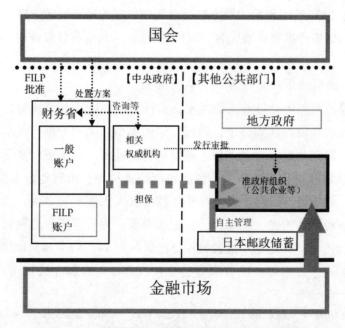

图 2-4 日本政府担保债券行政程序和资金流程图

　　夕张市破产重组计划是较为典型的日本地方政府财政重组计划。① 位于北海道的夕张市受煤炭枯竭等因素影响，其地方自治团体在 2006 年 6 月 20 日宣布，因债务违约而向日本中央政府提交财政重建计划。总务省在 2007 年 3 月 6 日同意了夕张市的财政整顿计划。该市被总务省指定为财政重建计划下的地方政府，意味着夕张市的预算将直接由总务省控制，实际上剥夺了该市的自治权。根据安排，长达 18 年的财政重建计划将持续到 2024 年，具体措施包括：削减市政官员人数，提高公用事业使用收费，并关闭部分公共设施以偿还夕张市 353 亿日元的债务。夕张市债务违约的源头是缺乏财政纪律，过度投资，以及以增加债务来覆盖赤字的财政机会主义行为。截止至 2006 年 6 月，夕张市通过粉饰其账目隐藏了大量"借新还旧"的债务，这使得总务省很难掌握夕张市的真正债务状况。最终经过审计，夕张市累积了 630 亿日元的债务（相当于年税收的 14 倍），远超原来披露的 353 亿日元。②

　　夕张市破产给日本中央政府和总务省、财务省带来了警示，并对地方政府债务监控措施进行了改进：（1）通过新的综合指标监测地方政府的财务状况，引入包含准政府组织债务的各类"实际"债务指标和"综合债务指标"对地方债务风险情况进行判断；（2）约定中央政府和都道府县政府参与制定重建计划；（3）给予预警的地方临时融资用以覆盖地方财政赤字。自此，日本地方政府的破产重整计划成为"可信的威胁"，约束着各级政府和金融市场行为。

（三）德国地方政府债务及其风险处置

　　德国是欧盟经济总量最大的国家，实行联邦、州、市（地方）三级行政体制。在税收和税权的划分上，德国与中国类似，采用专享、共享两大税收划分模式。联邦政府专享消费税、道路货物运输税、资本流转税等；德国各州政府专享财产税、遗产和赠与税、地产购置税等；市政地方专享营业税、不动产税、娱乐税等。但各级政府专享税占收入比重不到 20%，大部分收入来源于共享税：增值税、工薪税、估定所得税、非估定所得税和资本收益税等。联邦、州、市（地方）的税收划分比例约为 44∶42∶14。德国税权中的立法权，被划分为专属立法权和竞合立法权两项。专属立法权由联邦行使；

---

① MOCHIDA N. Subnational Borrowing in Japan：from "Implicit Guarantee" to Market Discipline and Fiscal Rule ［J］. CIRJE Discussion Papers，2008：8-20.

② 夕张市在未获得法定程序批准的情况下，长期从北海道开发基金借入资金。

竞合立法权由联邦和州共同行使，联邦享有优先立法权，如果联邦不立法，各州才能自行立法。简单来说，大税种由联邦和州立法，中小税种由州和市（地方）立法。税收征管方面，德国实行四种模式：联邦征管、州代联邦征管、州征管和地方征管。其中，联邦政府财政部门只负责关税、消费税等小税种征收，其他大宗的增值税、工薪税等，由州政府财政总局负责征收，州财政总局分设两套系统：联邦管理局和州管理局，前者征收联邦专享税，后者征收州专享税和共享税。地方税务局或税务办公室作为各州派出机构，仅负责狗税、娱乐税等小税种征管。① 因此，德国实行"联邦立法、州府征管"的收入体制，联邦和州政府之间通过集中立法、独立征管相互制约。

可以看出，德国联邦、州和市（地方）之间采用了分割式的税权划分体制，这源于德国在二战后对地方自主权和联邦垂直管制的综合考虑：既赋予地方政府一定程度自治权，如财产税的税收立法权；又将地方政府置于州政府监管下，例如地方政府举借债务必须获得上级州政府的批准，但州政府又不能拒绝地方政府合理的举债需求。

以上"合理"的不同判断引发了少量债务危机。1996 年，德国位于捷克边境人口约 3900 人的尼德奥德维茨镇，其市政委员会与私人投资者签订了一份合同，建造一座新的体育馆，该项目由市政委员会自由决定，并非州政府等上级政府委托的项目。这个体育馆项目的建设成本约为 390 万马克，由私人投资者提供，体育馆建成后，私人投资者将获得一份为期 30 年的租赁合同回收建设成本。合同期满后，尼德奥德维茨镇将有权购买该体育馆。这份典型的"委托—交付—经营—购买"合同于 1997 年初获得了该镇上级市政管理机关的批准。1999 年，萨克森州的审计法院指责尼德奥德维茨镇所签署的项目合同在经济上不合理。因此，尼德奥德维茨镇市政委员会及合并后的市政当局前往法院，起诉上级市政管理机关并要求赔偿。此案进入德国最高法院，即德国联邦法院进行审判。联邦法院在 2002 年 12 月 12 日裁决该镇上级市政管理机关有责，对项目合同的经济性负有过失责任。法院判决的依据是，该镇上级市政管理机关是选举产生的市民自治组织，有义务对镇行政当局的行为进行监管和纠正，但在体育馆项目过程中忽视了全体市民通过宪法赋予的决策者职责；而尼德奥德维茨镇没有镇民选举的自治组织，因此无须承担体

---

① 王玮. 地方财政学（第三版）[M]. 北京：北京大学出版社，2019：128-131.

育馆项目合同经济性责任。①

因此，关于尼德奥德维茨镇体育馆的裁决强化了德国联邦制的公共选择责任体系。也就是说，被选举者——州政府，对下级政府的债务行为，包括风险性债务行为负总责。2002 年以后，德国各州强化了对地方政府债务的财政监管，增加了财政援助，限制了地方政府开支，提高了运作效率，进而改进了财政管理。这些措施取得了良好成效，此后，德国地方政府债务危机事件极少出现。

第二节　国内政府债务研究综述

一、探索时期的政府债务研究

1978 年改革开放后，我国地方政府举债模式经历了长时间的探索。围绕土地的国企市场化举债是从 1998 年开始的，到 2008 年转变为积极货币政策时期，各地方政府在不断摸索尝试新的举债模式，学界研究也相应以实地调研为主。

根据早期《预算法》，我国省级及以下地方政府不列赤字，不对外举债，但地方政府部分事权领域的资金需求却是刚性的、突发的，因此早期的政府性债务经历了先行先试的过程。最早的地方政府城投债务出现在 1998 年的上海市。② 当时，中央政府对国有企业实行"抓大放小"政策，部分国有企业出现"资不抵债"，只能破产清算。国有企业破产后下岗职工安置问题成为各地方政府迫切需要解决的紧急重大问题。上海作为当年全国的经济重镇，率先尝试成立城投公司③。先将破产国企的土地注入城投公司，举债推进国有企业原有土地的拆迁平整和城镇化，以及对下岗职工的妥善安置；然后通过土

---

① BLANKART C B, KLAIBER A. Subnational government organisation and public debt crises [J]. Economic Affairs, 2006, 26 (3): 48-54.

② 谢旭人. 中国财政 60 年 [M]. 北京：经济科学出版社，2009：467.

③ 公开信息显示，上海城投（集团）有限公司，1992 年成立，为上海市属国有企业，曾在银行间市场公开发行债券"98 上海城建债"，该债券于 2007 年到期，由东方证券担任主承销商。

地出让偿付资金，完成国有企业的破产清算。当时这个方法在制度上得到国家官方媒体默认，部分省级政府和直辖市政府调研上海后，将城投方案作为安置下岗职工的方法之一予以采纳。① 在金融市场公开发行债券，筹集资金安置职工，改造破产国企土地后出让还债，该模式逐渐在各地推广。

2008 年之前，早期的社会学专家对部分城市实地调研后，发现了土地与地方政府债务密切关联，是政府举债的底层信用来源。马海涛和吕强分析某省乡镇债务逾期数据后指出，由于计划经济下我国地方政府存在"管理经济"的惯性，地方政府有些会热衷"替代市场"，而非"服务市场"。其中较为突出的表现是地方政府将财政资金投向具有潜在高回报的市场竞争性项目。为了获取高回报，必须有前期投资，这导致地方政府又在原来的财政负担基础上增加了新的支出增长点。植根于此的财政支出扩张压力，迫使地方政府通过各种渠道筹集资金，债务负担不断加重。另外，政府间事权与支出责任划分不明晰和事权错位的普遍存在，也是导致地方政府债务负担加剧和政府偿债意识淡薄的重要因素之一。②

之后的研究转向"替代市场"学说的地方政府经济行为。刘守英和蒋省三通过实地调查研究发现，土地融资是地方政府获取财政和城镇化资金的主要来源。他们估计，房地产开发资金中有 60% 来源于银行贷款。地方政府举债的内在机制为：第一，银行信贷作为房地产投资和居民个人购房的后盾，一方面促成了房地产业成为这一轮经济高速增长的主导产业，另一方面也为土地市场的繁荣和政府土地出让收益最大化找到了下游出口。第二，城市基础设施贷款的抵押品是土地，而背后的真正保障是政府信用。人民银行规定不允许地方政府直接从银行贷款，地方政府应对办法是成立各种政府性公司（融资平台），受政府委托进行城市基础设施建设或旧城改造，建设资金先由政府性公司贷款或者举债筹集，偿还贷款的偿债工具是政府储备的土地。这种模式类似金融行业"远期结算"方式，通过订立合同，由政府性公司在财政预算体系之外筹措债务资金，完成开发，最终在远期和政府就基础设施、

① 贾康，刘薇. 构建现代治理基础中国财税体制改革 40 年 [M]. 广州：广东经济出版社，2017：428.

② 马海涛，吕强. 我国地方政府债务风险问题研究 [J]. 财贸经济，2004（2）：12-17.

土地等无形资产进行资金清算。① 周飞舟通过实地调研，考察我国东部、西部相关城市数据后指出，在土地征用和开发过程中，地方政府主要通过财政和金融手段积聚资金，"圈地"只是"圈钱"的手段。土地金融和地方财政的关系是：银行不断向土地储备中心发放土地抵押贷款，土地储备中心则不断进行"征地—开发—出让—再次征地"以赚取土地出让收入，基本思路是用旧储土地的抵押贷款进行新一轮土地征收，然后用出让土地的收入还清抵押贷款，再用新征用的土地进行新一轮的土地抵押贷款。在这一过程中，金融资金作为土地征用、开发、出让过程的"润滑剂"，使得政府能够迅速扩大土地开发规模，积累起大量的土地出让收入。②

但 2008 年之前的地方政府土地相关债务，目标是"安置下岗职工""维护社会稳定"，而非基础设施建设等社会发展目标。因此该阶段的地方政府债务集中在一些经济发达的省份和大城市。财政预算体系之外，全国各地并未形成大规模政府债务。

二、逆周期调整时期的政府债务研究

2008 年，以美国次贷危机为源头的金融危机爆发。为应对此次金融危机，中央政府决定调整稳健的货币政策为"积极的货币政策"，并将稳健的财政政策也调整为"积极的财政政策"。为刺激经济，中央政府安排了 4 万亿元政府投资计划。这 4 万亿中，需要地方政府配套 1.25 万亿。1.25 万亿中，由中央政府代地方政府发行 0.4 万亿债券筹集，剩余 0.85 万亿由地方政府自筹。自筹过程中，地方政府的融资平台公司发挥了巨大作用。根据统计，自筹资金中，来源于融资平台的债务资金占比约为 10%，举债资金主要用于基础设施、社会事业、生态环保等公益性项目。③ 自 2008 年以来，地方政府债务规模迅速膨胀，但债务的规范化管理并未随同跟上。从金融机构调研获悉，当年部分融资平台与政府部门同栋楼办公，注册地址即为当地财政局。结果导致地

---

① 刘守英，蒋省三. 土地融资与财政和金融风险——来自东部一个发达地区的个案 [J]. 中国土地科学，2005，19（5）：3-9.

② 周飞舟. 生财有道：土地开发和转让中的政府和农民 [J]. 社会学研究，2007（1）：49-82.

③ 贾康，刘薇. 构建现代治理基础中国财税体制改革 40 年 [M]. 广州：广东经济出版社，2017：512.

方政府违规或变相提供担保，债务风险日益增大。①

这一时期由于部分城投公司公开举债，根据沪深交易所和银行间市场要求，公开发债企业财务数据必须公开，因此这一时期对地方政府土地、债务的研究以数据实证计量为主方向，重点辨析债务融资和土地、金融、官员晋升交互发展的原因、路径、效应、风险等几个方面。

（一）制度原因

制度方面，用土地抵押的地方政府融资、土地出让金和房地产税费收入，是建立在中国二元化土地制度和地方政府对级差地租的绝对垄断基础上的。地方财政对土地转让收入形成日益严重的依赖，是地方政府收入压力与土地制度能够变现的巨大级差收入（可能）共同作用的结果。② 因此，财政制度原因是地方债务风险的根源。③ 从税制角度看，"土地财政"问题的根源在于现有体制制度和税费政策的扭曲性激励。④ 财政金融体制的激励作用，构成了地方公共债务持续增长的制度原因。⑤

（二）激励原因

激励主要指对地方政府主动用债务融资，扩充财政支出而言，有哪些激励因素，例如政府部门的"晋升锦标赛"激励、"行政发包制"激励等。很多学者认为，地方官员有强烈的晋升需要，通过"土地—债务—房地产"，可以实现晋升激励中核心的 GDP 考核指标。

地方政府经济竞争的方法有：基础设施竞争、税收竞争、土地优惠、放松行政管制。⑥ 有学者采用省级面板数据发现，地方政府官员热衷于出让土地是源于"土地引资"，而非"土地财政"。土地作为一种稀缺的资源，出让建设用地甚至违法供应土地成为地方政府官员竞相招商引资发展辖区经济的重

---

① 刘尚希. 公共风险论 [M]. 北京：人民出版社，2018：163, 178.

② 张青，胡凯. 中国土地财政的起因与改革 [J]. 财贸经济，2009 (9)：79-83.

③ 吴俊培，李森焱. 中国地方债务风险及防范研究——基于对中西部地方债务的调研 [J]. 财政研究，2013 (6)：25-30.

④ 陈志勇，陈莉莉. "土地财政"：缘由与出路 [J]. 财政研究，2010 (1)：29-34.

⑤ 毛捷，刘潘，吕冰洋. 地方公共债务增长的制度基础——兼顾财政和金融的视角 [J]. 中国社会科学，2019 (9)：45-67.

⑥ 蒋震，邢军. 地方政府"土地财政"是如何产生的 [J]. 宏观经济研究，2011 (1)：20-24.

要手段。① 范子英的研究与以上结论一致，由于土地财政的真实原因是投资动机而非财政压力，即使中央降低自身在初次财政分配中的份额，改善目前地方财政在国家财政分配中的不利地位，依然无法对地方出让土地的行为产生实质性的影响。②

（三）方法路径

方法方面，地方政府运用土地，带动房地产和建筑业繁荣是城市扩张的核心内容。周飞舟指出，"土地收入—银行贷款—城市建设—征地"之间形成了一个不断滚动增长的循环过程。③

银行是地方政府债务的关键助手。钱先航等人使用城商行数据发现，官员晋升压力大时，城商行会减少贷款，但官员任期会弱化这种作用；从期限结构看，减少的是短期贷款，但会增加中长期贷款。同时，城商行会减少批发零售业而增加建筑、房地产业贷款。官员任期内大多施压城商行，在金融手段上推进自身晋升目标。④

（四）效应研究

依赖土地支撑起地方政府债务，会导致社会经济问题。土地财政使得市场资源配置机制出现问题，出现跨期不对称分配效应：早期获得土地使用权的经济主体（企业或个人），最初付出的价格是极低的。但后来地价上升后，拥有地权者的潜在资本利得大幅上升，新进入者必须付出更高的价格才能获得土地使用权，早期的土地成本被跨期平滑了。以土地为载体的城市化融资方式，推动了地价和房价上涨，在居民之间产生了较强的再分配作用。⑤

另一方面，土地价格上涨，能够同时通过收入和抵押两个渠道放松地方政府所面临的融资约束，带动基建规模扩大；基建规模的扩大又能在短期内

---

① 张莉，王贤彬，徐现祥. 财政激励，晋升激励与地方官员的土地出让行为 [J]. 中国工业经济，2011 (4)：35-43.

② 范子英. 土地财政的根源：财政压力还是投资冲动 [J]. 中国工业经济，2015 (6)：18-31.

③ 周飞舟. 大兴土木：土地财政与地方政府行为 [J]. 经济社会体制比较，2010 (3)：77-89.

④ 钱先航，曹廷求，李维安. 晋升压力，官员任期与城市商业银行的贷款行为 [J]. 经济研究，2011 (12)：72-85.

⑤ 中国经济增长前沿课题组，张平，刘霞辉. 城市化、财政扩张与经济增长 [J]. 经济研究，2011 (11)：4-20.

资本化到土地价格，形成"地价—基建投资"间自我强化的正反馈过程。①

（五）风险问题

对地方政府土地相关债务的快速扩张问题，部分学者提出其可能会引发财政风险。国务院发展研究中心土地课题组调研认为，城市基础设施投资对金融的过度依赖，加大了政府的财政风险，与个人收入相背离、同房价上涨预期相联系的住房贷款快速增长，给金融风险带来了巨大隐患。② 作为政府，基于土地财政建立的大量地方政府投融资平台积聚了风险，存在向金融风险与财政风险转化的可能。③ 有学者建立理论模型后发现，在地方政府和商业银行双冲动下，地方政府融资平台实际上拥有信贷加速器效应，可能导致风险不可控。刘尚希指出，当债务不可持续，不可能通过借债来维持或扩大支出时，资本市场和社会会对政府的信誉产生动摇，地方政府有可能冒险，动用征税征费权力扩大自身资源掌控力度。同时他指出，就债务论债务没有意义，必须和偿债资源联系起来。④

金融危机之后的政府债务研究逐渐吸纳了计量实证、企业金融等领域知识。研究表明，政府债务规模的扩大使得债务问题不仅仅是政府的问题，不仅仅是债务本身的问题，不仅仅是财政一个独立行政部门的问题，其已经成为涵盖土地、规划、金融、证券、房地产等领域的全局性系统性风险事项，必须结合最终偿债来源——土地，进行综合分析。

三、灵活政策时期的政府债务研究

从之前的研究可以看出，国内学者对地方政府债务问题，研究的对象是政府、投融资平台，研究的现象是土地财政、投融资平台债务增加等，研究的方法以实证计量为主，研究的结果是财税制度、政治激励、引资生税等不同原因导致了地方政府债务扩增现象，累积了财政风险、金融风险、社会风

① 郑思齐，孙伟增，吴璟."以地生财，以财养地"——中国特色城市建设投融资模式研究［J］.经济研究，2014，49（8）：14-27.
② 国务院发展研究中心土地课题组，李剑阁，蒋省三，韩俊，刘守英.土地制度、城市化与财政金融风险——来自东部一个发达地区的个案［J］.改革，2005（10）：12-17.
③ 蒋震，邢军.地方政府"土地财政"是如何产生的［J］.宏观经济研究，2011（1）：20-24.
④ 谢思全，白艳娟.地方政府融资平台的举债行为及其影响分析——双冲动下的信贷加速器效应分析［J］.经济理论与经济管理，2013（33）：60-80.

险，解决的方法包括完善法律、优化激励等。

但地方政府目标复杂，受上级政府支配干预，且面临诸多外部环境冲击，其债务融资行为，需要结合各方面因素综合考虑。因此单向的因果研究，往往会简化或遗漏其他关键主体和变量，使研究存在内生性问题。

新《预算法》执行后，地方政府转向金融市场发行债券，用于支持地方基础设施建设和土地储备，因此债务问题突破财政单一部门控制，逐步在金融市场和金融信贷领域快速兴起。过往的城投债、融资平台债务在继续扩增基础上，地方政府的一般债和专项债风险快速显现，成为金融市场不可或缺的重要组成部分和风险处置对象。我国中央政府一方面加快建立现代财政制度，另一方面保持货币政策灵活适度，"财政—债务—金融"三者的联系更加紧密。

DSGE 模型具有系统研究各种因素综合影响的能力。DSGE 模型全称为 Dynamic Stochastic General Equilibrium，中文名为动态随机一般均衡模型。模型的动态，指经济个体考虑的是跨期最优选择，因此，模型以探讨经济体系中各变量如何随时间变化而变化的动态性质为基础。随机指经济体受到各种不同的外生冲击影响，例如技术性冲击、货币政策冲击、偏好冲击等。一般均衡指宏观经济体系中，消费者、厂商、政府与中央银行等每一个市场参与者，在根据其偏好及对未来的预期下，所做出最优选择的总和。① 从经济政策制定者的角度来讲，DSGE 模型使政策制定者可以进行一致的政策分析，从而避免政策的动态不一致性，打破了一般计量模型只能够进行因果关系，不能够进行反事实仿真研究的问题。

DSGE 模型还很好地解决了经济学"卢卡斯"批判问题。卢卡斯认为：公众是有理性的（理性预期），他们能够对政府的经济政策和其他经济信息做出合理的反应并相应地调整他们的经济行为。例如，央行执行货币宽松政策和财政大规模赤字，私人部门预判未来可能出现较高通货膨胀，调整自己的行为，将持有货币改为持有房产，对冲刺激政策。

除了回应"卢卡斯"批判，DSGE 模型还能够做好参数估计和反事实模拟。虽然可以建立一种经验主义方法来估计某个经济思想，但是 DSGE 建模

---

① 朱军. 高级财政学Ⅱ—DSGE 的视角及应用前沿（模型分解与编程）［M］. 上海：上海财经大学出版社，2019：3-4.

能对结构冲击、机构参数进行数量的评估和识别。DSGE 也允许在没有可用数据的情况下，模拟已校准的微观模型。

近年来，部分学者结合财政金融实际，开始用 DSGE 模型在多部门设定下建构政府和政府债务。有学者的研究与"土地出让"和"债务融资"密切相关，他们在 DSGE 模型中对偿债设计了 3 种方式，分别是：借新债还旧债、增加税收（增值税、薪资和所得税、资本利得税）、缩减支出。通过模拟分析，认为这三种方式会产生多方位影响：首先，借新还旧，会导致居民消费下降，产生挤出效应，政府的借债规模也会进一步扩大。其次，如果增加增值税，会导致居民消费品价格上升，降低投资相较于消费品的价格，抑制居民消费，导致社会消费水平下降。还有，如果增加薪金所得税用于偿还政府债务，随着工资薪金所得税对债务反应程度的增加，其通过替代效应等途径对居民消费的抑制作用会超过通过收入效应对消费的刺激作用，阻扰社会总产出增加。如果增加资本利得税，一方面，居民投资会减少，而投资减少会降低企业劳动力边际产出，减少劳动力需求；另一方面，资本利得税会让居民更倾向消费。最终对经济的影响取决于这两个效应的相对大小。之后参考货币规则，将政府支出设定为与经济产出波动相关的规则，即财政支出是逆经济周期的，同时将政府债务设定为日常赤字债务和拉动经济的债务。[1] 张佐敏开创性地对政府"债务融资"和"税收融资"设置了代理变量 φ_r。变量取值较大时，表明政府愿意通过税收融资；变量取值较小时，表明政府倾向于债务融资。其文章结论指出，政府的债务融资行为，必须与政府税制调整相结合，税率弹性空间最大的是扭曲税率依据上期债务规模调整，其次为扭曲税率依据当期债务规模调整，最小的为扭曲税率依据预期的下期债务规模调整。[2]

2017 年之后的研究开始引入土地要素。高然和龚六堂围绕土地财政、房地产和经济波动展开 DSGE 模型分析。他们建立了与土地与政府债务联系的 DSGE 基准模型。设定政府最大化财政支出如下：[3]

① 郭长林，胡永刚，李艳鹤. 财政政策扩张、偿债方式与居民消费 [J]. 管理世界，2013（2）：64-77.
② 张佐敏. 财政规则与政策效果——基于 DSGE 分析 [J]. 经济研究，2013（1）：41-53.
③ 高然，龚六堂. 土地财政，房地产需求冲击与经济波动 [J]. 金融研究，2017（4）：32-45.

$$\max E_0 \sum_{t=0}^{\infty} \beta_g^t \log G_t \tag{2-4}$$

参考过往对债务抵押物约束的设定，政府举债必须满足支出和约束如下：①

$$G_t + R_{t-1}D_{t-1} = \tau q_{L,\,t}(x_t\bar{L}) + D_t \tag{2-5}$$

$$D_t \leq v E_t[\tau q_{L,\,t+1}(x_{t+1}\bar{L})] \tag{2-6}$$

$q_{L,\,t}(x_t\bar{L})$ 是土地价格，x_t 为土地供给冲击，$\bar{L}$ 为土地供应面积，τ 为政府土地获利比率。设定以上土地和债务基准公式，通过贝叶斯估计和脉冲反应，高然和龚六堂得出结论：土地价格的上涨放松了政府的信贷约束，使地方政府债务得以增加。该文章通过 DSGE 模型识别出地方政府存在"抵押品效应"。在基准模型基础上，通过对数值的模拟和对脉冲的响应进行分析得出结论：地方政府土地财政行为的存在，一方面会显著地放大房地产市场的波动，另一方面会将房地产市场的波动传导到实体经济，放大消费、投资和产出波动。地方政府越依赖土地财政，对私人部门福利伤害越大。

细化并区分土地用途的研究文献随之出现。赵扶扬等构建了一个反映地方政府土地财政行为的 DSGE 模型，在模型中区分了工业用地和住宅用地，对土地供给加入外生复合冲击（将土地分为永久性部分、临时性部分），最后区分了政府卖地收入和税收收入后设定政府预算收支平衡状态，求解 Ramsey 最优财政问题。他们的模型将社会分为家庭、企业家、地方政府三方，得出几点结论：首先，土地财政机制方面，一个对于住房需求的正向冲击发生后，地方政府作为土地市场垄断者，会抬高住宅用地地价，并调节住宅用地供给，放松政府预算约束。预算约束的缓解导致地方政府增加基础设施投资及减少企业税收，这直接促进了产出的增加。其次，地方政府行为方面，反事实模型的脉冲反应显示，地方政府存在抑制工业用地地价过度上涨的行为，地方政府土地财政行为会显著放大住房需求冲击并产生持续性影响。土地市场分割方面，模型说明了在差异化地价下，地方政府在推动当地经济发展方面拥有更广的政策自由度和选择空间。他们对 DSGE 模型的脉冲反应分析得出结论，住房需求的正向冲击将导致地方政府提高住宅用地价格，从而可以放宽

① LIU Z, WANG P, ZHA T. Land-price dynamics and macroeconomic fluctuations [J]. Econometrica, 2013, 81 (3): 1147-1184.

地方政府在预算平衡下的收支约束，提高地方政府对其他企业减税的容忍度。① 梅冬州等先用图示的方法解释了房价影响 GDP 的路径。再在 BGG 模型中加入了金融中介，并将生产部门分为房地产部门和非房地产部门。除了消费部门、生产部门、金融中介，该文章还包括地方政府、资本品生产商、零售商等共计 6 个部门。进行参数校准和脉冲分析后，该文章得出结论：由于地方政府支出依赖于土地出让收入，而土地出让收入与地价直接相关，这使得外部冲击导致的房价变动传递到地价，直接影响了地方政府的支出行为。即，土地财政的存在使得房价周期直接与地方政府的支出周期联系在一起。再加上"GDP 锦标赛"，"土地—债务"这种传导机制造就了房价绑架 GDP 的事实。② 朱军等使用 NK-DSGE 模型发现，中国扩张性财政支出或债务融资有正面和负面两方面影响。首先，债务融资的经济效应显著。政策模拟和机制分析显示，1% 财政支出（债务融资）通过负财富效应渠道挤出私人消费0.2%，但仍强劲带动经济增长 0.2%，说明中国扩张性财政支出的增长效应比较显著。其次，存在负面影响。政府债务规模增加，不仅造成财政空间缩减，抑制扩张性财政政策的有效性，而且也影响金融市场的定价机制。财政规则可以减弱扩张性财政支出的负面效应，提升财政政策的经济调控效应。建议政策决策者避免财政紧缩过于刚猛，伤及经济增长动力，引发金融市场波动，造成恶性循环。③

　　政府债务与金融的交互影响得到学界关注。毛锐等构建了一个地方政府债务作用于商业银行流动性约束和私人信贷投资的 DSGE 模型，模拟债务-金融风险的累积叠加机制触发金融风险的可能性。在模型构建过程中，设定家庭持有政府债券，并且家庭持有住房并对外出租获取租金。经参数校准和估计得出结论，地方政府投资冲动驱使地方政府债务规模呈现顺周期特征，商业银行对地方政府债务的大量认购使债务风险转换为金融风险，商业银行是地方政府债务扩张的风险载体。文献估计出，中央政府对地方政府债务的合

① 赵扶扬，刘睿智．土地空间配置、地方政府债务分化与区域协调发展 [J]．数量经济技术经济研究，2024，41（4）：26-47.
② 梅冬州，崔小勇，吴娱．房价变动，土地财政与中国经济波动 [J]．经济研究，2018（1）：35-49.
③ 朱军，李建强，张淑翠．财政整顿、"双支柱"政策与最优政策选择 [J]．中国工业经济，2018，365（8）：26-43.

理担保区间为 [0.71, 0.99]，使用宏观审慎政策去杠杆的最优时机为年新增债务量占 GDP 比重 2.88%，对应的中央隐性担保率为 79%。① 熊琛和金昊创新性地对地方政府债务违约设定了满足 Logit 分布的随机过程，具体为：

$$\ell_{t+1} = \begin{cases} 1, & \text{如果 } \varepsilon_{\ell,\, t+1} - S_{t+1} \geqslant 0 \\ 0, & \text{如果 } \varepsilon_{\ell,\, t+1} - S_{t+1} < 0 \end{cases}$$

S_{t+1} 代表随机违约过程变量，$\varepsilon_{\ell,\, t+1}$ 代表决定是否违约的外部冲击。通过模型求解与参数校准，进行脉冲响应分析，得出结论：地方政府债务风险与金融部门风险之间相互强化，并且这种风险的依存对经济所处的状态具有敏感性。地方政府债务违约风险会对金融部门资产带来冲击，导致金融资产衰退进而影响实体经济，而金融部门资产负债表的衰退则会通过直接的资产负债表渠道和间接的一般均衡效应渠道向地方政府债务风险传导，引起地方政府债券收益率价差的上升以及违约风险的上升。②

闫先东和张鹏辉在前人研究基础上，将包含通货膨胀的货币政策加入政府部门的方程设定。与前人一致，设定政府最大化财政支出，但政府的债务约束方程除了受土地出让收入影响，也受税收收入与上期债务比值动态影响。最终通过贝叶斯估计和脉冲响应得出结论：土地需求冲击、土地供给冲击和货币政策冲击驱动了中国土地价格波动；由于政府有土地财政行为，放大了宏观经济波动，且土地价格上涨引发的土地抵押机制加剧了宏观经济波动，进而引发了自发循环强化作用，引起宏观经济的更大波动。③

2020 年以来，对政府隐性债务（融资平台）和相关经济现象的研究开始深入公司层面。徐军伟等建立了基于融资平台公司新名单的城投债数据库，分析出地方政府隐性债务的根源是融资平台公司的资产延伸和风险联保，并由此导致对金融机构产生"信用引力"。④ 周文婷和吴一平使用财政补贴数据，发现财政补贴能够显著提高金融机构对上市公司的贷款意愿和水平，财

① 毛锐，刘楠楠，刘蓉. 地方债务融资对政府投资有效性的影响研究 [J]. 世界经济，2018 (10)：51-74.

② 熊琛，金昊. 地方政府债务风险与金融部门风险的"双螺旋"结构——基于非线性 DSGE 模型的分析 [J]. 中国工业经济，2018 (12)：23-41.

③ 闫先东，张鹏辉. 土地价格，土地财政与宏观经济波动 [J]. 金融研究，2019 (9)：1-18.

④ 徐军伟，毛捷，管星华. 地方政府隐性债务再认识——基于融资平台公司的精准界定和金融势能的视角 [J]. 管理世界，2020，36 (9)：37-59.

政补贴有益于企业从银行获得更多贷款，尤其在金融发展水平较低的地区这一现象较为显著。[①] 使用城投公司财务数据的实证研究指出，当地方政府融资平台发债前，会采取注入土地、增资等措施增加融资平台资产规模，采用扩张性债务策略，扩大债务规模，最终会挤出当地中小企业贷款规模、居民消费和住房需求，影响区域经济配置。[②]

第三节 本章小结

梳理政府债务文献可以看出，国内外学者深入研究了政府债务问题，并使用实证方法搜集不同数据检验了债务的经济效用。但中国地方政府债务具有自身独特性：地方政府垄断土地使用权。因此，问题的独特性和复杂性，使"土地—债务"必须既结合计量实证检验因果关系，又要结合理论模型进行模拟分析。由于"土地—债务"问题涉及的方面非常多，涵盖政府部门、非政府公共部门、居民部门、金融部门等多个经济部门，因果关系的实证计量较难全面刻画"土地—债务"的经济关系。在政策因素方面，由于房地产问题涉及面广，不时有"调控政策"出台，受外生因素的随机影响较大，因此对内生激励的单向因果检验也很难全面刻画"土地—债务"的形成机制。因此，有必要将理论模型和计量实证结合，深入分析地方政府债务融资机制，尤其是土地驱动的债务机制。

现阶段，对土地和地方政府债务主要遵循如下设定：

1. 土地随机供给设定。部分学者的文章设定地方政府每期的土地供应总量是围绕供给量稳态的 AR（1）过程。从长时间角度看，地方政府可以获取无限的土地要素，该设定与经济现实情况不太相符。从我国土地执行用途管制制度，区、县级地方政府虽然可以制定土地利用规划，但该规划需经上级

① 周文婷，吴一平. 基于财政补贴视角的隐性担保对信贷约束的影响 [J]. 财政研究，2020（10）：42-56.

② 张路. 地方债务扩张的政府策略——来自融资平台"城投债"发行的证据 [J]. 中国工业经济，2020（2）：44-62；刘畅，曹光宇，马光荣. 地方政府融资平台挤出了中小企业贷款吗？[J]. 经济研究，2020，55（3）：50-64；梅冬州，温兴春. 外部冲击、土地财政与宏观政策困境 [J]. 经济研究，2020，55（5）：66-82.

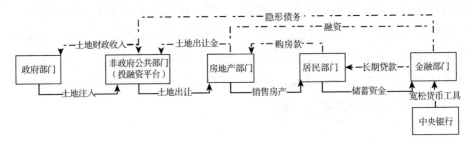

图2-5　地方政府债务的土地催生机制

政府部门批准。因此，地方政府的建设用地指标应是外生决定的，总量是固定的，应随城市化，土地"总量固定、循环开发"。

2. 获取土地无成本设定。我国城市土地归属国有，地方政府在获取建设用地指标后，会从经济角度权衡土地获得成本和收益，即考虑土地整备成本和土地价格之间的相对大小。而大多实证研究都简化事实：政府获取土地，不需要付出成本。因此大多数实证模型暂时无法解释我国地方政府倾向征用农田，而避开城中村和高密度住宅城区的事实。

3. 同时抵押与出让同一块土地。国内研究对土地抵押设定很多遵循DSGE模型设定，地方政府通过抵押土地形成债务，与当期出让的土地是同一块。① 但实际情况是，我国土地制度规定，已对外抵押的土地不得出让。这将导致经济模型偏离经济现实。另外，大多设定是土地出让越多，政府举债越多。但根据我国债券市场较为权威的中债估值②，部分欠发达地区的城投债发债成本在10%/年以上，而出让土地获取资金相对发债资金更加低廉，从资金成本的替代效应看，举债融资与土地出让应存在竞争关系。

4. 对地方政府债务的设定，部分研究忽略了融资平台。融资平台接受地方政府以"土地"注入设立，为地方政府城市建设提供金融融资服务，其名称种类多样，有土地整理储备中心、基础设施建设公司、建设项目管理中心、国有资本经营公司、国有资产运营公司……。地方政府通常让融资平台代理

---

① LIU Z, WANG P, ZHA T. Land-price dynamics and macroeconomic fluctuations [J]. Econometrica, 2013, 81 (3): 1147-1184.

② "中债"是中央国债登记结算有限责任公司的简称，该公司是经国务院批准，我国财政部出资设立的国有独资中央金融企业，是财政部唯一授权的国债总托管人，主持建立运营债券托管系统；是人民银行指定的银行间市场债券登记托管结算机构，是债券市场最权威的登记、托管、结算、统计机构。

进行土地整备，对外签署拆迁合同、债务合同等。而这个具有独立民事行为能力的法人主体在研究中通常被忽略或被剔除，抑或被简化为与政府一体。

　　综上，因为土地制度不同，我国在政府债务融资，偿债机制上，与其他国家有较大差别。出让土地使用权的收入作为还款来源进行债务融资，是地方政府偿还债务的关键，尤其是隐性债务，更是依赖政府性基金预算的国有土地使用权出让收入。因此，在财政金融结合形成的复杂经济环境下，将以土地出让作为核心基石的地方政府债务融资研究清楚，具有重要的现实指导意义。研究这个选题，可以改进西方经济理论惯用的"税收融资"设定，使公债理论更符合中国实际情况，为中国的财政政策提出更全面、更细致、更现实的政策建议。

　　特别是在中国土地市场降温的现实背景下，地方政府面对的财政压力增大，土地出让收入的不稳定性增加，这无疑增加了地方政府债务的风险。因此，基于本章内容，对于地方政府而言，寻求土地资源管理与财政债务管理的优化策略，成为了解决财政困境的关键。

　　首先，参考国外政府债务的处置经验，需要从土地供应机制和政策上进行根本性改革。目前的中国土地供应政策，尤其是建设用地的指标分配，往往与地方政府的财政需求和城市发展实际需求不匹配。一方面，政府可以考虑实施更加灵活的土地供应策略，例如围绕市场需求驱动的动态调整土地供应计划，而非单一依赖于预设的年度供地计划。同时，加强对土地使用的监管，优化土地的使用效率，减少闲置和低效开发的土地，提高土地资源的经济价值。其次，地方政府应当探索多元化的财政筹资渠道，减少对土地出让收入的依赖。可以考虑发展公私合作模式，吸引社会资本参与基础设施和公共服务项目。此外，地方政府可以通过发行绿色债券、城市投资债券等方式，拓宽融资渠道，同时提高融资的透明度和市场化程度，降低融资成本。再者，加强地方债务管理和风险控制是必要的。地方政府需要建立健全的债务管理体系，通过完善的预算管理和债务限额管理，严格控制债务规模，确保债务的可持续性。同时，政府应当提高财政透明度，加强对融资平台等独立法人主体的监管，防止债务风险的隐蔽化和复杂化。此外，地方政府还应当加强与中央政府的协调合作，争取更多的政策支持和资源配置。例如，通过税收共享机制，增加地方政府的稳定收入来源；或者通过中央政府的专项转移支付，支持地方政府在公共服务、基础设施建设等方面的支出需求。

　　总之，中国地方政府的债务管理策略需要结合国外经验和国内实际，在多个层面进行创新和优化。这不仅需要政策制定者的智慧和勇气，更需要政府、市场和社会各界的共同参与和支持。通过这些综合措施，可以有效减轻地方政府的财政压力，提高土地资源的利用效率，同时保障债务的可持续发展，促进经济社会的全面健康发展。

第三章

案例分析：土地视角下的政府债务

第一节 土地链条中债务形成的一般过程

与第二章图 2-5 一致，地方政府债务的形成原因，是基于土地能使债权方对地方政府或地方政府实际控制的经济实体偿债能力产生积极预期。主要的理论解释是：地方政府在"财权上收、事权下放""政治晋升锦标赛""行政发包制"等多重原因作用下，为实现经济增长等多重目标，积极筹措资金从事生产行为[①]；生产行为的扩大必须使用债务资金弥补财政缺口，而 2015 年之前的《预算法》使地方政府无法以政府名义举债，只能转向以政府信用和土地资产作为担保，使用土地出让收入作为偿债承诺和偿债来源，依托城投企业等政府融资平台大规模举借债务[②]。因此，针对地方政府债务，必须围绕偿债来源符合商业银行信用原则的基本设定来解释债务形成机制。

按照图 2-5，地方政府先将土地、房产等资产以资本金形式注入非政府实体机构（融资平台），扩充融资平台资产规模[③]；融资平台举债，获取资金

---

① 刘尚希 . 公共风险论 ［M］. 北京：人民出版社，2018：147；周黎安 . 中国地方官员的晋升锦标赛模式研究 ［J］. 经济研究，2007（7）：36-50；周黎安 . 转型中的地方政府：官员激励与治理（第二版）［M］. 上海：格致出版社，2017：29-76，161-207.

② 葛扬，岑树田 . 中国基础设施超常规发展的土地支持研究 ［J］. 经济研究，2017（2）：35-51.

③ 吴俊培，李淼焱 . 中国地方债务风险及防范研究——基于对中西部地方债务的调研 ［J］. 财政研究，2013（6）：25-30.

整理土地，加工成"熟地"后进行招拍挂①，出让给房地产企业，房地产企业再对土地进行建设开发，将住房预售给居民。其中，金融部门向居民部门提供住房按揭贷款、向房地产部门提供开发贷款、向融资平台提供融资，从而加速土地、房产的周转速度。由于融资平台是国企，因此地方政府在股东角色和社会道义上对融资平台债务承担部分偿还义务，形成地方政府隐性债务。债务的公开形式以银行间市场和沪深证券交易所市场的债券为主，非公开形式债务呈现多样化趋势，包括银行贷款、非标准化债权、融资租赁、供应链金融等新型金融工具。

国内基于城投债公开数据的实证研究验证了以上一般过程：针对土地出让的研究证明了土地出让是地方政府发行城投债的重要原因②；面向抵押过程的研究验证土地抵押也是地方政府举借债务的信用支撑③；从经济效应看，大量出让土地无法有效促进经济发展，但以土地作为抵押品的土地金融化却能有效促进经济增长，因为从土地财政转为土地金融，能够节约出让成本，有效推动经济发展④。已有的实证研究都验证了"土地为因、融资为果"这一结论。

但过往文献较少详述土地和地方政府债务案例，主要围绕已发行完毕的城投债规模及其期限结构等要素进行分析。1998 年，上海城投公司在交易所发行了全国第一笔城投债，用于解决 20 世纪 90 年代末"抓大放小"浪潮的国企下岗职工安置问题。因此，发行债券筹集资金，用于整理破产国企土地，在根源上不是为了获取土地收入，土地收入也不一定能成为破产国企的偿债来源，本质原因是为了安置土地的原始权益人，即解决国有（国营）和集体企业下岗职工生存问题。随着我国金融业加速发展，有必要搜集新近土地驱动地方政府债务的案例，深入分析土地和债务交互影响的内在机制。

---

① 建筑商完成三通一平或五通一平，由政府规划部门改变土地用途后，土地即成为可以出让的"熟地"。三通一平是指通水、通电、通路和平整土地，五通一平还包括通排水、通讯。

② 杨继东，杨其静，刘凯. 以地融资与债务增长——基于地级市面板数据的经验研究 [J]. 财贸经济，2018, 39（2）：52-68+117.

③ 张莉，黄亮雄，刘京军. 土地引资与企业行为——来自购地工业企业的微观证据 [J]. 经济学动态，2019（9）：84-98.

④ 陈金至，宋鹭. 从土地财政到土地金融——论以地融资模式的转变 [J]. 财政研究，2021（1）：86-101.

第二节 案例基本情况介绍

为充分说明地方政府债务形成过程，分析债务从无到有的具体细节，挖掘地方政府决策者的真实意图和理性选择，本章介绍地方政府土地相关债务典型案例，选取的是具有代表性和普遍性的土地一级开发模式。具体以 Z 市政府国资委下属 H 集团作为案例展开分析。本章将介绍一级开发模式，重点介绍一二级开发主体的基本情况，着重分析政府在土地开发过程中具体的举债安排，最后对地方政府债务进行总结。

需要特别强调的是，Z 市及其 H 集团是我国地方政府围绕土地从事"经济生产"的典型案例，该集团公司的一二级联动开发模式正在全国迅速推开，债务风险也在快速累积。

一、土地一级开发模式

地方政府为了发展经济，保障民生，会根据当地的国民经济和社会发展规划、城市总体规划、土地利用总体规划等文件，对辖区内土地进行投资、整备、开发，具体按详细的控制性规划要求和上级政府批复规划的时序和空间安排，由地方政府（含行政事业单位）或其授权企业组织实施征地补偿、拆迁安置、土地平整、市政基础设施建设、配套公共设施建设等土地开发具体工作，这种模式称为土地一级开发。土地一级开发通常指开发、改造土地的过程，而土地储备则突出政府"存储以备供应"行为，通常由县级及以上政府下属的土地储备中心执行，主要存储已办理农用地转用、征收批准手续并完成了征收的土地。

土地一级开发的主体有两类：一是地方政府的行政事业单位，常见的有政府土地储备中心、城市更新局等行政机构或直属事业单位；二是地方政府授权的具有房地产一级开发资质的房地产企业。根据《2020 年中国房地产统计年鉴》，截至 2019 年末，我国拥有一级开发资质的房地产企业共计 1308 家，覆盖全部 31 个省份、自治区、直辖市。土地一级开发的对象包括土地和地上附着物的原始权益人。以开发农村土地为例，土地的原始权益人包括村集体的村民，以及承包、租借集体土地从事生产经营活动的企事业单位。根据《2018 年中国国土资源统计年鉴》，2015、2016、2017 年我国各级政府征收的土地面积为 37.3 亿元、32.8 亿元、28.8 亿平方米，其中征收的农用地分别占 80%、78%、75.5%。

由政府单位还是授权房地产企业进行一级开发，是地方政府面临的难题。而解决问题必须从问题背后的本质和特征出发进行考察。

首先，土地一级开发属于资金密集型业务，单个项目资金成本通常高达几亿甚至几十亿，由政府全额财政出资将导致基层政府运转困难。

其次，经过长时间探索，由政府做一级开发融资的债务人已不可行：梳理地方政府债务历史，2009 年央行联合银保监会（原银监会）鼓励各地方政府组建投融资平台，配套支持国债项目，使各地方政府表外债务快速增加；[①] 1 年后，国务院敦促地方政府清理规范融资平台，要求处理好存量债务，融资平台债务（包括政府的土地相关债务）经历了政策性"一弛一紧"；为解决好地方政府融资平台债务问题，中央政府在 2014 年甄别政府各类债务后，扩大地方政府发债试点，让省级政府自主发债，将部分债券资金用于置换平台债务，推动融资平台剥离政府融资功能。2016 年 2 月，财政部发布《关于规范土地储备和资金管理等相关问题的通知》，一方面允许以"政府购买服务"形式进行一级开发和土地储备，另一方面将土储机构的资金收支纳入地方政府预算方案，对土储机构用款执行财政硬约束；同年 10 月，国务院发布《地方政府性债务风险应急处置预案》，要求省级政府对发生政府性债务风险事件的市县政府，启动追究机制，打击债务违约行为。为了在财政预算内筹措一级开发资金，2017 年 7 月，我国各地政府开始发行土地储备专项债券，截至 2019 年 9 月末，发行规模高达 1.35 万亿元，但此类专项债券在 2019 年 9 月被相关机构叫停。2020 年 7 月，财政部发布《关于加快地方政府专项债券发行使用有关工作的通知》，要求对地方政府的新增专项债券资金，坚持不安排土地储备项目、不安排产业项目、不安排房地产项目等原则。因此，在财政出资压力大、举债出资被暂停的情况下，土地一级开发大多寻求政府财政预算之外的方法进行筹资。

---

① 郭玉清，毛捷. 新中国 70 年地方政府债务治理：回顾与展望［J］. 财贸经济，2019，40 (9)：51-64.

根据以上特征，地方政府授权具有一级开发资质的房地产企业，对指定地块进行一级开发，是已有制度下各地方政府的被动路径。另外，由于政府出资模式暂时不能使用债务资金，而本章研究对象是土地相关债务，因此只能研究地方政府授权房地产企业土地一级开发及使用土地进行融资的模式。为充分说明土地催化地方政府债务的具体细节，此处选取 Z 市及被授权进行一级开发的 H 集团进行案例分析。

二、Z 市基本情况

Z 市是华南地区重要城市，作为经济较为发达的城市之一，享有全国人大赋予的地方立法权。Z 市土地面积较为充裕，具有比较多的经济开发区。

从经济情况看，Z 市经济相对发达，是一个以第三产业作为主导产业的城市。2019 年，Z 市生产总值约为 3400 亿元，同比增长 6.8%。其中，Z 市第三产业占 GDP 比重为 66%。第三产业中房地产占比较大，2019 年 Z 市房地产开发投资达 890 亿元。其中，Z 市制造业小于第三产业，制造业 GDP 占比为 33%。2019 年末，Z 市常住人口约为 200 万人，较上年增长 7%，全市人均 GDP 约 17 万元，远高于全国人均 7 万元水平。从产业结构和人均 GDP 水平看，Z 市是我国非常具有代表性的典型城市。

财政方面，Z 市 2019 年一般公共预算收入 340 亿元，同比增长 3.9%。其中税收收入 284 亿元，占比 82% 左右。加上上级转移支付、上年结转、政府性基金调入等收入后，一般公共预算收入合计 788 亿元（见图 3-1）。其中，有 123 亿来自上级补助，178 亿为政府性基金（土地出让收入）调入，26 亿为国有资本经营预算调入。可以看出，Z 市公共财政的税收收入占最终一般公共预算收入的 36%，对土地出让（调入政府性基金和国有资本经营预算）、上级转移支付依赖程度较高。在政府性基金预算方面，2019 年实现收入 575 亿元，其中，土地出让 418 亿元。从财政收入来源看，Z 市土地出让收入超过该市一般公共预算收入（小口径）①。综合来看，Z 市土地出让在地方政府财政中占据首要地位，直接影响着地方政府的财力。2020 年，Z 市政府性基金预算中，土地出让收入为 400 亿元，与 2019 年决算情况一致，土地出让收入

---

① 小口径的一般公共预算收入，是指不包含上级补助收入、债务收入、调入预算稳定调节基金、调入其他科目资金，仅包含税收收入和非税收收入的一般公共预算收入。

远超一般公共预算。

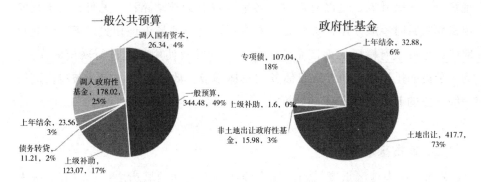

图 3-1　2019 年 Z 市财政收入决算（单位：亿元）

数据来源：Z 市 2019 年财政决算报告。

2019 年末，Z 市政府债务限额为 677 亿元，债券余额为 545.58 亿元。其中，专项债券为 294 亿元，占比 53.9%。以上债券由省政府代发，然后转贷给 Z 市政府使用。经查阅相关资料，截至 2020 年 10 月末，Z 市政府尚未以本级政府作为债务人在公开市场发行债券。

政府融资平台债务方面（隐性债务），根据中债标准，Z 市有 6 家城投公司发行了债券；但根据银保监会统计的融资平台清单，Z 市除 6 家发债企业外，还有 34 家融资平台公司，但未公开披露财务信息。

表 3-1　Z 市融资平台公司清单（已发债并披露财务信息）

序号	发行人	成立时间	2019 年资产规模/亿元	2019 年底资负率/%	2019 年底带息负债/亿元
1	Z 市 H 集团有限公司	1980	3618	70	1540
2	Z 市 H-ZH 有限公司	2012	830	41	265
3	Z 市 A 集团有限公司	2009	810	51	204
4	Z 市 B 集团有限公司	2008	299	61	143
5	Z 市 C 基础设施投资有限公司	2002	197	35	15
6	Z 市 D 水务控股集团有限公司	1993	83	54	16

从上表 3-1 可以看出，虽然该市融资平台公司数量众多，但财务信息存在隐蔽性，说明当地国企债务也存在隐蔽性。上表是已公开发债的 Z 市国企，公布了具体资产负债等财务信息，但银保监会统计的融资平台清单，大部分融资平台的信息未作披露，债务隐蔽性较高。经查阅发现，Z 市一些事业单位、行政机构也被金融监管单位认定为融资平台，例如财政所、土储中心、新闻中心、水务中心等。这些机构被银行作为融资平台上报监管机构，说明这些机构已与银行发生融资业务，侧面说明地级市政府基础设施建设任务的融资需求较大。以 Z 市为例，公开的带息债务约为 2000 亿元，是当地人大批准政府债务限额的 3 倍多，是当地 2019 年一般公共预算收入（小口径财政收入）的 6.3 倍。

金融与房地产方面，Z 市各项存款共计 9047 亿元，各项贷款余额 6359 亿元。2018 年末金融从业人数为 4.8 万人，占 Z 市人口比重的 2.4%；房地产行业企业法人单位数 5708 个，房地产从业人数 7.7 万人，占 Z 市人口比重的 3.8%，房地产、金融业占人口比重高达 6.2%，说明当地房地产和金融业相对发达。根据 Z 市第四次全国经济普查公报显示，按行业门类分组的单位资产负债状况看，Z 市房地产行业在法人单位资产中占比最大，总资产规模为 9100 亿元，总负债规模也是法人单位中占比最大的，总负债规模为 6600 亿元。

选取 Z 市作为城市样本具有很强的代表性：首先，Z 市是我国经济改革开放的先行市，是粤港澳大湾区的重要节点城市，在全国具有先行示范作用，是我国经济发达城市的样板，是经济欠发达地区模仿学习的样板。其次，Z 市的产业结构中，第二产业制造业约占三分之一，第三产业服务业约占三分之二，这种 1∶2 的产业结构符合我国城市产业结构特征，是很好的案例样本。最后，Z 市的现代企业制度完善，国有企业会计制度落实到位，拥有较多公开准确的政府信息、企业信息，是政府治理体系和治理能力现代化的表率。

三、H 集团基本情况

与大部分国企前身一样，H 集团前身为 20 世纪 80 年代国营商业公司，发展历程与我国改革开放基本同步。H 集团公司是 Z 市最大的综合型国有企业集团，最初从事房地产开发业务，2012 年以后逐步发展成为以城市运营、房产开发、金融产业等三大核心业务为主的集团公司，拥有国家一级房地产开发资质。最新公开资料显示①，H集团公司注册资本约为11亿元，全部由Z市国资委100%控股，是Z市最重要的核心国有企业。

（一）公司资产负债情况

根据2019年年报，H集团公司主要经营范围为：房地产开发、房屋出租、项目投资及管理等。2019年末H集团资产余额超过3600亿元，负债约2500亿元，资产负债率为70%。其中，主要资产构成为房地产开发存货（52%）、货币资金（12%）、拆出款项等其他流动资产（7%）、长期股权投资（7%）。主要负债构成为预收款项（23%）、长期借款（21%）、应付债券（16%）、1年内到期的非流动负债（10%）。

从资产负债构成看，H集团是一家典型的房地产企业。首先，资产部分主要是房地产项目开发成本②和开发项目，正在开发的房地产项目数量超过110个，已开发的房地产产品47个。其次，在负债表的预收款科目下，房地产项目预收购房者楼款高达570亿元。最后，Z市H集团的子公司中，以房地产开发为主业的H-SY股份有限公司为最大子公司。

综上，Z市H集团是一家以房地产为主要业务的代表性地方国有企业。

（二）H集团子公司构成情况

Z市H集团的业务板块主要由三块构成，按产业上下游关系，分别是城市运营、房产开发、金融产业三块，各板块主要构成主体如图3-2所示。

1. 城市运营主体：Z市H-ZH公司发展有限公司

图3-2中，H集团综合公司（H-ZH公司）成立于2012年，是H集团控

---

① 此处所指公开资料包括该公司年度审计报告、债务工具招募说明书、官方网站资料、国家权威机构统计资料等。

② 房地产企业开发成本，指房地产企业为取得土地开发使用权而发生的各项成本，包括支付的土地使用权出让资金、"三通一平""五通一平"等前期费用，以及地上主体建筑工程费、主体安装工程费、社区管网工程费等。

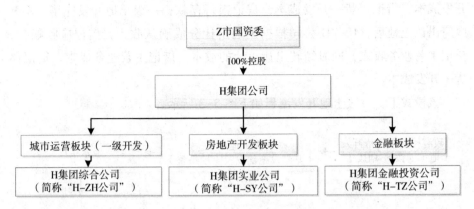

图 3-2 H 集团各业务板块及子公司①

股并实际控制的法人主体。该公司主要从事土地一级开发（城市运营）②，包括基础设施建设、商业地产项目、保障房建设及其他项目建设。

H-ZH 公司的一级土地开发业务主要包括 Z 市某中央商务区一级土地开发、Z 市航空新城一级土地开发等。该公司一级土地开发业务采用政府授权形式，先由 Z 市政府授权 H-ZH 公司及其下属子公司进行土地一级开发③，开发用地在招拍挂前属于政府（仅"划拨"或"授权"给一级开发企业），资产负债表上不属于 H-ZH 公司；土地开发资金由该公司举债借款筹措，土地开发完毕，由地方政府与 H-ZH 公司进行成本核算和验收结算。注意，政府出让土地后，H-ZH 公司可按照土地出让收入的一定比例，按前期授权合约在验收后进行结算，出让后再获取收益。H-ZH 公司进行一级开发的土地不计入自身财务报表，该公司进行土地一级开发发生的支出计入存货科目下的

---

① 子公司使用 H 集团后加"-"表示，例如 H-ZH 公司。

② 根据 Z 市文件，土地一级开发，是指城市土地储备机构或区县级人民政府（管委会）指定的职能部门为落实土地供应计划，依据国民经济和社会发展计划、城市总体规划和土地利用总体规划，对一定区域范围内土地依照控制性详细规划或地块规划设计条件，采用政府授权、政府划拨或政府和社会资本合作（PPP）等模式实施土地整合（包括土地调整、清拆、安置补偿）、征收、收购、收回及土地前期开发（包括：道路、供水、供电、供气、排水、通讯、照明、绿化、土地平整等基础设施建设），达到土地供应条件的行为。负责开发管理工作的单位简称"项目开发管理单位"；负责具体开发工作的单位简称"项目承接主体"。

③ 政府将土地以划拨形式授权，或以协议形式授权给一级开发商，约定"委托代理"关系和"远期结算"规则。

开发成本，借记存货—开发成本，贷记银行存款；一级土地开发完毕，Z市政府出让土地后，H-ZH公司根据土地出让分成确认收入，借记应收账款，贷记主营业务收入，同时结转出让土地的成本，借记主营业务成本，贷记存货—开发成本。

该模式下，一级土地开发流程如下图3-3所示。

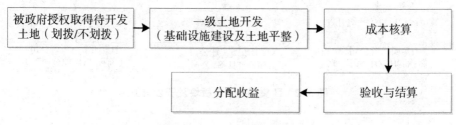

图 3-3　一级土地开发流程

经查阅资料和实地调研，该公司具体的一级开发细节如下。

（1）取得待开发土地：Z市政府授权H-ZH公司对片区进行一级土地开发，由H-ZH公司及子公司负责按年度制定实施土地一级开发计划。土地分两部分，第一部分的开发用地不注入H-ZH公司，第二部分的市政基础设施用地和公共设施用地，市政府以划拨方式供地给该公司。

（2）确定开发内容：H-ZH公司对其负责开发范围内的土地进行一级开发规划编制、投融资、土地现状调查、青苗补偿、拆迁安置、收购土地、土地平整及道路、供电、供水等基础设施以及公园、绿地等公共设施建设。

（3）土地成本核算：在土地一级开发项目竣工后由Z市财政局负责工程结算，并会同市发展和改革局、自然资源和规划局、消防局等行政部门，以及承建方审核土地一级开发成本。开发成本主要包括一级开发过程中H-ZH公司支出的规划编制费、新增建设用地使用费、征地拆迁补偿费、收购、收回和土地置换过程中发生的有关补偿费用和税费、市政基础设施和公共设施建设有关费用、贷款利息、经以上行政部门核准的其他支出。

（4）土地验收与结算：土地一级开发验收与结算分为以下两种方式：一是定期验收与结算，按年度结算款项；二是分项验收与结算，一级开发相关子项目完成后，由H-ZH公司的子公司按具体项目完成情况向行政机构（财政局、城乡社区部门）报送验收与结算资料，申请资金结算。

（5）收益分配：土地出让收入按规定缴入Z市财政专户后统一上缴国库，

H-ZH 公司子公司的收益由市财政局按照以下方式结算支付：H-ZH 公司土地一级开发后的经营性用地，由地方自然资源部门和财政部门出让后，按土地功能不同从土地出让金中扣除相关税费，确定相应的比例给予 H-ZH 公司子公司作为其一级开发收益。

具体的会计核算按如下标准执行：H-ZH 公司所做一级开发土地，在招拍挂前属于当地政府，不计入 H-ZH 公司财务报表，H-ZH 公司进行土地一级开发发生的支出计入存货当中的开发成本，借记存货—开发成本，贷记银行存款；一级土地开发完毕，当地政府进行招拍挂出让土地后，H-ZH 公司根据土地出让分成确认收入，借记应收账款，贷记主营业务收入，同时结转出让土地的成本，借记主营业务成本，贷记存货—开发成本。

（6）最终结算：一级开发完成后，政府出让土地时，挂牌文件上会载明受让土地的公司缴齐全部土地出让金的期限，该期限一般为 3~9 个月。政府财政部门收到全部土地出让金后，按照与 H-ZH 公司协议约定，先向 H-ZH 公司支付 50%的土地分成收益，剩余部分待出让土地的周边路网及配套工程完工验收后，再由政府支付。结算账期一般设定为 1 年左右，至多不超过 2 年。

从以上"一级开发"模式可以看出，H-ZH 公司的一级土地开发业务涉及的资金规模大，结算期限和链条长，受国家宏观政策、房地产行业政策、房地产市场环境变化以及项目开发周期的影响较大。当外部环境、政策发生变化时，可能会对 H-ZH 公司的一级土地开发业务造成较大影响，致使该部分业务的收益存在一定的不确定性，潜在经营风险较大。

另外，"一级开发"模式是国有企业作为地方政府"代理人"，参与政府债务的重要方式。从 H-ZH 公司的一级开发模式可以看出，该模式从几个方面衍生出了地方政府的地方政府债务。

首先，一级开发模式依赖政府对土地的"一级垄断"。在最初阶段，政府依据行政垄断权力，将原始土地"授权"给 H-ZH 公司，建立"委托—代理"关系。非常重要的是，这期间土地不属于国家所有，而是归村集体等原始权属人所有，只是由 H-ZH 公司作为地方政府的"代理人"开展拆迁、整备、基建等征收工作。虽然这种模式具有法人主体清晰、合规运作的优点，但必须以政府对开发结束后土地的"一级垄断"，即较强排他性的所有权作为制度基础，必须排除城市中其他地块的供给竞争，并以全流程封闭方式获取全部出让金，从而确保地方政府享有全部土地出让收益。从一级开发模式来看，垄断性的土地权力是地方政府及其"代理人"开展土地一级开发的基础。

其次，一级开发模式的运转依赖向金融机构举借债务。从 H-ZH 公司 2019 年财务报表观察，该公司经营活动净现金流为 -55 亿元，投资活动净现金流为 -30 亿元，当年筹资活动净现金流约 7 亿元，取得借款收到的现金规模与经营支出规模持平，说明该案例的一级开发过程依赖从金融机构及母公司获取债务资金。除此常规债务融资之外，H-ZH 公司利用永续信托、永续债券等方式进行筹资，该部分计入权益性融资，规模约为 108 亿元，H 集团担保融资余额约为 125 亿元。综合 H-ZH 公司一级开发模式来看，一级开发属于地方政府债务的上游环节，即从村集体、居民、企业及机构主体获得土地并完成整备改造，但该业务模式严重依赖于对外融资，即债务资金支撑。如果金融信贷供应出现波动，将严重影响一级开发进度，导致资金链断链。无论是 H-ZH 公司及其母公司 H 集团，还是地方政府，必须对一级开发举借的债务提供担保、差额补足等增信措施，确保一级开发顺利进行。

2. 房地产开发：H-SY 公司

H-SY 公司成立于 1992 年，是 H 集团控股且实际控制的法人主体。该公司主要从事房地产开发。截至 2019 年末，H-SY 公司的 24.20% 股权由 Z 市 H 集团持有，另 H 集团通过 H-ZH 公司持有 H-SY 公司 4.29% 的股权，H 集团累计持股 28.49%，控制 H-SY 公司重大经营和财务决策，因此 H 集团将 H-SY 公司纳入并表范围，是 H-SY 公司的实际控制人，H-SY 公司的最终实际控制人为 Z 市国资委。

H-SY 公司经营业务主要以住宅开发和销售为主。近年来，H-SY 公司业务发展迅速，目前已进入全国 30 个重点城市，房地产二级开发项目集中在北上广深等一、二线城市。2018 年的年报显示，H-SY 公司营业收入约 96% 来源于住宅销售。其中，H-SY 公司主要依靠华南地区的住宅销售，华南地区销售收入占全部住宅销售收入的 50% 左右。H-SY 公司以 Z 市为战略大本营，以一线城市及重点二线城市为公司战略发展方向。随着 H-SY 公司近年来加大在一、二线城市的业务布局力度，一、二线房地产项目对该公司业绩贡献度逐步提高，2018 年，该公司在一、二线房地产项目上的销售面积超过 100 万平方米，跻身全国前 50 强房地产企业。

从 H-SY 公司业务情况看，具体的房地产开发流程分为以下 6 步。

（1）取得土地。取得土地是进行房地产开发与销售的核心步骤。该公司规划团队先分析城市客户需求，根据当地城市宏观经济数据进行承受能力分析，根据当地政府规划情况和重点发展区域决定合作开发的模式（一二级联动或二级开发），然后筹集集团资金或债务资金，获取土地。

（2）经营计划及预算。通过"招拍挂"取得土地后，该公司启动具体房地产项目。H-SY 公司通常在项目所在城市或县成立专门的项目子公司（经统计，该公司项目子公司多达 342 家）。依托当地项目公司，H-SY 公司正式起草经营计划，启动项目。经营计划经 H-SY 公司对口部门审批完成后，由该公司财务部门制定的计划方案确定该项目预算。该步骤将确定 H-SY 公司对具体项目的资金拼盘安排，例如自有资金比例、开发贷款比例，等等。

（3）项目当地的子公司制定房地产产品概念及设计方案，报送 H-SY 公司审核修订产品方案，由 H-SY 公司的工程技术管理部、成本管理部协助修改设计方案和预算。

（4）成本确定，对外招标建筑工程公司。项目公司接收到 H-SY 公司的方案定稿和成本预算后，草拟招标文件，选择入围供应商，备案入围供应商。

（5）工程建设。由地方项目公司、中标建筑工程公司联合，向当地国土、规划、建筑等归口管理行政机构申领"四证"（国有土地使用证、建设用地规划许可证、建设工程规划许可证、建筑工程施工许可证）

（6）宣传与销售。项目子公司草拟营销方案，供 H-SY 公司市场营销部审核、确定该项目的宣传销售方案后，由城市公司配合 H 集团的传媒公司、营销公司执行销售方案。在工程建设过程中，相关原材料购买可由 H 集团下属的商贸公司进行采购，增强项目运作的封闭性。

从 H-SY 公司的运营模式可见，该公司为典型的房地产开发企业。但根据 2020 年住建部最新要求，H-SY 公司的房地产已触及央行和住建部相关融资红线。

整体来看，H-SY 公司是我国地方政府土地开发债务链条的中游环节，围绕土地开发链条，H-SY 公司是地方政府债务的重要偿债资金供给方。

3. 金融板块：H-TZ 公司

H-TZ 公司的注册资本约 12 亿元，是成立于 2012 年的 Z 市国有独资有限责任公司。Z 市人民政府为适应国际金融业发展趋势，建立和发展有综合竞争优势、能提供综合服务、具备综合经营能力的金融控股集团而创立 H-TZ

公司。截至 2019 年末，H-TZ 公司控股、参股金融、类金融企业达 50 余家，业务覆盖证券、银行、期货、金融租赁、保险、基金、各类交易平台、担保、小贷、小额再贷等多个领域等主要金融领域，是 Z 市金融牌照门类最齐全的国有金融控股集团，肩负着当地金融创新的重大使命，是 Z 市营运国有金融资产、进行产业投资的核心平台。

2019 年末，H-TZ 公司总资产规模约 550 亿元，总负债规模约 221 亿元，资产负债率 40%；2019 年营业收入 15 亿元，主要为利息收入、保费收入、手续费及佣金收入；营业利润 9.2 亿元，净利润 7.9 亿元。

通过查阅 H 集团及下属子公司债券发行资料，大部分债券和金融工具的承销、托管由 H-TZ 公司与下属金融机构承担。

第三节　Z 市 H 集团政企债务形成过程

受《预算法》和《预算法实施条例》约束，包括官方土地储备机构的资金在内，地方政府全部财政收支均须纳入预算管理。党的二十届三中全会强调，要"把依托行政权力、政府信用、国有资源资产获取的收入全部纳入政府预算管理"。根据法律，地方政府预算按年度制定，与决算一同报送同级人民代表大会批准，未经人大同意不得调整；另外，地方政府及其各部门、各单位的支出必须是经过人大批准的预算支出，未列入预算的不得支出；预决算经人大批准后，须在 20 个工作日内由财政部门向社会公开。

以上刚性的法律制度约束着地方政府，使地方政府很难直接参与一级开发融资和相应的资金收支。地方政府的财政收入和债务收入，按《预算法》及财政部相关规定，很难直接向拆迁居民和企业进行经济补偿。因此正常情况下，地方政府较少直接进行拆迁，大多委托法人主体进行"一级开发"。为确切描述，此处以 Z 市某 S 地块的中央商务区为案例进行分析。

一、Z 市 S 商务区介绍

S 商务区是 Z 市地方政府及其控制 H 集团举债开发的典型案例。2009 年，为推动 Z 市商贸新区开发、促进城市经济发展，Z 市政府设立"S 商务区建设公司"。该商务区位于 Z 市郊区，地块由几个村集体所有。根据规划，该商务区占地面积 5.77 平方公里，规划建筑面积 1100 万平方米，投资总额预计超过 1000 亿元。根据规划，S 商务区也称为"S 中央商务区"，为本章所用案例地块，S 中央商务区大多数土地属原 Z 市某村集体土地。

作为 Z 市建设大湾区核心城市的战略举措和商贸新区开发的启动项目，S 商务区意义重大，是 Z 市规划的新城市中心。而 H-ZH 公司下属的 S 商务区建设公司作为 S 商务区的开发主体，承载着城市发展和 Z 市参与整个粤港澳大湾区发展的历史使命。因此，S 商务区的开发建设受到政府的高度重视，Z 市人民政府专门成立了以常务副市长作为领导小组组长，Z 市发改局、财政、国土、规划、国资委、金融办、重大办、H 集团等单位主要领导参与的"Z 市 S 商务区项目领导小组"，负责 S 商务区开发建设的指挥、协调工作。

根据地方政府规划，S 商务区居住用地面积约 40 万平方米，占总的建筑用地 15.53%；公共管理与公共服务用地 13.86 万平方米，占 5.23%；商业服务设施用地 83.4 万平方米，占 31.48%；道路与交通设施、公用设施用地 63 万平方米，占 23%；绿地 54.4 万平方米，占 20.54%。根据规划，该商务区居住人口超 4 万人，就业人口约 5.5 万人。

二、S 商务区具体开发过程

（一）授权一级开发

2009 年，Z 市《国土空间总体发展规划》获国务院审批通过，为促进经济多元发展和维护粤港澳长久繁荣稳定，将 S 商务区纳入 Z 市的市区行政范围。

经 Z 市政府批准，成立"Z 市 S 商务区建设公司"，隶属 H 集团[1]，于 2009 年当年获 Z 市政府批准，取得土地开发一级资质。

2010 年 3 月，Z 市国土部门与 H 集团、S 商务区建设公司签订《S 商务区土地一级开发协议》，S 商务区建设公司负责"S 商务区"地块如下授权内容。

1. 土地一级开发的规划编制。

2. 土地一级开发的投资、融资。

---

[1] 2013 年，据 Z 市国资委文件，H 集团将其持有的 S 商务区建设公司 92.50% 的股权无偿划转给 H-TZ 公司下属公司，划转后 H-TZ 公司下属公司持有 S 商务区建设公司 92.50% 股权，H-ZH 公司为 H-TZ 公司股东，最终实现与一级开发主体并表。

3. 土地现状调查。

4. 青苗补偿、拆迁安置、收购等土地拆迁工作。

5. 土地平整及道路、供电、供水等基础设施建设以及公园绿地等公共设施建设。

通过"授权"形式，地方政府将面向农村集体组织的土地拆迁、补偿、平整、基建等经营活动全部授权给 S 商务区建设公司承担。地方政府与 S 商务区建设公司约定，住宅、商业等可出让土地由授权形式进行；市政基础设施用地和公共设施用地，以划拨方式供地给 S 商务区建设公司。

（二）制定和执行征地拆迁方案

获得划拨土地和授权后，H-ZH 公司作为 S 商务区建设公司股东，公示拆迁方案，对区域内村民及相关企业职工的补偿方案为：

1. 农用地：根据《征地补偿保护标准》，纳入二类片区的土地，耕地补偿 85433 元/亩；园地 65733 元/亩；林地 30867 元/亩。这部分补偿不包括被征收农用地的土地青苗、地上附着物补偿，且该标准为保护性标准，具体执行情况以各村委与 S 商务区建设公司谈判结果为准。

2. 宅基地等建筑物：以村民和居民原有合法产权为基准展开补偿工作，分为房屋补偿、货币补偿、房屋与货币相结合补偿。

（1）房屋补偿：应补偿面积＝合法面积×1.1；

（2）货币补偿：补偿金额＝（产权登记面积×1.1）×市场价；

（3）房屋与货币相结合补偿：回迁房面积<产权登记面积×1.1；货币补偿部分＝［（产权登记面积×1.1）－产权登记面积］×市场价。

另外，按照每户情况提供优惠购房面积，即对村里的合法房屋产权人，同意搬迁的可按建筑成本（约 5000~6000 元每平方米，低于 Z 市房地产市场平均价格）优惠购房，优惠购房具体面积如下：

（1）只有一处合法房产：120 平方米；

（2）同时有二处合法房产：220 平方米；

（3）同时有三处合法房产：320 平方米；

（4）同时有四处合法房产：420 平方米。

最后，H 集团成立"H 集团农村房产开发有限公司"，设为派驻农村的分支机构，对拆迁过程的过渡性租房等措施提供租金扶助。

以上拆迁所需的成本资金，以 H-ZH 公司发行债券、向银行贷款等方式筹集；从债务的最终偿还来源看，全部来自在拆迁完成后的该地块土地出让金，即政府必须在"远期"的约定时点将土地出让金进行收益分成，部分偿付给 H-ZH 公司。

2010 年 4 月，H-ZH 公司下属的 S 商务区建设公司正式开始土地拆迁工作。截至 2019 年末，S 商务区建设公司累计投入资金 64 亿元，已开发土地 6 平方公里，已从 Z 市财政获得回款金额 110 亿元（土地出让收益分成）。

根据政府公报，截至 2019 年末，S 商务区的一级开发进度已完成约 70%。

（三）成本核算与土地出让

1. 成本核算

在 S 商务区土地一级开发项目竣工后，由 Z 市财政局（或指派区财政局）负责工程结算，并会同市发展和改革局（区发改局）以及承建方审核 S 商务区对应地块的一级开发成本。土地一级开发验收与结算分为采用定期与分项方式结合进行：一是定期验收与结算，按自然年度进行；二是分项验收与结算，一级开发相关子项目完成后，由 S 商务区建设公司按子项目完成情况上报验收与结算资料。

2. 土地出让

整个土地一级开发以"分块拆迁、分块验收、分块出让、滚动推进"的模式展开，规划、拆迁、平整、市政工程等工作完成后，由 Z 市政府指示自然资源局（土地储备中心、拆迁办、计财等职能科室）组建土地一级开发工作现场验收小组，开展土地验收工作，并由规划部门变更所征土地属性，对外挂牌出让或协议出让。整理"中国土地市场网"2011—2020 年 S 商务区相关土地出让信息如下：

表 3-2 S 商务区（北部区域）2011—2020 年土地非划拨成交结果表

时间	土地坐落	面积	金额	土地用途	出让方式	受让主体	受让主体的实际控制人
2013-01-31	S 商务区片区	10.18	21.76	住宅	挂牌出让	S 商务区建设公司	H 集团
2013-02-08	S 商务区片区	13.30	26.44	住宅	挂牌出让	S 商务区建设公司	H 集团

时间	土地坐落	面积	金额	土地用途	出让方式	受让主体	受让主体的实际控制人
2014-10-21	S商务区东侧	7.55	23.15	住宅	挂牌出让	H集团企业管理咨询有限公司	H集团
2014-10-21	S商务区东侧	2.59	10.28	商业	挂牌出让	H集团经贸发展有限公司	H集团
2015-12-07	S商务区东侧	6.01	28.04	住宅	挂牌出让	H集团投资有限公司	某集团
2015-12-22	S商务区北部片区	16.93	4.40	住宅	协议出让	H集团某房地产开发有限公司	H集团
2018-09-10	S商务区水道北侧	2.50	0.73	商业	挂牌出让	H集团某商业管理有限公司	H集团

资料来源：中国土地市场网。

备注：面积单位"公顷"，金额单位"亿元"。

从土地受让对象看，S商务区的商品住房用地全部转让给一级开发主体H集团，仅1块商服用地出让给其他房地产集团。经查询Z市公共资源交易中心挂牌信息，以上出让给H集团的土地设定排他性条件：注册资本金不少于8亿元，且拥有政府授权的土地一级开发资格或承担过土地一级开发项目。通过以上《挂牌文件》设定土地受让对象的约束条件，基本将土地竞拍对象进行了小范围限定，使得该地块原一级开发主体涵盖在内。

土地出让收入按规定缴入Z市财政专户后统一上缴国库，S商务区建设公司的收益由市财政局按照以下方式结算支付：完成土地一级开发后的经营性用地出让后，按土地功能不同从土地出让金中扣除相关税费后，确定相应的比例给予S商务区建设公司作为收益（商业、住宅按35%，办公、会展、酒店和其他按55%）。这些收益在地方财政收到全部土地出让价款后，先支付50%，待剩余待出让土地的周边路网及配套工程完工、验收后，再由市财政支付剩余收益。

（四）项目建设与出售

H 集团公司作为 H-ZH 公司、H-SY 公司的控股股东，对表 3-2 所竞得土地，即归属 H-ZH 公司子公司名下的土地，设定排他性房产开发条件。公司披露，于 2010 年 5 月设立以下无限期承诺：

"H 集团及 H 集团下属企业……在未来 S 商务区开发过程中，若取得任何可能与 H-SY 公司所从事的房地产开发业务形成竞争的项目或土地使用权，H 集团会将该等项目或土地使用权通过托管、合作方式交由 H 集团或 H-SY 公司开发，或按照国有资产转让的相关规定将该项目进行对外转让。"

以上的集团公司承诺，通过托管、合作等方式，将土地集中在"H-SY 公司"这一房地产专业公司进行开发建设，土地之上的各个楼盘、建筑最终可以使用 H-SY 公司专有品牌进行冠名。

现阶段，S 商务区的商品房住宅有 2 个。如表 3-2 所示，S 商务区地块上的首期住宅小区，已获得预售证，每平方米售价约为 3.4~3.5 万元。根据 H-SY 公司 2019 年报显示，S 商务区首期项目已经完成预售 3 万平方米，确认销售收入 23 亿元。

三、S 商务区地方政府债务形成过程

（一）财务报表视角下的债务

根据土地一级开发模式，地方政府在与一级开发企业签订《土地一级开发协议》后，由一级开发企业以债务等筹资形式获取外部资金，进行土地一级开发各项工作。由于一级开发属于"先开发、再交付、后出让、终分益"的步骤，在一级开发初期，开发主体没有现金流入的情况下，只能依赖对外筹资，这点在从事一级开发的 H-ZH 公司财务报表上非常明显。

H-ZH 公司经 Z 市国资委、H 集团公司要求，接收"S 商务区建设公司"。接收 S 商务区建设公司后，H-ZH 公司的财务报表发生了变化。

接收 S 商务区建设公司前，H-ZH 公司 2011、2012 年经营活动现金流量净额为 -6 亿元、-5 亿元，投资活动的现金流量净额为 -4 亿元、-9 亿元，筹资活动现金流净额为 20 亿元、10 亿元，说明公司经营过程中，对筹资活动的现金流依赖较大。

接收 S 商务区建设公司后，筹资活动现金流净额发生大幅变化，尤其是 2016、2017、2018 三年间，均在 120 亿元以上筹资流入净额（见图 3-5）。这

三年发行债券、向银行贷款获得的债务规模年均高达 260 亿元，接近 Z 市一年的税收收入规模。2019 年筹资现金流量净额为 7 亿元，其中借款流入高达 213 亿元，偿还债务高达 231 亿元；2020 年筹资现金量净额为 48 亿元，但发行债券、向银行借款合计规模仍高达 196 亿元，偿付到期债务 130 亿元。

综合现金流量表分析可知，H-ZH 公司作为土地一级开发主体，经营现金流净额并不高，但 2016—2017 年正在开展大规模借款从事土地一级开发，2019 和 2020 年主要通过借新还旧、明股实债等方式维持一级开发。值得注意的是，H-ZH 公司 2020 年半年报披露，所有者权益中包括 118 亿永续债，占总资产规模 12.6%，如果加上负债，永续债在内的资产负债率高达58.78%。①

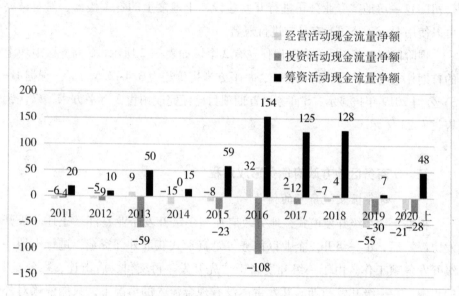

图 3-4　H-ZH 公司 2011~2020 现金流量净额（单位：亿元）

（二）公开金融市场视角下的债务

我国金融市场主要是交易商协会主办的银行间债券市场和证监会下属的上交所、深交所债券市场。通过搜集公开资料，H-ZH 公司历年来的公开债务工具如下：

---

① 调研金融机构获得债券相关信息：企业在银行间等公开市场发行债券，发债后的资产负债率一般不得高于60%；但永续债不计入负债，而计入所有者权益，不影响资产负债率，是维持负债率、避免名义负债率过高的常用工具。

表3-3 H-ZH公司发债记录

债券简称	上市场所	规模	期限（天）	偿还借款（亿元）	补流动资金（亿元）	项目建设
14H-ZH公司MTN001	银行间	30	1826	7	10	13
15H-ZH公司MTN001	银行间	8	1826	6.1	1.9	0
15H-ZH公司MTN002	银行间	7	1827	7		
15H-ZH公司MTN003	银行间	28	1827	8.45	19.55	0
15H-ZH公司SCP001	银行间	3	270	0	3	0
16ZH公司01/02	上海	40	1826	31	9	
16H-ZH公司MTN001	银行间	20	1826	1.62	18.38	
16H-ZH公司MTN002	银行间	22	1826	10.6	11.4	
16H-ZH公司SCP001	银行间	17	270	6.8	10.2	
16H-ZH公司SCP002	银行间	10	270		10	
16H-ZH公司SCP003	银行间	10	270	2.7	7.3	
16H-ZH公司SCP004	银行间	13	270	10.5	2.5	
16H-ZH公司SCP005	银行间	7	270		7	
16H-ZH公司SCP006	银行间	20	270	6.5165	13.4835	
16H-ZH公司SCP007	银行间	20	270	5	15	
17H-ZH公司SCP001	银行间	10	270	10		
17H-ZH公司SCP002	银行间	10	270	7.3	2.7	
17H-ZH公司SCP003	银行间	20	180	20		
17H-ZH公司SCP004	银行间	10	270	5	5	
17H-ZH公司SCP005	银行间	10	270	10		
17H-ZH公司SCP006	银行间	8	270	8		
17H-ZH公司SCP007	银行间	10	270	10		
17H-ZH公司SCP008	银行间	10	270		10	
17H-ZH公司SCP009	银行间	12	270		12	
17H-ZH公司SCP010	银行间	20	270	20		
18ZH公司01	上海	20	1826	20		
18H-ZH公司SCP001	银行间	10	270		10	

债券简称	上市场所	规模	期限（天）	偿还借款（亿元）	补流动资金（亿元）	项目建设
18H-ZH 公司 SCP002	银行间	10	270		10	
18H-ZH 公司 SCP003	银行间	10	270	10		
18H-ZH 公司 SCP004	银行间	10	270	10		
G18ZH 公司 1-绿色债	上海	10	1826			10
19H-ZH 公司 SCP001	银行间	10	270	3	7	
19H-ZH 公司 SCP002	银行间	10	270		10	
G19ZH 公司 1	上海	5	1827	5		
20ZH 公司 Y1	上海	10	1095		10	
20ZH 公司 Y2	上海	10	1095		10	
20ZH 公司 Y3	上海	6	1095	6		
20ZH 公司 Y4	上海	10	365	10		
	合计	506		257.59	225.41	23.00

数据来源：Wind 金融终端。

经过搜集数据，统计出以上表格。结果显示，H-ZH 公司从 2014 年开始，累计发债规模高达 506 亿元，其中，2016 年之前大多使用中期票据作为债务工具。受市场制度约束，大部分使用全国大型商业银行作为主承销商。2015 年 6 月末，由于市场波动剧烈，金融市场利率波动较大，H-ZH 公司倾向以超短期融资券、公司债为债务工具进行筹资，规避利率风险。另外，上交所支持证券公司承担主承销商，因此，H-ZH 公司全部选择"H-TZ 公司"名下的证券公司作承销商，集团公司持有金融牌照的优势在此时充分体现。

综合分析 H-ZH 公司的债券，其发债高峰集中在 2016、2017、2018 三年，分别是 166 亿元、130 亿元、70 亿元，与之前财务报表体现的对外筹款情况一致。

公开发行债券获取的资金用途主要有以下 3 项（详见附录一）：

①偿还借款（也称"借新还旧"）：主要用于偿还金融机构借款，子公司对外贷款、债券等。根据资金用途进行整理，以上 506 亿元债券规模中，用于偿还借款的规模达 257 亿，占债券募资规模的 51%，这与近年来对融资

平台的研究保持一致。①

②补充流动资金（简称"补流"）。根据债券资金用途整理，以上 506 亿债券规模中，用于补充流动资金的规模为 225 亿元，占全部债券发行规模的 44.5%。

③项目建设资金：这部分主要用于 S 商务区建设所需资金。根据用途，这部分资金有 23 亿元，占全部债券发行规模的 4.5%。

经梳理，以上债券绝大部分用于还债，既"借新债还旧债"。剩余部分用于补充公司流动资金，因此该案例中，直接和间接用于项目建设的资金比率不超过 50%，大部分资金用于借新还旧。这说明一级开发模式下，一级开发主体倾向先向银行借款，再发行债券偿还银行借款。

（三）金融机构视角下的债务

现阶段，我国能够提供贷款的金融机构只有两类：银行、信托。H-ZH 公司接收 S 商务区建设公司后，债务规模快速扩增。根据银行信贷操作流程，任何机构必须首先进行授信审批，才能在银行获取贷款等债务工具额度。根据上交所跟踪评级要求，H-ZH 公司在上交所发行债券后，必须按固定格式公开其在金融机构获得的授信情况。

整理 H-ZH 公司历年来授信金额及使用情况如下：

表 3-4 H-ZH 公司历年授信情况②

年份	金融机构授信额度（亿元）	已使用授信额度（亿元）	未使用授信额度（亿元）	使用比例
2015	263.07	119.54	143.53	45%
2016	170.77	94.67	76.10	55%
2017	285.17	145.12	140.05	51%

---

① CHEN Z, HE Z, LIU C. The financing of local government in China: Stimulus loan wanes and shadow banking waxes [J]. Journal of Financial Economics, 2020, 137 (1): 42-71.

② 经调研获悉，2019 年金融机构授信额度快速提升的原因，是将非银金融机构的授信，即信托公司对 H-ZH 公司的授信纳入报告范围。2020 年上半年末，H-ZH 公司在信托公司授信总额为 186.58 亿元，已使用 90.58 亿元。另外，授信额度的提款用款通常设定了严格的约束条件，因此不是所有授信额度都能使用，H-ZH 公司的授信额度使用百分比在 50% 左右。

续表

年份	金融机构授信 额度（亿元）	已使用授信 额度（亿元）	未使用授信 额度（亿元）	使用比例
2018	292.11	99.07	193.04	34%
2019	434.46	198.85	235.61	46%
2020 上	567.26	271.70	295.56	48%

截至 2020 年半年末，H-ZH 公司名下的前 5 大债权人分别为：百瑞信托、农业银行、中信银行、浦发银行、招商银行。使用的增信措施主要包括土地抵押、保证担保、股权质押担保等。根据我国信托业相关规定，购买信托计划的主体超过 2 个（含 2 个），为集合资金信托计划，也称"主动管理型信托"，必须在信托公司官网等公开渠道披露信托计划详细信息；购买信托计划的主体只有 1 个，为单一信托，也称"事务管理型信托"，无需公开披露信托计划信息。经查询百瑞信托官网，没有关于 H-ZH 公司信托计划的信息披露，因此根据信息披露规则，百瑞信托的信贷资金可能为银行等大型金融机构出资，百瑞信托仅为法律上的债权人，但穿透到底层的债权人不是百瑞信托，具体债务人信息因我国《信托法》等相关金融规章制度约束，无法公开获取。

第四节　Z 市 H 集团政企债务情况分析

一、流程总结

H-ZH 公司作为土地一级开发主体，与政府的土地开发需求互为因果，密切相关。总结我国地方政府土地相关债务形成的具体过程如下：

1. 地方政府将土地和一级开发工作，通过协议、合同方式授权给具有一级开发资质的房地产企业，以土地为工作对象，工作内容包括但不限于规划编制、投融资、土地现状调查、青苗补偿、拆迁安置、收购土地、土地平整及道路、供电、供水等基础设施以及公园、绿地等公共设施建设，一级开发公司以"外包"方式承接政府拆迁工作。

2. 一级开发公司向银行、金融机构举债。债务资金用于补偿村集体组织、居民、企业等机构，实行分片拆迁开发，土地成熟一块，验收一块，滚动开发。地方政府国土部门验收，最终确定拆迁后土地和基础设施的状态，检查土地是否满足出让条件。符合出让条件的，验收完毕后进入土地出让环节。

3. 地方政府撰写《挂牌文件》，规划地上建筑的容积率、绿化率等核心指标，限定土地受让对象条件，将地块以"招拍挂"形式或协议方式对外出让，出让给一级开发企业或房地产关联企业。以此处案例为例，为简化后续土地成本验收核算等流程，挂牌条件通常倾向与一级开发商自身条件保持一致，这种方式称为土地市场"一二级联动开发"①。

4. 土地完成挂牌或协议出让后，由购买主体向地方政府财政专户缴纳土地出让价款，统一上缴国库，通常土地出让价款缴款期限在 3~9 个月。地方财政局按照开发进程，根据土地功能不同从土地出让金中扣除相关税费后，依据协议展开资金验收工作。

5. 地方政府的财政、住建等部门在收到土地出让价款后，根据授权协议文本，和一级开发商进行成本核算，包括但不限于拆迁补偿、基础设施建设等各项开发成本。该项工作由地方财政部门下属财政评审中心主办，预算科、监督科、国库中心等各科室配合进行，核算工作完成后，确定相应比例给予一级开发商作为利润。

6. 地方政府完成土地价款收入，支付完成本后，将土地净收益进行清算，分别计入政府性基金预算科目；向一级开发企业支付的成本、利润等资金计入政府性基金预算支出，与一级开发商分阶段完成前期开发资金的清算交付；一级开发商获得资金后，偿付金融机构和金融市场债务。

7. 剩余商品房建设过程，地方政府财政部门不再参与其中，由一级开发商和房地产开发商内部协调，联同地方政府住建委等行政部门完成开发。由

---

① 一二级联动开发过程中，一级开发商或其关联公司通常采用排他性措施，增强自身"招拍挂"竞价优势：①土地返还款方式，即一方面让房地产项目自带安置房或基础设施，设定政府必须回购安置房和配套基础设施，政府须把收到的土地款扣掉上缴的计提之后支付给一级开发商，一级开发商适度做大成本；另一方面通过项目开发时的产业部分，以产业部分竣工设立竣工奖励、运营奖励、税收奖励、补贴等方式返还。②挂牌文件设定较强排他约束条件，例如注册资本标准、不允许联合竞买条件、必须有一级开发经验等。③捆绑产业部分和住宅部分，摊薄住宅部分的利润，使项目必须和产业部分联合开发才能有收益，劝退一级开发商关联人之外的竞拍者。最后，执行一次性大片土地挂牌出让，与地方政府合资成立合资项目子公司、产业部分回购、基建部分动工设立一级开发审批等确保土地"定向"出让。

于我国商品房实行"预售制"，可以在房屋尚未建成前卖出，因此开发商可以快速进入下一步骤。

8. 购房者向开发商缴纳购房款，购房款中，可借用银行信贷资金支付给房地产开发商，无需购房者100%全额支付。

9. 2~5年过后，开发商向购房者交付住房，至此交易流程全部完成。

10. 一级开发商继续分片开发（拆迁、平整、基建等工作），重复以上1~9过程。

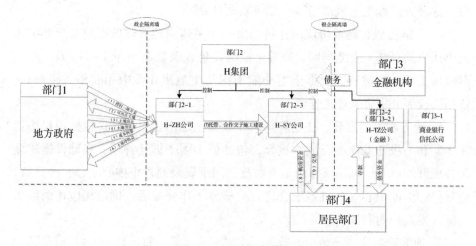

图3-5 一级开发模式图

根据上图，地方政府始终未向银行等金融机构进行借贷，在会计科目上未形成任何政府债务。地方政府债务已经通过《一级开发协议》将土地开发工作转嫁给部门2（H集团），用部门2的子公司H-ZH公司对金融机构举借债务，最终通过初期"委托-代理"，再最后期以"远期结算"的资金清算上时间错配方式完成整个开发流程。

另外，债务资金还可以使用非常灵活的方式介入房地产开发过程。经搜集公开信息资料和调研，上图的部门2-3还可以通过以下方式实现超限融资①：

1. 信托贷款融资：利用土地涂销和在建工程再抵押的时间差，向金融机

① 此处使用"超限融资"，是指房地产企业突破商业银行和权威金融机构的信贷条件限制，例如资产负债率限制，在无法从商业银行获取债务资金后，通过规避金融监管和会计政策限制，在已有债务基准上不断累积债务的融资行为。

构的影子银行举借贷款。房地产开发企业（部门2-3）获取土地后，将土地抵押给银行获取"开发贷"，由于房地产开发贷具有利率低、期限长、额度滚动使用的特点，因此房地产开发企业通常倾向在开发初期使用开发贷，开发贷的前提条件是：将土地使用证抵押给银行。但土地权证抵押给银行后，后续的开发投入，例如建筑、装修等经营行为计入开发成本或存货科目，在建工程快速升值；而开发贷的贷款授信额度在此过程中保持不变，因此在房屋开发建设过程中，房地产企业倾向利用信托贷款置换开发贷：开发的地块在获得预售证或在建工程权证后①，利用"过桥资金"清偿地块之上的开发贷，涂销土地证；再将住建部门颁发的在建工程权证（包含土地权利）抵押给信托公司，获取信托贷款。这期间面向购房者的销售仍然正常进行，购房者购买房屋，但不知悉后台的土地抵押债务操作，不知晓房屋尚在在建工程状态已经被抵押。由于土地价值随地上附着物价值而提升，因此在建工程评估价值更高，从信托公司贷款的额度也越高。1亿元购得的土地，可获开发贷上限0.7亿元；之后建设过程中，再次评估地上在建工程价值，有可能达5亿，对应50%抵押率，信托贷款规模可达2.5亿元，0.7亿元增至2.5亿元，这个过程将导致债务规模迅速扩大。

2. 信托股权融资："明股实债"的债务。如何获取债务资金，又不计入负债表？这是"明股实债"模式的核心优势。对商业银行等常规金融机构来说，"资产负债率"是考查监测一家房地产企业的关键指标，资产负债率过高的企业，在银行看来是"资不抵债"，很难获得各类资金支持（丧失金融势能）。因此，如何借到钱，又把借到的钱不计入报表的负债？可以操作股权类借款。信托公司可少量入股房地产项目公司，例如购买1%~2%的股份，派信托公司工作人员进驻项目公司作为独立董事或财务负责人，然后由信托公司向项目公司发放"股东贷款"。按会计准则，股东与所持有股份公司之间的借款，可以计入"所有者权益表"，而非"负债表"，即不计入负债。总结该模式，"明股实债"既可以帮助房地产企业获得债务资金，又不会恶化财务状况，地产项目公司仍然可以对外借款。

3. 创新债务工具：支持中小企业为主的供应链债务工具。2018年，国家出台支持中小企业发展的方针政策，金融市场兴起支持中小企业发展的房地

---

①　在建工程是否可以抵押、如何抵押，以各市县政府房管部门政策为准。

产企业融资模式，该模式核心是"应收账款"。房地产企业在二级开发建设过程中，和许多中小企业，例如家具公司、水泥公司、园林公司、钢铁公司产生较多往来账款，这些企业有大量应收房地产企业的账款，这些应收账款时间以持续 0.5~2 年时间为主。证券公司、信托公司将这些中小企业对房地产企业的应收账款打包成资产管理计划、信托计划，向金融市场出售，从而帮助房地产的上游中小企业获得债务资金，实际资金最终用于房地产二级开发（见图 3-6）。

如图 3-6 所示，房地产的应付款属于小企业的应收款，是小企业的资产组成部分，如果大型房地产公司要采购钢铁、水泥、绿化、家具、铝合金等原材料，在收到原材料完工后并不立刻支付货款，而与钢铁、水泥等原材料中小企业约定半年至 2 年付款，形成这些中小企业的应收款，成为中小企业的资产；将该块资产剥离，打包到资管计划、信托计划中，实质是为房地产企业和房地产项目融资。根据调研，部分房地产企业有可能对资产包提供担保，计入或有负债；如果房地产企业不对资产包提供担保，则该融资行为很难体现在房地产财务报表中。

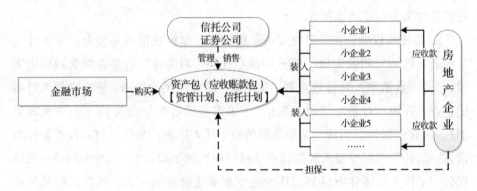

图 3-6　供应链金融模式

4. 债务隐性化：担保隐性化的集团—项目公司合作模式。大型房地产集团公司通常与区域性小型房地产企业和私人合作开发，大公司有动力通过投资入股地方小公司的方式，提供贷款担保、品牌、团队、营销方案等快速扩大自身经营，提高集团公司盈利能力。和地方的小型房地产企业合作时，如果地方小型房地产企业并入集团公司，其债务同步并入集团报表，有可能拉高集团公司资产负债率。因此，房地产集团仅投资小部分股权，例如 49%，组建合资项目公司，使地方的项目公司不进入集团公司报表。但在实际开发过程中，集团公司作为小股东，向项目公司提供隐性担保。该隐性担保出具前，集团公司和小房地产企业达成一致意见，避免向集团公司的会计师事务所和集团层面合作的金融机构披露担保信息，隐性担保仅对部分债权人有限范围内出具。有了集团公司担保，地方商业银行放款意愿增强，项目公司更容易从当地金融机构获得借款资金。通过以上手法，可在不改变集团债务规模的情况下快速扩大经营规模①。

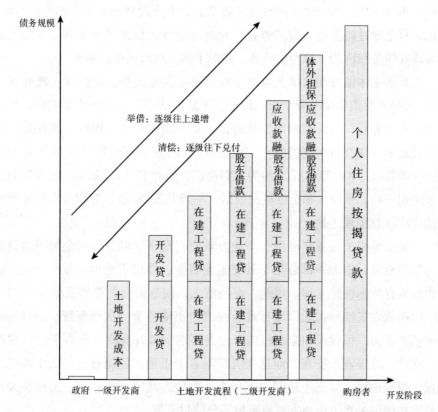

图 3-7　土地相关债务叠加累积

综上，土地是政府、房地产企业、购房者各个主体债务基础要素，围绕土地，整个房地产开发经历了从一级开发到最终销售环节的债务叠加过程。一级开发阶段的债务、房地产开发阶段的债务，销售阶段的债务不断扩增，

———————————

① 这种财务处理手法，解释了房地产集团公司"投资现金流"收支规模巨大的原因。

共同构成了我国金融机构信贷的重要组成部分。

各类债务在操作流程一级开发环节快速成型，在图 3-7 的债务叠加过程中被巩固强化。通过案例分析，土地相关的债务（包含案例中 H-ZH 公司债务）主要在以下几个方面构成政府隐性债务：

一是土地相关债务发源于政府的生产需求。地方政府为加快城市开发，有意愿推进土地拆迁和平整，实现住宅、商业用房的快速增加。但地方政府作为行政机构，在常识中属于"公共机构"，制度上为拆迁土地而发行政府债券存在不合规性，参与经济活动存在制度上的不合理性和主体上的不恰当性，因此，只能通过将土地开发"外包"给外部企业，加快开发步骤。因此包含地方政府债务在内的土地相关债务，起源于地方政府的生产需求。

二是各主体债务在法律上与地方政府存在因果关系。根据《一级开发协议》，一级开发商将债务资金投入拆迁、平整、基建等资金密集型工作，履行相应开发义务后，有权利向地方政府追索资金用于偿债。因此一级开发商的财务报表中往往有较大规模的"应收账款"，例如 H-ZH 公司 2019 年年报显示应收账款高达 49.77 亿元（约为当期带息负债的 19%）。如果一级开发商的债务出现违约，债权人和金融机构依据《一级开发协议》，有权要求地方政府清偿应收账款实现还款。

三是土地相关债务在经济上与地方政府存在密切联系。国企集团通过债务筹集的资金，很大一部分用于补充流动资金，即用于土地开发平整，在资产表形成存货和在建工程。因此，在经济上，债务资金最终"资本化"到土地中，还款方式唯一：凭借地方政府在出让土地环节一次性变现偿还。一旦出现债务压力，债权人和金融机构有理由要求一级开发商（融资平台）将存货、在建工程等资产变现，而这些资产附着于土地，只能通过出让土地进行变现。根据法律，城市土地归国家所有，由地方政府行使权利。土地相关债务最终在经济关系上由地方政府承担部分偿付义务。

四是部分债务主体股权上隶属地方政府。H 集团的债务，地方政府作为股东、实控人和土地开发委托方，无疑在道义、社会责任和法律关系上承担偿付义务，是地方政府隐性债务方，其控股关系为举借债务提供了金融势能。一级开发的后续验收较为关键，因此国有企业基于控股关系，在一级开发过程和验收环节享有各类优势：对被拆迁主体的地位优势、对金融机构的借贷优势、对上游供应商的议价优势……。因此，部分一级开发商是地方政府的全资控股子公司，作为股东，一旦所控股公司承受偿债压力，地方政府在股东道义上承担部分偿债义务。

综上，一级开发主体在土地开发过程的债务是我国地方政府隐性债务的重要组成部分，其债务来源、法律关系、经济关系、控股关系与地方政府密切相关，是我国系统性风险中非常重要的债务风险。

二、优点分析

以上债务形成过程，尤其是授权一级开发模式，对地方的财政运行存在如下优点：

1. 债务不体现在政府预算内。通过案例分析可以发现，地方政府利用"授权文件"《一级开发协议》将集体土地等非国有性质土地授权给一级开发商进行开发，一级开发商凭借自身股东的优良背景对外举债，从事拆迁、基建等一级开发工作，而这笔支出不体现在政府的收支预算表内，只有在验收、出让、缴纳土地价款等资金收付环节在政府性基金预算内进行收支清算，其间债务完全转嫁给土地一级开发商承担。这种一级开发模式，类似 BOT 项目建设，使用的是具有较强金融属性的远期清算模式，将原本由地方政府承担的债务完全外部化。

2. 通过一级开发主体的以地借债，地方政府可软化预算约束。根据《预算法》，"政府的全部收入和支出都应当纳入预算"。实际执行过程中，如果由地方政府执行拆迁工作，其支出的项、目两级支出科目将纳入政府预算流程，报送同级人民代表大会审批，资金的使用将受限于外部机构。而一级开发模式在政府体系外举债，软化了政府收支的预算约束，让一级开发商在地方政府体外从事土地收储、拆迁、基建等工作，将原本政府预算的硬约束转为软约束，大幅提高了一级开发效率。

3. 在政府预算体外，从事融资等工作更加便捷。如果采用地方政府自身的职能部门去执行债务融资，由于政府预算制度限制，地方政府无法直接向金融机构举借债务，或者在举借债务时易受上级机关资金调拨使用限制和同级审计机关稽查，因此使用国有企业在政府体外借款，利用我国《公司法》股东会和董事会所有权、经营权分离的要求，可以不受以上限制和稽查，既可避免违规，又更容易获得信贷资金；另外，土地开发、房地产开发作为直接的社会生产行为，不属于政府核心职能部门的工作职责，授权"外包"给外部企业，更容易在安置房、拆迁补助等灵活性工作上与土地原始权益人进行谈判，获得相对更优的条件，更快跟原始权益主体达成一致意见。

4. 灵活捆绑地方政府工业用地、商业用地、住宅用地开发。我国土地实行用途管制制度，特定的土地被规划为特定用途，主要包括工业、商业、住宅三大类。其中，工业用地很难盈利，商业部分盈利较少，业界称二者为"产业用地"，这类土地出让利润低，二级开发商竞买意愿不强，因此该类一级开发利润不高，进度较慢。传统地方政府融资平台模式面对产业用地，自身积极性同样不高，拆迁补偿、安置房等引发大量干群矛盾。连片一二级联动开发解决了产业用地积极性不高的问题：一方面，住宅用地能弥补产业用地的一级开发利润，提高了一级开发商积极性；另一方面，地方政府在验收环节将产业用地整备完成作为住宅用地的前提条件，使地方政府掌握了一级开发商关键考核指标。灵活捆绑工业、商业、住宅用地，很好地解决了产业用地利润不高导致的开发积极性问题。

从现实情况分析看，地方政府债务实际转嫁给了一级开发企业，实现了债务的"外部化"，这主要是由我国财政预算制度约束决定的：一方面地方政府举债融资行为受到《预算法》《中共中央国务院关于防范化解地方政府隐性债务风险的意见》等制度约束，无法直接举债用于土地开发；另一方面"土地储备中心"等融资平台的融资渠道被中央制约，在地方政府不得向任何企业融资提供担保的背景下，使用具有优良股东背景的一级开发商，是地方政府规避不能举债、不能担保的一种被动债务模式。

三、缺点分析

地方政府土地相关债务在政府体外形成，存在如下缺点：

1. 地方政府和一级开发商存在信息不对称。通过一级开发模式在政府体外累积债务，虽然规避了各项制度约束，资金的调拨使用非常灵活，但授权后，地方政府不能实时掌握土地拆迁、整备的具体信息，尤其是开发过程的财务收支信息。实地调研时，某财政局政府投资评审中心解释，由于地方财政局并不参与具体的拆迁过程，因此对拆迁、基建的成本结算过程由一级开发商主导，评审中心通常会联合土储、住建、发改、消防、环保、水务等行政部门，采用定期实地调研、抽样调查、结合其他工程实际情况的方式进行估算。即使存在一级开发主体虚增虚报一级开发成本的情况，财政局作为非工程类单位，很难全面掌握所有开发细节和开发成本。因此，地方政府"一级开发"模式存在较为严重的信息不对称问题。

2. 土地出让对象具有排他性，市场对土地资源配置能力减弱。土地完成一级开发后，地方政府与一级开发商进行验收结算，这其中存在土地出让受限问题。由于验收、出让、缴款是进行债务清算的关键环节，购地企业的缴款与后续一级开发清算密切相关，因此将土地出让给一级开发商之外的第三方，存在缴款延迟以及接收工作困难等问题。例如，市政道路、市政设施的土地划拨给一级开发商，但居住和商业土地出让给另一个开发商，这将导致后续的房地产开发存在主体不一，围绕土地后续开发容易产生矛盾争执，直接影响土地出让价款的缴纳和后续与一级开发商的清算进程。因此，从地方政府调研情况获悉，大部分一级开发完成后，会在《挂牌文件》设定竞拍企业约束条件，倾向将土地出让给一级开发商或其集团关联公司，最终实现一二级联动。这种定向出让方式，将排斥大量土地买家，使得一级开发商议价能力大幅提高，土地出让价款有可能低于实际市场价格（见表3-2，2015年12月22日地块出让价格）。

3. 一二级专业分工不明确。一级开发商从事的是土地一级开发，拍得土地后需要有专业的公司进行二级开发、规划、施工、营销等，这其中存在分工不明确问题。如果一二级开发分工给不同的企业，将导致二者在二级施工过程产生冲突。以S商贸区地块为例，H-ZH公司拍得S商贸区地块后，按集团公司承诺，托管给H-SY公司开发，但实际二级开发工作由H-ZH公司承担，仅冠以房地产专用品牌，导致H-SY公司中小股东对品牌滥用产生怀疑；另外，在土地涂销、建筑物验收、办理产权证明时存在主体不一致问题，一二级联动模式下，土地归属一级开发商所有，建筑归属二级开发商所有，土地和建筑物产权分离，在法律上存在权责不清晰的问题，未来在住房验收和办证环节面临巨大的操作风险。

4. 诱发对地方财政"公共池"过度攫取问题。一级开发主体以地举债，虽然表面上是"企业私债"，但土地出让是这类债务的唯一偿债资金来源，因此该类债务在形式上是私债，如果出现偿债风险事件，债务主体首先谋求从地方政府获取救助，或者采取与金融机构联合的方式，共同谋求地方政府财政救助，从而引发对"公共池"资源的过度占用，诱使一级开发主体通过"公共池"对债务卸责，加重地方政府财政负担。

四、风险分析

(一) 对政府和企业，存在债务不可控风险

以地举债形成的债务转嫁给一级开发商承担，使得债务不体现在政府预算内，既是优点，又是风险点。

（1）规模不可控。由于以地举债形成的债务在一级开发商名下，虽然地方政府对该企业拥有所有权，但没有经营权，举债作为企业日常经营事项，通常情况下不受上级政府的决策约束和政府举债的制度制约，管控政府债务的行政手段、市场手段无法作用于企业债务，因此债务容易无序扩张，导致债务规模过大，产生规模巨大的债务池。如本章案例所示，一级开发商的债务率不断攀升，最终采用"永续债"进行债务融资，进一步增加负债，且能规避金融市场的负债率约束。（2）还款来源不可控。这类债务主要依赖地方政府土地出让后的分成收入进行偿还，一级开发企业的偿债来源、利润、日常开支全部来自土地一级开发，企业经营收入集中度过高（或经营收入单一）。如果制度上、市场上突发对一级开发不利的因素，将直接导致一级开发商对外债务无法偿还；另外，一级开发高度依赖我国房地产市场持续繁荣和住房价格持续上涨。如图 3-7 所示，各部门债务规模不断扩大的过程，是债务在各部门不断交接转移的过程，最终全部要转移给购房居民的住房按揭贷款承担。如果房价下跌，居民购房意愿降低，房地产成交减少，房地产熄火将快速传染到房企买地环节，造成二级开发商不愿拿地，土地流拍。土地流拍将导致一级开发商无法与地方政府进行结算，经营收入快速降低，债务无法偿还，诱发系统性金融风险。

(二) 对政府，存在债务隐性化风险

地方政府通过"授权"，将土地开发过程的政府债务外部化，但外部化的债务是地方政府的隐性债务，存在以下风险：

①隐性的债务主体。根据定义，地方政府隐性债务指地方政府在道义、所有权关系引致偿付义务的债务，包括公共或私营实体的非担保债务及其他负债的违约。以地举债形成的债务，一方面通常是地方政府国企的债务，因此地方政府作为股东角色，在道义上有代偿义务；另一方面，地方政府的"授权"，法律上属于"委托—代理"关系，代理人形成的债务，委托人有潜在偿付义务。②单一的偿债来源。由于我国土地处于行政垄断状态，这类债

务只能靠政府性基金预算结算给一级开发商进行偿还，因此偿债资金来源单一，只能依靠地方政府偿还。一旦发生债务违约，债权人将集中前往地方政府，以一级开发企业有对政府的"应收账款"名义或要求政府回收一级开发项目进行催还。因此，通过授权方式形成的土地债务，唯一还款人是政府，这块债务将会是公众认定政府的支出责任和义务。由于债务规模过大，以本章的一级开发商为例，2019 年末企业的负债总规模高达 341 亿元，带息债务高达 265 亿元，超过 Z 市政府全年税收收入，接近全年一般公共预算收入。如果债务风险传染到地方政府，将直接导致债务违约，或诱发财政风险①。

（三）对社会，存在公共风险

该模式下的政府债务，直接导致社会各个领域公共风险累积：

1. 金融领域。地方政府债务在我国金融领域占据重要地位，以本章案例为例，授权一级开发模式下，一级开发商大部分依靠外部借款进行开发，小部分依赖母公司股东资金支持，但 2019 年负债规模高达 431 亿元，远超地方政府 1 年的一般预算收入；长期借款 136 亿元，债券规模 35 亿元，永续债 118 亿元，这些都是对金融机构的带息负债，如果债务风险爆发，一方面地方政府预算内无资金用于偿付，另一方面将直接传导到区内各家金融机构，引发区域性系统金融危机。

2. 民生领域。一级开发的对象是居民、村集体，拆迁过程中存在拆迁、安置的时间差，如果开发进程减缓，将直接导致土地的原始权益人被动产生高额生活生产成本，基本民生得不到保障。另外，一级开发减缓会引发地方政府财政危机，减少政府性基金预算调入一般公共预算的资金规模，削弱地方政府"保民生"的财政支付功能，容易引发群体事件，造成区域性公共事件和公共危机。

3. 产业领域。一级开发所带动的产业不只有房地产，还包括钢筋、水泥、建筑、通讯、电力、供水、供电、商贸等上游产业，债务规模过大，将直接影响一级开发商对上游产业链的支付能力，诱发大量坏账，这将使地方基础建设上下游遭受重创，直接导致土地基建的产业链供应链断裂，诱发系统性社会风险。

---

① 财政风险：政府拥有的公共资源不足以履行其应承担的支出责任和义务，以至于经济、社会的稳定与发展受到损害的一种可能性。

4. 治理领域。"财政是国家治理的基础和重要支柱",现阶段我国地方政府的基金收入远超一般公共预算收入或税收分成收入,使得基层政权财源结构较为单一,土地一级开发和后续二级市场出让保障了地方政府财力情况,直接决定了基层政府,尤其是区级政府、街道办等基层行政机构的运转。如果爆发大规模债务危机,将从资金基础和支柱上扰乱基层政权运转,损害区域政治和社会稳定。

五、对策分析

2013年《中共中央关于全面深化改革若干重大问题的决定》提出,"使市场在资源配置中起决定性作用和更好发挥政府作用"。2020年12月,中央经济工作会议要求"抓实化解地方政府隐性债务风险工作"。根据案例分析,地方政府债务和偿付义务,规模上已超过地方政府一年的公共财政收入,在政府法定预算体系外迅速扩张、累积,巨大的债务规模导致严峻的财政风险和公共风险。关键在于两方面的原因:一方面,我国各级政府的事权、支出责任和财力不适应,尚未构建稳定的"事—责—财"制度体系,使得地方政府赖于税收之外的财源;另一方面,在土地制度市场化改革缓慢,大部分商品已完成市场化的情况下,土地要素市场和住房市场仍处于半市场化状态,市场机制无法在土地资源配置中起决定性作用,叠加行政权力、行政垄断等政府行为存在"越位",而对土地集约利用、民生安置上存在"缺位",导致风险加快积累。

结合案例,建议对我国地方政府债务采取如下改进措施:

1. 继续推动土地要素市场化改革。根据经济学原理,使市场对资源发挥决定性配置作用,首先要打破土地市场壁垒,增加供给主体,增加供给数量,推动供给类型多样化。2014年,中共中央办公厅、国务院印发《关于农村土地征收、集体经营性建设用地入市、宅基地制度改革试点工作的意见》,开始构建集体经营性建设用地入市制度,并选取北京市大兴区等三十三个县进行试点。2019年8月26日,《土地管理法》修正案经十三届全国人大常委会第十二次会议审议通过,对集体经营性建设用地入市做出入市条件和入市后管理措施两方面规定,允许农村集体经营性建设用地通过出让、出租等方式由单位、个人使用,但该类地块仍受地方政府"土地利用总体规划、城乡规划"等指导性文件限制。建议继续推动土地要素市场化改革,在约束土地低效利用行为的基础上，继续推出集体经营性建设用地入市的实施细则，放松对土地用途规划的限制，扩大市场"看不见的手"作用，收回政府"看得见的手"干预土地市场。只有通过市场化改革，让土地市场的问题由市场主体承担，而非政府承担，才是解决土地债务的首要方案。

2. 合理划分财政和一级开发商责任边界，建立制度约束。一级开发商的唯一偿债来源是地方政府性基金的土地出让收入，因此，应在授权一级开发的合同文本中明确规定政府的连带责任边界，不能把一级开发商"道德风险""逆向选择"导致的行为失当后果转嫁给地方政府，让财政部门承担无限责任。另外，建议地方政府会同当地人民代表大会，制定明确的政府"委托—代理""授权管理"等约束文件，尤其对具有远期结算等较强金融属性的财政收支行为进行约束，制定并公开相关的制度文件，建立与一级开发商债务的"防火墙"。

3. 综合运用市场约束。由于国企债务极低的债务违约率，使金融市场产生"国企信仰""城投信仰"，倾向在信息不充分情况下将信贷资源配置给国企，尤其是政府垄断行业的国企，例如土地一级开发，这有可能导致地方政府债务加速扩张。建议加快地方全口径债务监测平台建设，建立现代化的管理信息系统，全面摸底地方国资企业的全口径债务，另外向金融市场开放端口，赋予部分查询权限，披露国企、一级开发主体的债务信息和对外偿付义务信息。对于不在债务监测平台的，不纳入地方政府救助义务，正常情况下地方财政不对国企债务进行代偿，禁止地方财政以显性或隐性、直接和间接等方式对非预算内债务进行承诺。

4. 针对地方政府和区域房地产市场，建立动态风险预警和评估机制。房地产市场兴衰维系着土地开发链条上所有债务的偿还能力，如果房地产市场出现风险苗头或危机，首先受影响的是土地市场，危机会传导到一级开发过程。一方面，一级开发商倾向于观望，减弱拆迁整备力度，导致大量工程烂尾；另一方面，被拆迁对象在房地产不景气阶段将保留土地，抵制拆迁。因此，建议建立对房地产市场的动态风险预警和评估机制，地方政府实时掌握房地产和一级土地市场信息，定期调研走访当地房地产企业，获取市场主体拿地意向，理性预判土地相关债务的偿债来源情况，确保土地一二级开发流程稳妥运行。

第五节　本章小结

本章使用 Z 市国资委控股的 H 集团及下属一级开发主体 H-ZH 公司对"S 商务区"的土地开发作为案例，全面阐释了 2014 年政府性债务甄别后的新型政府债务模式，从而得到了政府在土地开发过程中相关债务的大量关键信息。通过分析可知：

1. 土地和债务，二者互为因果。从常识角度看，土地出让收入是地方政府在预算之外进行融资的前提条件或原因。经过案例分析可知，为了获得成熟土地，对土地投入资金，也是地方政府债务形成的根本原因，并不是有了土地收入才有债务，而是为了投入土地开发资金才会举债，才有债务，二者互为因果。

2. 以地举债模式存在非常多的优点，既不体现在财政预算内受政府预算管控，又可以更加便捷、快速地从事土地一级开发，而且开发方式灵活，商住和工业、市政各类土地同步打包，一并举债完成开发。但这种模式也存在非常明显的缺点，地方政府和开发企业间存在信息不对称，分工不明确，将会导致后续清算验收存在一定程度的不可控，最终导致一二级被迫联动，削弱市场对土地资源的配置能力。

3. 以地举债模式存在重大风险。首先这类债务在法律层面属于"私债"，存在不可控风险；对政府而言存在隐性化风险，而且这类债务具有普遍量大的特性，一旦违约，容易诱发金融、民生、政治领域的公共风险。

综上，地方政府以地举借的债务表面是企业私债，本质上是一种金融行业常用的"委托—代理"远期交易运作模式，但由于这种模式的债务资金最终投入政府资产（国有土地），促进了国有自然资源的升值，因此资金最终将集聚在政府部门，在举债后的受益者道义上，一定程度需要政府进行偿还，形成政府隐性债务。

从本章案例出发，在土地市场降温的现实背景下，地方政府在处理与土地相关的财政和债务问题时，面临着复杂的挑战和风险。以下是一些关键策略，旨在有效管控这类地方政府债务，以防范和化解潜在的债务风险：（1）增强债务透明度和管理。地方政府应提高债务管理的透明度，特别是授权土地一级开发远期偿付义务的信息披露，定期发布债务和偿付义务相关的详细信息，包括规模、结构、成本和期限等。此外，建立健全的债务管理体系，确保所有债务/远期偿付活动均在严格的法律和政策框架下进行，通过专业的债务管理团队来优化债务组合，降低债务成本和风险。（2）严格土地开发项目的审批和评估流程。土地市场降温意味着过去的项目可行性测算已不具备现实借鉴意义。因此，实施更加严格的土地一级开发项目审批流程，确保所有土地开发项目都经过充分的市场和财务可行性分析，从源头上控制住债务及其风险萌芽。加强项目评估，特别是对一级开发项目和二级开发项目的长期经济效益和潜在风险进行综合评估。这不仅可以防止资源浪费，还可以避免因项目失败而引发的债务危机。（3）建立风险预警和应对机制。在中央政府债务风险防范化解框架下，建立一个系统的风险评估和预警系统，及时监测与各地土地市场和债务、偿付义务相关的风险指标，例如土地价格波动、开发项目的销售情况、债务偿还能力等。一旦发现潜在风险，提前采取措施接入予以干预，例如调整债务结构、延期或取消某些一级开发项目等。（4）推广多元化的融资渠道。鉴于传统的以地举债模式存在的风险，地方政府应探索和利用更多元化的融资方式，如公私合作（PPP）模式、土地租赁而非直接销售，以及吸引私人投资等信贷模式。多元化的融资渠道可以降低政府直接债务的依赖性，同时引入私营部门的效率和创新。（5）提升财政自律机制。在财政紧平衡状态下，地方政府应建立和执行严格的财政自律机制，设置地方债务和偿付义务上限，严格控制财政赤字限额。通过实施财政规则来约束地方政府及其下属国企的债务行为，确保其在可持续的财政框架内运作。

第四章

地方政府债务的仿真模拟

本章基于以上案例分析，在 DSGE 基准模型上建立基础模型，将传统 DSGE 模型的房地产细化为包含购房、租房的两部门，设定政府通过土地举债弥补财政支出；通过方差分解和脉冲响应，分析土地催化地方政府债务的形成和影响机制。

第一节　构建基础模型

基准 DSGE 模型是在标准 RBC（真实商业周期）模型上，叠加要素垄断竞争、粘性价格和货币形成的规范化理论分析框架，在此基础上设计出李嘉图家庭、非李嘉图家庭。本章在剔除货币的基础上，将土地作为房地产中间产品，参考李嘉图家庭设置，将家庭分为购房者、租房者，将政府作为土地所有者，在各部门引入债务展开分析，其中，地方政府所持有的债务为以地融资的债务。

基准模型包含住房投资者、家庭、地方政府、房地产企业、非房地产企业 5 个部门。

一、住房投资者（购房债务）

为综合考虑住房的特殊性，如整体性、可租赁性、投资品特性等，此处在模型中引入"住房投资者"。[①] 住房投资者购入住房，出租给家庭部门，每

---

① 黄志刚，许伟．住房市场波动与宏观经济政策的有效性［J］．经济研究，2017，52（5）：103-116.

期获取的利润如下：

$$\Pi_{h,t} = X_t H_t + B_{h,t} - R_{h,t-1} B_{h,t-1} - P_{h,t}[H_{t+1} - (1 - \delta_h)H_t] \qquad (4-1)$$

其中，$\Pi_{h,t}$ 是住房投资者第 t 期利润；X_t 是单位住房面积租金（单位住房面积租金、房价等均设定为对消费品的相对价格），H_t 是对外出租的住房面积；$B_{h,t}$ 是住房投资者第 t 期购房债务（贷款）金额；$R_{h,t}$ 是住房投资者贷款利率；$P_{h,t}$ 是房价；δ_h 是住房折旧率。

住房投资者最大化以下目标函数：

$$E_0 \sum_{t=0}^{\infty} \gamma^t \Pi_{h,t} \qquad (4-2)$$

其中，E_0 是预期算子；γ 是住房投资者贴现因子。住房投资者的购房债务满足贷款约束条件：

$$R_{h,t} B_{h,t} \leqslant \theta_{h,t} E_t(P_{h,t+1} H_t) \qquad (4-3)$$

其中，$\theta_{H,t}$ 是住房投资者购房债务率冲击[①]，反映金融监管部门对购房的最高贷款比例限制，它满足如下式（4-4）的 AR（1）过程：$0 \leqslant \theta_{H,t} \leqslant 1$。如果 $\theta_{H,t}$ 越大，则举债购房越容易，可实现的债务杠杆越高。例如，购房时金融机构要求首付比例为 30%，则 $\theta_{H,t}$ 取值为 70%；如果要求购房的首付比例为 25%，则 $\theta_{H,t}$ 取值为 75%，后者债务率相对前者更高。

$$\ln\theta_{H,t} = (1 - \rho_H)\ln\theta_H + \rho_H\ln\theta_{H,t-1} + \sigma_H\varepsilon_{H,t} \qquad (4-4)$$

其中，θ_H 是购房债务率稳态值；ρ_H 衡量本期购房债务率受上期债务率的影响大小；σ_H 是购房债务率冲击标准差。

二、家庭部门（租房居住）

家庭部门的效用由其日常消费、租房面积、劳动时间决定，具体公式如下：

$$E_0 \sum_{t=0}^{\infty} \beta^t \left[\ln C_t + \chi_t \ln H_t - \varphi \frac{N_t^{1+\eta}}{1+\eta} \right] \qquad (4-5)$$

其中，$\beta \in (0, 1)$，是家庭部门的个人主观贴现因子；C_t 是家庭日常消费；χ_t 为住房偏好冲击（也称为"住房需求冲击"），满足以下式（4-6）所示 AR（1）过程；H_t 为家庭作为住房投资者租赁住房面积；φ 是劳动在家庭部

---

① 债务率也可称为部门"杠杆率"。

门效用方面的权重；η 为家庭部门劳动供给弹性的倒数；N_t 是家庭劳动时间。与式（4-4）类似，假定住房需求冲击满足如下 AR（1）过程：

$$\ln\chi_t = (1 - \rho_\chi)\ln\chi + \rho_\chi\ln\chi_{t-1} + \sigma_\chi\varepsilon_{\chi,\,t} \tag{4-6}$$

其中，χ 是住房偏好稳态值；ρ_χ 衡量住房偏好受上期的影响；σ_χ 是住房偏好的标准差。

模型设定家庭部门不借贷，将自身储蓄借贷给住房投资者、房地产企业、政府部门；另外家庭部门出租资产给非房地产企业，满足如下预算约束：

$$C_t + X_t H_t + S_t + I_{e,\,t} + \frac{\psi_e}{2}\left(\frac{I_{e,\,t}}{K_{e,\,t-1}} - \delta_K\right)^2 K_{e,\,t-1} = W_t N_t + R_{t-1}S_{t-1} + R_{e,\,t}K_{e,\,t-1}$$

$$\tag{4-7}$$

其中，S_t 是家庭储蓄；$I_{e,\,t}$ 是家庭部门对实体企业的投资；ψ_e 是家庭投资调整系数；$K_{e,\,t}$ 是家庭持有的资产总量；δ_K 是资产折旧率；$\frac{\psi_e}{2}\left(\frac{I_{e,\,t}}{K_{e,\,t-1}} - \delta_K\right)^2 K_{e,\,t-1}$ 是投资调整成本；W_t 是单位劳动工资率；N_t 是劳动时间；R_t 是储蓄利息率；$R_{e,\,t}$ 是资产出租收益率。资产累积满足如下方程：

$$K_{e,\,t} = (1 - \delta_K)K_{e,\,t-1} + I_{e,\,t} \tag{4-8}$$

模型将住房投资者角色从家庭中析出单列，设定家庭租房，符合我国真实国情：从拥有住房套数区分，我国家庭可分为无房家庭、一套房家庭、多套房家庭。对于无房家庭，必须租房居住，这部分家庭必须付出租金，是典型的租房家庭。其次，拥有一套房的家庭，大多使用银行按揭贷款购房，向金融机构借款期限通常为 20~30 年，每月贷款月供类似于租房租金。最后，拥有多套房的家庭，一般会使用贷款，一方面居住自有住房，付出月供（租金）居住，类似于租房，扮演租房角色；另一方面使用贷款购房，对外出租，属于住房投资者角色。因此，归根溯源，所有家庭，都以租金或月供等形式付出居住成本（租金或月供）以保障有房可住。而从家庭析出住房投资者角色单独分析，有助于聚焦购房环节的债务，直到地方政府债务形成。

三、地方政府

政府部门（包含土地一级开发商）被视为经济主体，可以借款，并作为土地使用权出让主体参与要素市场，成为市场经济的一部分。暂时设定政府

以最大化其财政支出为目标,设定其目标函数如下:①

$$E_0 \sum_{t=0}^{\infty} \beta_G^t \ln G_t \tag{4-9}$$

其中,β_G 为地方政府贴现因子;G_t 为第 t 期财政支出。地方政府的财政支出依赖于财政收入,财政收入有三块来源,分别是债务收入、土地使用权出让收入、参与社会产出分配的份额(税收),满足式(4-10)所示约束:

$$G_t + R_{G,t-1} B_{G,t-1} = B_{G,t} + P_{L,t} L_t + \tau Y_t \tag{4-10}$$

以上,$R_{G,t}$ 是政府债务利率;$B_{G,t}$ 是政府债务规模;$P_{L,t}$ 是土地出让单价(即"地价");L_t 是政府出让土地面积;τ 是税率,由中央政府制定,对地方政府是外生变量②;Y_t 是非房地产部门经济总产出。

同样,地方政府债务满足以下债务率约束:

$$R_{G,t} B_{G,t} \leqslant \theta_{G,t} E_t [P_{L,t+1} L_t] \tag{4-11}$$

其中,$\theta_{G,t}$ 是政府债务率冲击,满足如下 AR(1)过程:

$$\ln \theta_{G,t} = (1 - \rho_G) \ln \theta_G + \rho_G \ln \theta_{G,t-1} + \sigma_G \varepsilon_{G,t} \tag{4-12}$$

其中,θ_G 是政府债务率的稳态值;ρ_G 衡量政府债务率受上期债务率的影响大小;σ_G 是政府债务率冲击的标准差。分析我国的土地规则,设定土地供给与土地价格满足如下方程(κ 为土地供给与土地价格之间的弹性):

$$\ln L_t = \ln \bar{L} + \kappa \ln \left(\frac{P_{L,t}}{P_{L,t-1}} \right) \tag{4-13}$$

式(4-13)是地方政府土地出让维持与价格相关的稳态过程解析式。在土地价格不变的情况下,地方政府每年稳定出让 $\bar{L}$ 面积土地(固定面积)。如果地方政府发现土地价格相对上一期上涨,则政府增加土地出让数量,增加土地出让数量的百分比为 κ。该设定与我国土地市场现实情况一致:第一,符合我国土地规划制度;根据《土地管理法》,各级地方政府根据经济发展、自然资源保护、土地供给能力、建设用地需求按年制定土地利用总体规划,下级政府的总体规划要依据上级政府的规划制定,每年根据土地利用总体规

---

① 高然,龚六堂. 土地财政,房地产需求冲击与经济波动 [J]. 金融研究,2017 (4):32-45.

② 2018 年《深化党和国家机构改革方案》要求,深化国税地税征管体制,将省和省以下的国税地税合并,实行以国家税务总局为主的、与省(自治区、直辖市)政府双重领导的管理体制,因此税率的设定由中央政府决定,对地方政府是外生变量。

划获得的建设用地指标必须含在上一级政府的控制指标内。土地利用总体规划包括建设用地、农用地、未利用地，地方政府可在三者之间进行调配使用。第二，我国实行城市规划制度（控规），将城市土地划分为居住用地、产业用地、基础设施用地，在土地总规划框架下，地方政府还可以设定控规要求，对土地的具体使用方向进行控制、调整。因此式（4-13）所代表的土地供给根据地价动态调整过程可以实现。

四、房地产企业

房地产企业购入土地，修建住房，销售给住房投资者获取利润，其利润函数如下：

$$C_{f,t} = P_{h,t}Y_{h,t} + B_{f,t} - P_{l,t}L_t - R_{f,t-1}B_{f,t-1} - I_{f,t} - \frac{\psi_f}{2}\left(\frac{I_{f,t}}{K_{f,t-1}} - \delta_k\right)^2 K_{f,t-1}$$

$$(4-14)$$

以上，$C_{f,t}$ 是房地产企业第 t 期利润；$P_{h,t}$ 是房价；$Y_{h,t}$ 是房地产企业购入土地生产的住房面积；$B_{f,t}$ 是房地产企业债务规模；$P_{l,t}L_t$ 是房地产企业支付给政府的购地费用（对应我国地方政府的"国有土地使用权出让收入"）；$R_{f,t}$ 是房地产企业债务利率；$I_{f,t}$、$K_{f,t-1}$ 分别是房地产企业当期投资、上期资产规模；ψ_f 是房地产企业投资调整系数；$\frac{\psi_f}{2}\left(\frac{I_{f,t}}{K_{f,t-1}} - \delta_k\right)^2 K_{f,t-1}$ 是房地产企业投资调整成本。房地产企业的住房生产函数和资本累积方程分别如下：

$$Y_{h,t} = (L_{t-1})^\alpha (K_{f,t-1})^{1-\alpha} \qquad (4-15)$$

$$K_{f,t} = (1 - \delta_k)K_{f,t-1} + I_{f,t} \qquad (4-16)$$

其中，α 是房地产企业土地要素投入比例。房地产企业可以对外借款，但借款规模受其土地价值约束：

$$R_{f,t}B_{f,t} \le \theta_{f,t}E_t(P_{l,t+1}L_t) \qquad (4-17)$$

以上，$\theta_{f,t} \in (0, 1)$，是房地产企业受到的信贷杠杆率冲击，满足如下AR（1）过程：

$$\ln\theta_{f,t} = (1 - \rho_f)\ln\theta_f + \rho_f\ln\theta_{f,t-1} + \sigma_f\varepsilon_{f,t} \qquad (4-18)$$

其中，θ_f 是房地产企业债务率的稳态值；ρ_f 是房企债务率的一阶自相关系数，衡量本期受上期房地产企业信贷杠杆大小的影响；σ_f 是房地产企业信贷杠杆变动的标准差。

房地产企业以上设定，与我国房地产开发现实情况一致：首先，我国房地产开发商向银行等金融机构举借债务，是否有土地抵押是金融机构非常看重的增信措施，因此房地产企业持有的土地数量，直接决定了其举债能力，式（4-17）具有微观合理性；其次，我国房地产企业举债，经常受宏观调控政策影响，例如 2020 年 8 月，住建部、中国人民银行宣布使用新的房地产债务融资规则，设定了"三道红线"：①剔除预收款后的资产负债率上限为 70%；②净负债与股本之比的上限为 100%；③现金与短期债务比的上限为 1。根据人民网报道，中国人民银行要求各金融机构执行以上限制措施，如果一家房地产企业的"三道红线"全部被突破，那么金融机构不得在接下来的一年内向该房地产企业增加债务。如果房地产企业保持在"三道红线"以内，那么金融机构最多对该企业第二年的债务时点限额增加 15%。因此从时间维度上看，房地产企业的债务率一直是中央政府围绕某个红线波动的动态调控过程，是受外部冲击的波动过程，式（4-18）与我国房地产企业现实情况相符。

五、非房地产企业

非房地产企业为家庭部门生产消费品①，雇佣家庭部门劳动力和租用家庭部门资本作为要素投入，不向金融机构举借债务，其目标方程如下：

$$E_0 \sum_{t=0}^{\infty} \beta_e^t \ln C_{e,t} \tag{4-19}$$

其中，β_e 是非房地产企业主观贴现因子；$C_{e,t}$ 是非房地产企业第 t 期利润收入。利润满足如下公式：

$$C_{e,t} = (1-\tau)Y_t - W_t N_t - R_{e,t} K_{e,t-1} \tag{4-20}$$

以上，Y_t 是企业产出。设定政府支出可以影响企业生产产出的生产函数，生产函数满足如下形式：②

$$Y_t = A_{e,t} (N_t)^{1-\mu} (K_{e,t-1}^{\psi_t} G_{t-1}^{1-\psi_t})^\mu \tag{4-21}$$

---

① 此处将市场上的产品分为日常消费品、住房两大类；从商品功能看，日常消费品属于非耐用品，无法形成固定资产，无法辅助举债；住房属于耐用品，是固定资产，在人的资产负债表中占有重要地位。

② 赵扶扬，王忏，龚六堂. 土地财政与中国经济波动 [J]. 经济研究，2017（12）：46-61.

其中，$A_{e,t}$ 是生产技术冲击，满足类似式（4-18）冲击过程。μ 是生产过程非劳动要素占比；ψ_k 决定资产要素投入比例。

六、市场出清条件

为避免部门间利率套利以及金融摩擦等问题，导致模型过度复杂，本模型设定各部门借贷利相等。在竞争均衡状态下，产品市场、住房市场、利率市场满足如下出清条件：

$$Y_t = C_t + C_{f,t} + I_{f,t} + C_{e,t} + I_{e,t} + G_t \qquad (4-22)$$

$$Y_{h,t} = H_t - (1 - \delta_h)H_{t-1} \qquad (4-23)$$

$$R_t = R_{h,t} = R_{f,t} = R_{g,t} \qquad (4-24)$$

DSGE 模型系统方程组详见本书附录二。

第二节　参数校准和估计

为了使模型尽可能符合我国实际经济情况，此处采用参数校准和贝叶斯方法确定模型中的参数，部分参数可以通过我国经济数据计算，或对国外已有研究较为成熟的数据参数进行校准。对于我国缺乏经验研究支持的相关参数，采用贝叶斯方法进行估计。

一、参数校准

根据我国经济特征以及国内外前期研究，先对部分参数进行赋值。参考前人文献，住房投资者的贴现因子取 0.98。[1] 住房折旧率按年化 5% 估算，季度折旧率为 1.25%。[2] 资产由家庭部门和房地产开发商累积，按我国常用折旧

---

[1] IACOVIELLO M. Financial business cycles [J]. Review of Economic Dynamics, 2015, 18 (1): 140-163；黄志刚，许伟. 住房市场波动与宏观经济政策的有效性 [J]. 经济研究，2017 (5): 103-116.

[2] 张婧屹，李建强. 房地产调控，金融杠杆与社会福利 [J]. 经济评论，2018 (3): 13-30.

比例，资产季度折旧率设定为 2.5%。[1] 为保障信贷约束在稳态附近得到满足，将家庭部门对未来效用的贴现因子设为最高，为 0.99；房地产开发商和政府部门贴现因子设定为 0.975。[2] 设定土地对地价的弹性为 0.058。[2] 具体参数校准结果如表 4-1 所示。

表 4-1　参数校准结果

参数	参数描述	校准值	参数	参数描述	校准值
γ	住房投资者贴现因子	0.98	α	房地产企业土地投入比例	0.5
δ_h	住房折旧率	0.0125	β_f	房地产企业贴现因子	0.975
δ_k	资产折旧率	0.025	β_g	政府部门贴现因子	0.975
β	家庭部门贴现因子	0.99	κ	土地供给对土地价格的供给弹性	0.058
μ	非房地产企业非劳动要素投入比例	0.5			

二、贝叶斯估计

运用贝叶斯方法对模型的调整成本以及引入外生冲击的一阶自相关系数和标准差进行估计。由于引入 5 个外生冲击，为避免使用贝叶斯估计出现"随机奇异"问题，选取我国 2005 年一季度至 2018 年四季度的 GDP、房价、地价、7 天同业拆借回购利率的季度数据进行贝叶斯估计，原始数据来源于中经网统计数据库。贝叶斯估计主要步骤为：先对经济数据进行季节调整，再以 2005 年一季末 CPI 为基期计算各年物价指数后，消除价格对经济数据的影响，再取对数，使用 HP 滤波得到数据的经济波动成分进行估计。具体的贝叶斯估计结果如表 4-2 所示。

---

[1] 闫先东，张鹏辉. 土地价格，土地财政与宏观经济波动 [J]. 金融研究，2019（9）：1-18.

[2] 高然，龚六堂. 土地财政，房地产需求冲击与经济波动 [J]. 金融研究，2017（4）：32-45.

表 4-2 参数的贝叶斯估计结果

参数	参数含义	先验分布	先验均值	先验标准差	后验均值	90%置信水平	
ψ_e	非房地产企业投资调整系数	Gamma	5	1	5.9565	4.1451	7.7052
ψ_f	房地产企业投资调整系数	Gamma	5	1	5.1853	3.5473	6.8209
ρ_e	非房地产企业技术一阶自相关系数	Beta	0.5	0.10	0.4403	0.3063	0.5637
ρ_h	购房信贷杠杆一阶自相关系数	Beta	0.5	0.10	0.5602	0.4284	0.6799
ρ_f	房企信贷杠杆一阶自相关系数	Beta	0.5	0.10	0.5021	0.3462	0.6679
ρ_g	政府信贷杠杆一阶自相关系数	Beta	0.5	0.10	0.5028	0.3382	0.6621
ρ_x	住房需求一阶自相关系数	Beta	0.5	0.10	0.5017	0.3354	0.6575
σ_e	非房地产企业生产技术变动标准差	Inv-gamma	0.01	0.10	0.0146	0.0123	0.0169
σ_h	购房信贷杠杆变动标准差	Inv-gamma	0.01	0.10	0.5476	0.3779	0.7141
σ_f	房地产企业信贷杠杆变动标准差	Inv-gamma	0.01	0.10	0.0094	0.0024	0.0175
σ_g	政府信贷杠杆变动标准差	Inv-gamma	0.01	0.10	0.0078	0.0024	0.0139
σ_x	住房偏好变动标准差	Inv-gamma	0.01	0.10	0.0298	0.0023	0.0798

第三节 方差分解与脉冲响应

按土地要素和住房生产流程设定多个债务率外生冲击，完成参数校准和贝叶斯估计后，分析各个信贷杠杆冲击对经济变量的不同影响。围绕基准模型设定，本部分将重点回答问题：哪个经济因素是政府债务的主要形成原因，其对地方政府债务影响大小如何？

一、方差分解

表4-3 给出基础模型主要变量受不同外部冲击影响的方差分解。观察土地变量，无论短期还是长期，房地产企业债务率冲击解释了93%以上的土地出让波动，其次为住房债务率冲击（3.78%~6.17%），购房债务率对土地出让的影响力随时间逐渐加强，而政府债务率对土地交易的影响较弱。也就是说，土地出让、土地价格较大程度受房企债务杠杆直接推动，这与过往土地财政和土地金融的研究结论一致，符合我国房地产开发资金来源中房企自有资金占比较低，且持续降低的经济事实①。在均衡系统稳定状态下，房地产企业是土地买方，用土地生产住房，如果瞬时放松房地产企业债务率约束，能快速提升其购地、建房能力，进而推动地价迅速上涨，从交易环节直接增加土地出让。而政府不具备住房和消费品生产功能，虽然放松其信贷杠杆约束能软化其财政预算约束，能增加政府借贷规模，但土地出让后的获得财政收入，现实中几乎全部用于城市基础设施建设，放松政府信贷约束后，不具备生产功能的地方政府更多选择土地金融而非土地出让获取资金，不会主动影响交易过程的土地价格。② 举例来说，上一期土地出让价格或者土地出让收入越高，地方政府在本期越有可能发行城投债筹资，且发行规模越大。方差分解合理解释了有限要素市场中，不完全竞争状态下买方对要素的竞争效应，如果放松买方信贷约束，会导致要素交易价格上升，间接提高卖方持有资产

---

① 国家信息中心房地产信息数据显示，2016 年，我国 35 个大中城市的房地产企业自有资金占房地产资金来源比例平均值为 12.76%，使用债务、预收款、购房按揭预付款等债务资金高达 87.24%。

② 王国刚. 关于"地方政府融资平台债务"的冷思考 [J]. 财贸经济，2012 (9)：14-21.

价值和举债能力。

表 4-3 方差分解结果

时间	变量名称	生产技术冲击	住房债务率冲击	房地产企业债务率冲击	政府债务率冲击	住房需求冲击
1 季度	房租	35.41	0.21	0.11	0.00	53.11
	政府贷款	3.94	23.43	61.61	11.01	0.00
	经济产出	98.60	0.02	1.38	0.00	0.00
	土地供给	0.18	3.78	96.04	0.00	0.00
	土地价格	0.18	3.78	96.04	0.00	0.00
	住房价格	1.89	97.05	1.04	0.00	0.02
4 季度	房租	30.53	0.53	24.59	0.00	44.31
	政府贷款	5.14	31.23	51.90	11.73	0.00
	经济产出	68.76	2.37	28.77	0.09	0.00
	土地供给	0.31	5.81	93.88	0.00	0.00
	土地价格	0.31	5.81	93.88	0.00	0.00
	住房价格	2.20	96.66	1.11	0.00	0.02
8 季度	房租	31.95	0.52	23.85	0.00	43.64
	政府贷款	5.65	32.28	50.54	11.52	0.00
	经济产出	69.02	2.50	28.40	0.09	0.00
	土地供给	0.37	6.08	93.55	0.00	0.00
	土地价格	0.37	6.08	93.55	0.00	0.00
	住房价格	2.43	96.44	1.12	0.00	0.02
12 季度	房租	32.75	0.57	23.49	0.00	43.16
	政府贷款	6.05	32.64	49.94	11.36	0.00
	经济产出	69.09	2.55	28.27	0.09	0.00
	土地供给	0.42	6.17	93.41	0.00	0.00

时间	变量名称	生产技术冲击	住房债务率冲击	房地产企业债务率冲击	政府债务率冲击	住房需求冲击
12季度	土地价格	0.42	6.17	93.41	0.00	0.00
	住房价格	2.56	96.29	1.12	0.00	0.02
16季度	房租	33.28	0.69	23.21	0.00	42.78
	政府贷款	6.40	32.84	49.52	11.24	0.00
	经济产出	69.15	2.59	28.18	0.09	0.00
	土地供给	0.46	6.23	93.31	0.00	0.00
	土地价格	0.46	6.23	93.31	0.00	0.00
	住房价格	2.66	96.19	1.12	0.00	0.02
20季度	房租	33.62	0.90	22.97	0.00	42.47
	政府贷款	6.70	32.96	49.19	11.40	0.00
	经济产出	69.20	2.62	28.10	0.09	0.00
	土地供给	0.49	6.28	93.23	0.00	0.00
	土地价格	0.49	6.28	93.23	0.00	0.00
	住房价格	2.73	96.12	1.12	0.00	0.02

通过方差分解，可以发现我国地方政府债务的三大形成原因：①房地产企业债务率；②购买住房的债务率；③地方政府债务率。随着时间的推移，1年以后对地方政府债务的影响分别稳定在50%、30%、10%。这点有力支持了结论——我国形成地方政府债务的主要原因分别是房地产企业贷款、购房按揭贷款、地方政府自身债务约束。

首先，房地产企业债务率，是地方政府债务波动的首要原因。地方政府整理土地，必须出让给房地产企业，因此房地产企业的购地款是地方政府债务的首要还款来源。如果土地成交减少，土地出让收入锐减，将直接导致地方政府能够获取的债务规模减小（式4-11起主要约束作用）；放宽房地产企业债务率限制，房地产企业为扩大开发，加快购入土地，土地成交增加，土地出让收入暴增，将直接导致地方政府债务能力增加（式4-11起作用）。因此，从整个经济体系看，地方政府债务直接成因是地价、出让面积、债务率因素，间接成因主要是房地产企业债务率。

其次，地方政府债务波动的第二影响因素是购房的债务率，随时间推移对地方政府债务影响越来越大。如果将整个经济系统分为 A 部分：地方政府和房地产开发商、非房地产开发商，即机构部分；B 部分：住房投资者和家庭部门，即人的部分。那么人的资源进入机构部分，与土地相关的只有"购房"环节。因为房地产企业除了直接借贷，也可以通过销售住房获取资金，用于购地。因此，房地产企业对住房投资者的销售环节购房债务率决定了住房投资者的购房能力，间接决定了房地产企业的购地能力，最终影响地方政府债务形成。

最后，对地方政府债务形成影响最小的是对政府的债务率限制。由于地方政府债务受式（4-11）的限制①，因此对地方政府来说，做大土地出让收入规模，才能放松式（4-11）的约束，最终依托土地的信用完成举债融资，因此对地方政府举债的债务率约束 θ_{G_t}，在整个经济行为过程中对土地催生的债务影响并不大。

关于其他变量，由于将购房的住房投资者和家庭部门区分开，因此房租等价于家庭为了住房付出的成本，该变量主要受住房需求主导（42.47% ~ 53.11%）。如果将房租等价于贷款月供，则该结论与过往结论一致。② 1 年内经济产出受生产技术冲击主导（98.60%），但 1 年后房地产信贷介入经济产出，影响力逐步提高（28%左右），这是因为放宽房地产企业信贷约束将提升政府财政收入，增加政府公共投资，政府可以通过公共投资等方法提高非房地产企业生产要素使用效率，最终增加经济产出。该机制符合我国"土地引资"学说，贴近我国经济发达地区房价相对较高，基础设施相对优质的社会现实。值得注意的是，住房价格主要受购房贷款信贷冲击影响（96.12% ~ 97.05%）。这在现实上符合我国住房市场垄断竞争状态，理论上与前人结论一致：支撑住房需求的微观基础是信贷杠杆，住房需求冲击会转变为家庭部

---

① 现实中，地方政府以地向金融机构举借债务，金融机构首要看重地方政府政府性基金预算收入规模，即土地出让收入规模，并在此基础上对地方政府设定放贷上限和放贷约束条件。

② 闫先东，张鹏辉. 土地价格，土地财政与宏观经济波动 [J]. 金融研究，2019（9）：1-18；梅冬州，崔小勇，吴娱. 房价变动，土地财政与中国经济波动 [J]. 经济研究，2018（1）：35-49.

门对软化购房信贷约束的努力，住房需求越大，购房者越倾向谋求放宽信贷约束。①

二、脉冲响应

通过方差分解识别地方政府债务的主要成因后，本节通过考察模型的脉冲响应分析各部门债务冲击的传导机制，厘清债务率冲击对关键经济变量的作用渠道。

（一）购房债务率冲击的脉冲响应

图 4-1 反映购房债务率发生一个正向标准差冲击时，对部分经济变量的脉冲响应图，可以看出，购房债务率主要通过抵押约束机制发挥作用。

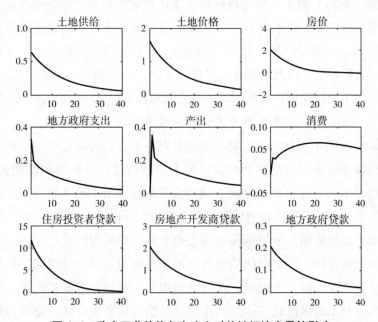

图 4-1　购房环节的债务率冲击对关键经济变量的影响

① LIU Z, WANG P, ZHA T. Land-price dynamics and macroeconomic fluctuations [J]. Econometrica, 2013, 81 (3): 1147-1184.

购房的债务率正向冲击使住房投资者贷款能力和购房能力快速提升,住房投资者的债务规模快速增加。脉冲响应显示,一个单位的购房信贷冲击使住房投资者贷款规模偏离稳态值约 12 个百分点,房价偏离稳态值 2 个百分点,政府债务规模偏离稳态值 0.2 个百分点。房价上涨提升了房地产企业盈利能力,提高了房企购置土地的资金实力。因此,购房债务率冲击促使房地产企业提高土地购买力度,扩大住房生产,最终引发土地供给增加,政府债务能力提升。放宽购房债务率限制,将直接提升房地产企业盈利能力,进而推高土地价格,间接增加地方政府财政支出,形成"贷款增加—住房需求增加—房价上涨—房企利润增加—房企购地能力提高—土地价格上涨—土地出让增加—债信提升"的机制路径,即地方政府债务的"外部债务驱动"。①

按式(4-21)设定,地方政府财政支出影响非房地产企业生产效率。购房债务率冲击引发地价上升后,地方政府增加财政支出,间接提高非房地产企业产出(正向偏离稳态 0.35 个百分点);家庭部门工资收入等于非房地产企业劳动边际产出,因此工资收入受财政支出正向影响,居民消费相应增加。但该机制属于间接作用,家庭部门消费受购房按揭贷款冲击的力度不大。

(二)房地产企业债务率冲击和政府债务率冲击的脉冲响应

图 4-2 和图 4-3 给出了主要经济变量对一个正向标准差的房企债务率冲击和政府债务率冲击时的脉冲响应。冲击导致两部门分别增加其债务规模,其中购房环节债务率冲击推动地方政府贷款规模上升约 0.3 百分点,而地方政府债务率冲击推动地方政府债务规模上升 10 个百分点。

推动土地价格和土地供给偏离稳态值上升,但响应持续时间短,土地价格和土地供给在持续较短时间后快速回落至稳态值。这充分说明,虽然放大房地产企业和政府债务率限制,在短时间内对土地出让有推动作用,但作用并不持久,对土地出让起主导推动作用的是购房债务率。该结论符合财政学"税收的最终归宿是'人'"的经典论述。

---

① 周佳音,陆毅.土地市场降温与地方政府债务风险:来自区县级数据的证据 [J].数量经济技术经济研究,2024,41(7):28-48.

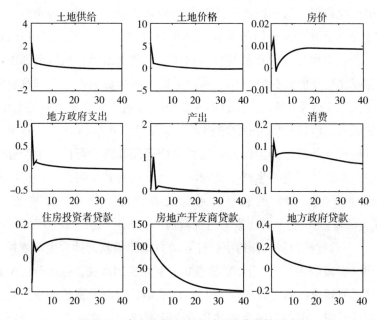

图 4-2 房企债务率冲击对经济变量的影响

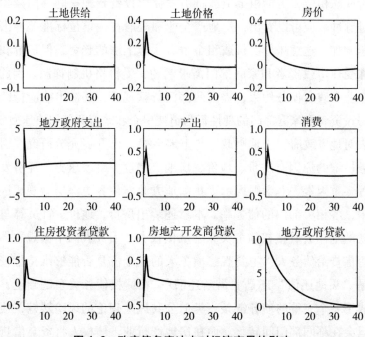

图 4-3 政府债务率冲击对经济变量的影响

　　使用税收最终归宿的经典论述对上图形进行说明：整个经济体中，无论房地产企业还是政府，他们的所有支出均源自"人"（家庭部门）。也就是说，房地产企业和政府的贷款利息、利润、财政支出等，最后全部由家庭部门在租房或住房投资者在购房环节承担，最终承担房地产企业和政府所有利润的是"人"（即家庭部门），自然人是所有房地产企业和政府的土地成本、资产租赁成本、信贷利息的最终承担者。如果跳出5个部门，站在更宏观的角度，可将整个经济体分为两大部门：生产部门和消费部门。生产部门在生产过程中，举借债务进行生产。当经济体处于均衡状态时，生产部门利润为零，那么生产部门借贷的利息必然包含在产品价格中由消费部门（即"人"）承担。无论是上游要素部门（政府），还是下游产品生产部门（房地产企业），一旦放松信贷杠杆约束，都有动力增加贷款，扩大生产规模，实现更高利润（财政收入）。但增加贷款意味着利息支出增加，这部分成本必须在产品交易环节转嫁给消费者（即"人"）承担，由此导致的价格上升会引起消费者理性反应。例如，房企增加贷款、政府增加贷款，它们增加贷款所引致的利息支出必须通过房价和租金，转嫁给住房投资者和家庭部门，这意味着涨房价或涨租金，房价租金上涨将引发住房投资者和家庭部门减少住房需求。通过脉冲响应可以看出，房地产企业和政府在一单位标准差冲击后贷款规模快速增加，这意味着房价或租金也有快速上涨的趋势，但房价和租金的快速上涨受住房投资者和家庭部门需求制约，受价格机制抑制。因此，放松房地产企业和政府债务约束，提高两部门贷款规模，其冲击响应持续时间较短，住房投资者和家庭部门的理性行为迫使房企和政府两部门快速回归稳态。

　　过去对地方政府"土地财政""土地金融"已开展充分研究，引发地方政府债务扩增的原因有房价、地价、房地产制度、财政压力、经济发展、官员晋升等多重因素。本章则揭示了我国地方政府债务更深层微观原因：房地产链条中，各相关部门的债务率。本章还跳出房价、地价、官员等与债务无直接关联的主体去看债权债务关系，从债权人、债务人两个微观主体看，债权人是否借贷给债务人，主要观察债务人的现金流是否能够维持偿债，不论债务人是"买地还债"还是"借新还旧"。在债权债务关系基础上，各部门债务形成了一个完整的债务链条：类似公共风险理论的风险转嫁，债务不会消失，只会在不同部门间转移。而在房地产行业，债权人将资金借贷给住房投资者、房地产企业、政府，从而在购房、购地环节实现全面的债务扩大化，地方政府债务即为债务链条的中间一环。以上方差分解和脉冲响应充分说明，地方政府债务实质是整个房地产债务链条的中间一环（见图4-4），各个环节债务率相辅相依，共同推动了政府债务的形成。

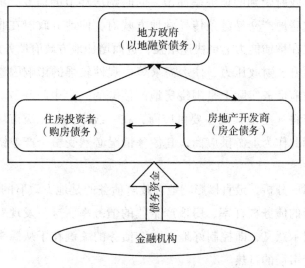

图4-4　地方政府债务的链条式成因

第四节　本章小结

近年来，地方政府债务问题，尤其是围绕土地在财政预算体系之外的债务问题已是我国当前宏观调控的重点领域。这一问题不仅关系到地方政府的财政健康和可持续发展，还直接影响到国家的经济安全和市场稳定。如何找准调控的着力点，对发挥我国从中央到地方的政策效力至关重要。

在这一背景下，本章采用动态随机一般均衡（DSGE）模型，引入不同部门的债务率冲击，使用我国宏观经济数据估计参数，进行方差分解和脉冲响应分析。通过这一方法，我们能够更准确地理解地方政府债务的动态变化及其影响因素。

DSGE模型的结果显示，虽然地方政府债务的内生原因包括政治晋升、财政压力等，但购房者、房地产企业的债务率以及地方政府面临的债务率等外生因素是地方政府债务的核心驱动力。一方面，其他部门的信贷杠杆推高土地价格，提高各部门信贷杠杆，可瞬时推动政府土地出让收入增加，在收入角度放宽地方政府举债约束。另一方面，不同部门债务推动效力不同，最直接影响是地方政府受到的债务率冲击，同时购房环节的债务、房地产企业的债务也会通过房地产交易链条传导到地方政府，使地方政府在收入能力上快速提升，随之在举债能力上也快速增强，进而增加地方政府债务规模。

相对于晋升、财政压力、住房需求等主观性较强的影响因素，本章结论指出，地方政府债务实际上是围绕房地产债务的一个中间环节。地方政府作为生产生活资料（土地）的主要供应商，在一级市场、二级市场拥有极大的市场力量，因此作为上游供应商，其债务情况必然受整个产业链条下游的债务率影响。

通过本章的分析，最直接影响地方政府债务的是地方政府的债务杠杆率，其次是购房者的债务杠杆率、房地产企业的债务率。这一发现对于政策制定具有重要的启示意义，即控制好地方政府债务的关键在于从源头上控制土地价格和房地产市场的过热。

本章研究的创新在于，对债务率的控制在现实中是可以通过人为措施进行有效干预的。尽管晋升意识、财政压力、住房需求等属于个人主观判断因素，社会科学工具很难施加影响，但通过修订政绩评价标准、修订央地分税标准、通过广告等文化产品调节全体国民的住房需求意识，这些工具虽然会改变全体国民主观理念，但内容的方向很难确定，调整工具的制作成本高，传播的后果难以准确预判。

相比之下，控制好各个环节的债务率相对来说可操作性强，目标明确，成本低廉，能够精准把控结果。因此，要控制好地方政府债务率，尤其要严格执行人大债务限额审批制度，对地方政府的外延性隐性债务——"一级土地开发企业"也要做出控制，还要对当地购房者的"限贷"措施做出明确规定，从根本上压制各个环节的债务率，避免地方政府债务快速扩张。

与本章结论和建议一致，中国人民银行在 2020 年加快了对房地产贷款和住房按揭贷款的限制。2020 年 12 月 31 日，中国人民银行公布《关于建立银行业金融机构房地产贷款集中度管理制度的通知》，对地方政府债务的外生成因：房地产贷款和个人住房按揭贷款，执行严格的集中度限制。中资大型商业银行，二者贷款总额占比分别不得超过 40% 和 32.5%；中资中型商业银行不得超过 27.5% 和 20%；城商行、农商行、民营银行等，分别不得超过 22.5%和 17.5%。县域农合机构和村镇银行执行更低比例限制。这一政策的实施，体现了管控地方政府债务的根本途径应从"杠杆率"着手，从土地上下游环节降低整个链条各个环节的信贷杠杆率。

第五章

土地影响债务的计量实证分析

承接上一章，为充分说明不同部门债务率（杠杆率）作为地方政府债务的外生因素，本章使用地级市城投债数据、各市金融机构贷款余额、土地出让成交价款等数据展开计量实证分析。

第一节　理论框架

在现代市场经济中，债务是企业、个人等主体经常使用的经济工具。对不同主体的债务研究不仅具有理论意义，而且具有深刻的实践意义。无论是在公有制经济，还是在私有制经济中，如果社会上有充裕的闲置资金，地方政府和相关主体一般会在信用市场举借债务，形成地方政府债务。随着商品经济进一步发展，商品的结算和交付出现时间上的不同步——货币与商品的交付清算在时间和空间上被允许跨期完成，打破了"货款同步两清"规则，出现了货币与商品的延期支付，既形成了债务关系。同样地，一级开发主体作为土地整备的服务供应商，政府作为土地所有者和服务购买者，对"一级开发"这项服务订立延期支付协议，在服务购销关系之上形成了一种债权债务关系：地方政府是购买服务的债务方，一级开发商是供给服务的债权方。这种债权债务关系还与股东关系、信用关系杂糅在一起，形成政府对一级开发商在交易账款上、股权关系上、社会道义上的偿付义务，即形成了隐性债务。从政府角度来说，在短期内面临财政赤字、支出刚性时，地方政策制定者会倾向预算外的操作，对那些虽然会带来财政风险，但约束较少的即时融资，或其他融资方式产生兴趣，这种行为称为"财政机会主义"。根据

Polackova 论述，这种机会主义会过度累积财政风险。① 另外，由于我国各级政府执行"收付实现制"的预算体制，预算管理存在人大、审计等多部门的外生约束，因此，我国地方政府更倾向使用控股公司借用其金融势能举借债务，产生财政"公共池"现象。

从一级开发主体角度来看，由于以上政府对一级开发主体存在多方位的偿付义务，且政府具有对土地的处置权，承担对社会的稳定职能，地方政府有可能是这类债务的最后偿付主体。因此一级开发主体对指定地块进行开发时，其行为已经附带一定程度的国家信用。在现代生活中，国家信用与商业信用、银行信用不同，可以在特殊情况下强制举债，以优惠条件吸引社会资金出资，能够动员其他信用主体所不能动用的资源。因此，国家信用安全性强、风险性低，在金融市场上是非常受欢迎的信用品种，金融机构倾向持有附带"国家信用"的债权。同样的，一级开发主体可以利用附带该类信用优势，快速筹集资金，加快土地开发进程。

以上是从地方政府和债务人角度分析，接下来从债权人角度进行理论分析。根据货币银行学理论，金融机构对借款人的授信政策存在"5C"标准。①品格：如之前理论分析所说，政府是具有稳定信用的公共主体，社会对其评价通常认定为是负责任的、具有进步性的、有责任担当的重要社会主体，因此一级开发商附带的国家信用，符合金融机构授信的"品格"要求。②能力：一级开发商拥有一级开发资质，其管理能力和财务状况、社会经济地位毋庸置疑，是具有代表性的地方优质主体，符合金融机构对债务主体"能力"的要求。③资本：部分一级开发主体作为地方国资委下属的国有企业，资产负债情况通常受到多个行政机构约束，日常经营时部分带有与财政管理近似的稳定性与流动性，因此一级开发主体符合授信"资本"要求。④担保品：由于一级开发商举债附带国家信用，地方政府对这类债务一定程度存在隐性担保，符合授信的担保要求。⑤营业状况：在我国过去的城镇化进程中，社会资源向城镇转移，人口也向城镇转移，因此地方政府债务相关主体所从事的经营对象——土地，具有非常良好的需求前景，且该类业务要与政府签订合同，因此一级开发商数量通常较少，具有区域性的垄断地位，很少有竞争

---

① POLACKOVA H. Contingent government liabilities: a hidden risk for fiscal stability [M]. Washington: World Bank Publications, 1998: 11-13.

对手。所生产出的产品——土地，只能交还给地方政府，具有供需上的单一性，因此符合授信的营业状况要求。综合分析看，一级开发商以土地一级开发为由举借的债务，符合以上 5C 标准，金融机构倾向给予这类债务丰富的信贷资源。

为了辨析金融杠杆对地方政府债务的成因机制，假定地方政府和一级开发主体是经济理性人。当二者面临信贷决策时，需要决定是维持、减少债务规模，还是扩大债务规模。如果一定时期的债务资金投入成本低于该时期土地出让收入和土地上的就业、税收等潜在收入之和，那么开发土地具有可行性，地方政府和一级开发商会选择举借债务，进行土地开发；反之，地方政府和一级开发商选择维持或削减债务，以待未来合适市场时机再行开发。对于后者，如果举借的债务较多，而土地出让无法覆盖前期债务资金投入的话，地方政府和一级开发商有可能采用"借新还旧"方式维系债务规模，使得债务规模一定幅度上涨。基于此，需要搜集相关数据进行计量实证，验证金融贷款是否是债务的核心成因。

第二节　数据说明

一、被解释变量

地方政府债务问题是近年的财政学研究重点。虽然地方政府债券数据容易获取，但起息日期大多在 2015 年 1 月 1 日新《预算法》执行之后[①]，而且发债主体限定在省、自治区、直辖市和部分副省级人民政府。如果使用省级面板数据，年份较短，样本个体偏少（仅有 31 省份+15 个副省级城市）。而且，根据规定，地方政府债券资金不允许用于土地储备和房地产开发[②]，与地

[①] 2014 年修订的《预算法》规定，经国务院批准，省、自治区、直辖市中必需的建设投资的部分资金，可以在国务院确定的限额内通过地方政府债券举借债务的方式筹措。2015 年之前，仅有广东、山东、江苏、江西、宁夏、青岛、浙江、北京、上海、深圳，共计 10 个省级或副省级政府试点在银行间、上交所、深交所试点发行地方政府债券。

[②] 财政部 2020 年 7 月发布《关于加快地方政府专项债券发行使用有关工作的通知》（财预〔2020〕94 号），坚持不安排地方政府专项债券用于土地储备项目、不安排产业项目、不安排房地产相关项目。

方政府土地相关债务关联性偏弱。为提高样本个体数量和观测值数量，确保本章结论更加稳健，参考前人研究，本书使用 Wind 金融终端的城投债"债券余额""发行额"数据作为被解释变量，用以代表地方政府所形成的债务规模。①

Wind 金融终端的城投债样本来源于全国债券权威机构"中央国债登记结算有限责任公司"2014 年公布的"中债城投收益率曲线"城投债和城投公司样本集②。根据定义，城投债是指地方政府为促进经济和社会发展，由地方政府融资平台公司发行的债务工具，工具类型包括但不限于企业债、公司债、中期票据（MTN）、短期融资券（CP）、超短期融资券（SCP）、非公开定向债务融资工具（PPN）等③。

根据 Wind 金融终端的公开信息，纳入"城投债"发行主体的标准如下：

1. 必须为地方政府的国有企业，但不包括中央企业、中外合资企业、民营企业和集体企业。

2. 主营业务包括但不限于公益性和非公益性项目，例如城市开发、土地开发、城市更新等。

3. 从事非公益性项目的，须满足两个条件：（1）自身现金流无法覆盖债务本息；（2）比较依赖地方政府财政补贴作为偿债来源（财政补贴收入/1 年以上长期负债>30%）。

本书在 Wind 金融终端导出城投债数据时，按照"起息日""到期日"和"债券余额"，按年统计年末余额（每年 12 月 31 日余额），剔除国家级、省级城投公司后，按地级市、直辖市分别归集，再加总每个城市年末城投债余额和全年发行额。

经整理计算，2004—2017 年我国各市的城投债余额、发行额数据描述性

---

① 余靖雯，王敏，郭凯明. 土地财政还是土地金融？——地方政府基础设施建设融资模式研究 [J]. 经济科学，2019 (1)：69-81；毛捷，徐军伟. 中国地方政府债务问题研究的现实基础——制度变迁，统计方法与重要事实 [J]. 财政研究，2019 (1)：3-23.

② 此处不使用中国银保监会统计的政府融资平台明细，因为按照国家清理整顿融资平台要求，银保监会的平台明细从 2018 年 12 月之后维持在 11 736 家。同时各地清理规范，因此银保监会的融资平台个体受人为因素干扰较大。

③ 融资平台公司是由地方政府及其部门和机构等通过财政拨款或注入土地、股权等方式设立，从事政府指定或者委托的公益性、非公益性项目的投资、融资、建设运行，拥有独立法人资格的经济实体。

统计如下。其中，以下行政区划不存在城投债数据，或存在城市更名，或行政级别被提高，导致样本识别出现口径问题，本书提前做了剔除或更名处理：贵港、潮州、三亚、陇南、海东、儋州、石嘴山、莱芜、巢湖、吕梁、阳泉、衡水、固原、昭通、三沙、哈密、吐鲁番、普洱；

表 5-1　278 个城市城投债余额、发行额数据（2004—2017 年）

变量	样本数	均值/亿元	标准差	最小值/亿元	最大值/亿元
余额	3892	112.9	352.7	0	5426
发行额	3892	37.5	115.9	0	1750

从上表可以看出，2004—2017 年 278 个城市的城投债余额各年均值为112.9 亿元，年均发行额约 37.5 亿。其中，余额和发行额较大的年份是 2016、2017 年，余额和发行额较多的是重庆市、天津市、北京市，这与我国新闻报道和金融机构反馈情况一致①。

对 278 个城市的城投债余额、发行额按各年平均值作图（图 5-1），可以看出，2008 年转为积极的货币政策之前，各城市的城投债每年发行额仅 2亿~3 亿元，余额约为 10 亿元。2008 年，为应对金融危机，我国从稳健的货币政策转为积极的货币政策。城投债业务随之兴起，发行额逐年提高，余额逐年递增。另外，由于 2014 年发生银行业暂缓房地产开发贷款业务等突发事件②，导致全国金融市场情绪紧张，"债券"融资方式迅速升温，城投债随即进入发行高峰期。2017 年，278 个城市的城投债平均余额为 378 亿元，平均发行额为 85 亿元。

---

① 汇总统计 1999 年以来的城投债明细，截至 2020 年 12 月 1 日，样本城市的城投债平均期限为 4.16 年，每只债券平均发行额 9.4 亿元，平均票面利率为 5.37%/年；其中公募方式发行的债券数量占 70.4%，发行规模占 74.3%，其余为私募方式发行（即非公开募集）。

② 2014 年 2 月，某国有股份制银行通知，3 月底将出台新的房地产授信业务管理政策。政策出台前，全行暂缓办理房地产新增授信业务，停办房地产夹层融资业务。各家银行随即宣布建立房地产开发贷"白名单"管控制度，减少房地产贷款发放。为缓解融资约束，提高资金流动性，房地产企业从银行贷款转向债券融资。

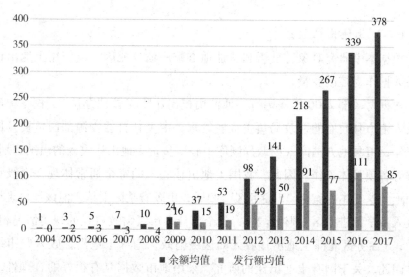

图 5-1　按年统计各城市城投债余额、发行额平均值（单位：亿元）

二、解释变量

（一）贷款数据

根据上一章模型分析，债务杠杆率提高是我国地方政府债务形成的重要外生因素，因此，本章计量实证的核心解释变量设定为各城市金融机构贷款指标。搜集整理 2005—2018 年《中国城市统计年鉴》各城市金融机构存贷款数据后，描述性统计结果显示（见表 5-2），我国各城市 2004—2017 年年均城市贷款余额为 1889 亿元，存款余额为 2790 亿元，且指标观测值方差较大，说明我国区域金融发展不平衡问题较为突出。参考前人研究，此处使用的核心解释变量为贷款的杠杆率（城市贷款余额占 GDP 比重）。

表 5-2　各城市存贷款数据描述性统计（2004—2017 年）（单位：亿元）

变量名	样本数	均值	方差	最小值	最大值
存款	3874	2790	7393	56.81	137952
贷款	3874	1889	4455	32.95	63383
杠杆率①	3852	0.827	0.51	0.075	5.75

备注：数据来源于《中国城市统计年鉴》，同时用 CSMAR 国泰安区域经济数据库进行清理整合。

———————

① 各城市金融机构贷款余额/城市 GDP，也称为"贷款率""债务率"。

（二）土地出让数据

根据本书研究对象，分析和验证地方政府债务成因，应使用土地出让或交易数据作为控制变量。

根据财政部 2006 年《国有土地使用权出让收支管理办法》，我国土地出让收入由市县政府的财政局负责征收管理，由市县自然资源部门负责具体征收工作，市县地方国库（财政局国库中心）负责土地出让收入的出纳、划分、留解等各项具体工作。因此，我国土地出让收入的资金通常体现在市级财政层面上。这与本书案例"S 商务区"归属 Z 市政府某区下辖，但该地块土地出让收入不全部进入区级财政国库，但全部计入市级财政口径的现实情况相符。其中，S 商务区北部土地出让收入归区级财政，南部土地出让收入归市级财政。因此，关于国有土地出让的研究，采用地市数据具有很好的合理性，使用区级土地出让数据将导致统计口径无法覆盖全部土地出让行为而出现统计偏差①。

经查阅，一定数量的城市政府不公开每年政府性基金科目下的土地出让收入，导致从财政收支口径无法获取各市的土地出让情况。对于土地出让收入，本书使用《中国国土资源统计年鉴》中各市土地出让"成交价款"予以衡量。"成交价款"是指各级人民政府以协议、招标、拍卖、挂牌等法律规定方式出让国有建设用地的实际交易价格，通常统计的是合同价款，与财政口径的土地出让入库收入相近。

另外著者整理发现，我国土地成交的统计口径随时间发生变化。《中国国土资源年鉴》（《中国国土资源统计年鉴》前身）显示，2002 年（含）之前的"出让"仅是土地使用权转让方式的一种，还包括"划拨""租赁""抵押""其他"几种方式，而且这些使用权让渡方式都有类似成交价款的收入数据。为确保统计口径一致，最终将实证数据范围限定在 2004 年之后。

---

① 经调研，部分城市设立科技园、开发区、贸易区等行政相对独立的地理区划（配置相应行政机构，如"开发区管委会"），虽然这些区划在某个区县政府管辖的地理范围，但这些区划的规划、拆迁、整备、出让、市政建设等各项工作由市政府管理和承担，土地出让收入归宿市级财政，简称"市投市建"。区县政府遵从事前约定，按土地出让情况从市政府获取财政转移支付。

表 5-3　各城市土地出让成交价款描述性统计（2004—2017 年）（单位：亿元）

变量名	样本数	均值	方差	最小值	最大值
成交价款	3864	87.75	189.5	0	2718

备注：数据来源于《中国国土资源统计年鉴》，部分观测值缺失。

从土地出让价款的描述性统计可见，2004—2017 年，我国各城市年均土地成交价款 87.75 亿元，但各城市横向间差异相对较大，方差高达 189.5。其中，土地出让成交价款较高的城市包括北京、杭州、苏州、南京、上海、重庆等，年均出让价款均在 1500 亿以上。

（三）其他变量

本书搜集的各城市其他控制变量包括一般公共预算收入、一般公共预算支出、GDP、人口、人均可支配收入、固定资产投资、市委书记年龄、市长年龄等，数据来源于 2005—2018 年《中国城市统计年鉴》和 CSMAR 国泰安数据库。

表 5-4　各城市经济政治变量描述性统计（2004—2017 年）

变量名	单位	样本数	均值	方差	最小值	最大值
一般公共预算收入	亿元	3874	149.2	375.2	2.170	6642
一般公共预算支出	亿元	3874	246.2	453.6	3.910	7548
财政压力①	-	3874	1.69	1.730	-0.350	20.53
财政赤字率②	%	3852	9.59	11.27	-6.71	22.3
国内生产总值	亿元	3864	1624	2480	34.95	30633
人口数	万人	3874	438.7	310.9	15.91	3392
居民储蓄	亿元	3869	1241	2217	30.72	34150
可支配收入	万元	2753	1.56	0.670	0.500	4.660
房地产投资	亿元	3854	141.3	262.1	0.210	2633
固定资产投资	亿元	3594	1009.0	1311	21.25	17246

① 财政压力 =（一般公共预算支出 - 一般公共预算收入）/一般公共预算收入。
② 赤字率 =（一般公共预算支出 - 一般公共预算收入）/地区 GDP。

变量名	单位	样本数	均值	方差	最小值	最大值
社消零	亿元	3869	646.7	1031	8.640	11830
职工收入总额	亿元	3862	209.2	515.5	6.280	10183
单位从业人数	万人	3891	51.03	75.61	0	986.9
私营和个体户人数	万人	3891	46.30	70.11	0	951.7
电信业务总量	亿元	3849	37.73	73.56	0.470	1396
互联网用户数	万人	3843	54.46	127.0	0	5174
外商实际投资	亿美元	3699	7.4	18.11	0	308.3
书记年龄	岁	3865	52.66	3.650	39	61
市长年龄	岁	3856	50.44	3.830	38	61

备注：数据来源于《中国城市统计年鉴》，部分观测值数据缺失。

从以上经济变量、社会变量的描述性统计可以看出，我国城市一般公共预算收入均值为149.2亿元，支出均值为246.2亿元。在分税制体制下，我国各市公共财政支出远超收入，对上级转移支付依赖度较高。另外，各市财政压力（财政赤字与收入比值）平均为1.69，对278家城市14年的数据进行研究发现，3892个观测值中，仅64个观测值的一般公共预算收入大于支出，较少出现地方财政盈余情况。

各市GDP均值为1624亿元，但方差高达2480，说明区域经济发展不均衡问题十分突出。国泰安数据库显示，我国市委书记平均年龄为52.66岁，市长平均年龄为50.44岁。从表5-4可见，我国城市间发展不平衡问题十分突出，包括经济不平衡、财政不平衡、收入不平衡、消费不平衡等。

第三节　实证模型和结果

一、基准模型

本章被解释变量为各城市历年城投债余额。为选择合适的模型进行计量实证，本书首先分析经济社会现实情况，以寻找合适的基准模型。

查阅资料和调研发现，城投债具有较强的时间"粘性"。现阶段，我国官方债券市场主要有银行间市场、上海证券交易所、深圳证券交易所三大市场，城投债可在这三个市场分别发行和交易，三个市场的债券数据和批复文件均对外公开发布（中国债券信息网）。三个市场对每家发债企业采用审批或备案方式进行"批复"。发债企业须事前联同证券承销商，分别报送三个市场的对口行政主管机构，获得发行额度（详见本书附录三）。在额度有效期内，企业和承销商采用审批或备案方式，在获批限额内分期发行，即"一次核准，分期发行"。通常情况下，行政主管机构批复的发行期限在 6～24 个月不等。发债企业和承销商协商后，一般情况下按时序在核准有效期内摊匀发行，一般跨 2～3 年发行。这样可以避免债券集中发行导致利率成本过高。可见，城投债发行具有极强的时序相关性。也就是说，一个城市当期的城投债余额，与上一期城投债余额密切相关，在时间上具有较强"粘性"。滞后一期被解释变量较大程度会影响当期解释变量，因此，此处使用的基准模型是一阶差分 GMM 模型（FD-GMM）。由于部分模型的滞后一阶被解释变量的系数估计值趋近于 1，本书还使用了系统 GMM 模型。

另外，如图 5-1 所示，2008 年之前我国尚未执行积极的货币政策，所搜集样本城市中，241 个城市在 2008 年及之前的城投债余额为 0，观测值缺失较多。此处进一步缩短年份，将数据时间缩短至 2008—2017 年 10 年间。

基准回归模型设定如下：

$$yue_{it} = \gamma \times yue_{it-1} + \beta \times daikuanlv_{it} + \eta \times X_{it} + \alpha_i + v_t + \varepsilon_{it} \qquad (5-1)$$

以上是 FD-GMM 和 SYS-GMM 估计的水平方程。yue_{it} 指第 i 个城市在第 t 年年末的城投债余额。按照债券"一次批准，分期发行"机制，设定城投债余额滞后一阶作为解释变量；$daikuanlv_{it}$ 指第 i 个城市在第 t 年的金融机构贷款余额占 GDP 比率，称为"杠杆率"，也可称为"贷款率""债务率"，是计量实证过程的核心解释变量；X_{it} 是控制变量，根据前期研究，控制变量设定为：（1）城市 GDP（对数化），用于控制城市整体经济总量水平对城投债务规模的影响；（2）人均 GDP（对数化），用于控制城市经济发展水平对城投债务规模的影响；（3）土地出让成交价款（对数化），用于控制土地财政规模对城投债务规模的影响；（4）固定资产投资（对数化），用于控制城市当地的固定资产投资水平对城投举债的影响；（5）财政赤字率，衡量城市每年的财政缺口，即控制财政缺口对城投债务规模的影响；（6）人口增长率，用于控制人口因素对城投债务规模的影响；（7）书记年龄对全国书记平均年龄的差分；（8）市长年龄对全国市长平均年龄的差分。控制书记和市长的年龄差分，是为了控制政治晋升因素对地方政府债务的影响。根据已有研究，一定程度上地方政府行政官员有隐形的晋升年龄门槛，在特定年龄下争取扩大融资规模或延长融资期限，提高政绩，获得晋升资本。[①] α_i 表示城市特征的个体固定效应，v_t 表示时间固定效应。

式（5-1）经一阶差分，得到差分方程如下：

$$\Delta yue_{it} = \gamma \times \Delta yue_{it-1} + \beta \times \Delta daikuanlv_{it} + \eta \times \Delta X_{it} + \Delta v_t + \Delta \varepsilon_{it} \quad (5-2)$$

式（5-2）为差分方程，其中 β 为核心解释变量的系数。

模型设定完成后，接下来分析式（5-2）的内生性问题。X_{it} 作为控制变量，包含固定资产投资。依据财政学理论和"城投债"口径，政府通过城投债举借债务，主要用于交通行业类、市政公用事业类投资性支出，因此当期的"固定资产投资"有可能包含部分城投公司的当期的债券募集资金，即城投的债务资金有可能进入城市当年的固定资产投资，二者可能互为因果关系，存在内生性问题。因此，此处使用"endog"命令将固定资产投资对数作为内生解释变量。

表5-5 278个城市变量的描述性统计（2008—2017年）

变量名	观测值个数	均值	标准差	最小值	最大值
城投债余额（亿元）	2780	156	409	0	5426
杠杆率	2780	0.863	0.538	0.075	5.748[②]
GDP（对数）	2780	7.117	0.869	5.219	8.691

① 罗党论，佘国满. 地方官员变更与地方债发行 [J]. 经济研究，2015（6）：131-146；杨继东，杨其静，刘凯. 以地融资与债务增长———基于地级市面板数据的经验研究 [J]. 财贸经济，2018（2）：52-68；张莉，黄亮雄，刘京军. 土地引资与企业行为——来自购地工业企业的微观证据 [J]. 经济学动态，2019（9）：84-98.

② "区域杠杆率"指标最大值为5.748，经查该城市为"拉萨市"。通过将国泰安数据与城市统计年鉴数据进行复核，并与金融机构咨询，大部分金融机构在西藏仅设置1家"拉萨分行"，西藏的其他地级区划大多未设立分支机构，因此拉萨的杠杆率较高，是因为该城市金融机构面向西藏全自治区开展贷款业务，与其他金融机构使用的"城市属地原则"存在较大不同。

续表

变量名	观测值个数	均值	标准差	最小值	最大值
土地成交额（对数）	2780	3.688	1.332	0.550	5.933
固定资产投资（对数）	2780	6.709	0.878	4.351	8.155
财政赤字率	2780	0.109	0.127	-0.067	2.230
人均 GDP（对数）	2780	1.245	0.700	-0.376	2.532
人口增长率	2780	0.005	0.021	-0.197	0.192
书记年龄均值差分	2780	0.386	3.511	-10.66	8.34
市长年龄均值差分	2780	0.299	3.652	-12.44	10.56

备注：《中国城市统计年鉴》部分城市数据缺失，著者通过手工搜集或按年份采用均值法补齐。

分别使用 OLS、随机效应、固定效应、FD-GMM、SYS-GMM 模型进行估计，结果如下：

表 5-6 基准估计结果

变量名	POLS	RE	FE	FD-GMM	SYS-GMM
L. 城投债余额	1.221 ***	1.204 ***	1.133 ***	1.095 ***	1.167 ***
	(50.02)	(38.12)	(34.44)	(7.18)	(166.76)
杠杆率	10.093 **	11.655 **	4.780	5.364	19.430 ***
	(2.05)	(2.11)	(0.63)	(0.35)	(7.91)
GDP（对数）	5.490 *	8.715 **	-103.840 *	-126.916	103.466 ***
	(1.86)	(2.17)	(-1.79)	(-0.50)	(12.97)
土地成交额（对数）	2.639 *	1.343	-5.917 **	-9.682	-8.320 ***
	(1.89)	(0.84)	(-2.32)	(-0.36)	(-4.20)
固资投资（对数）	11.234 ***	11.355 ***	3.550	-9.490	-2.069
	(4.27)	(3.55)	(0.71)	(-0.13)	(-0.55)
财政赤字率	9.834	9.516	-2.164	-0.045	16.549 ***
	(0.98)	(0.77)	(-0.22)	(-0.00)	(4.10)

续表

变量名	POLS	RE	FE	FD-GMM	SYS-GMM
人均 GDP（对数）	2.353	3.548	143.961 **	139.439	-34.677 ***
	(0.95)	(0.85)	(2.29)	(0.84)	(-3.26)
人口增长率	-57.753	-33.331	97.765	95.093	13.433
	(-0.81)	(-0.54)	(1.41)	(0.32)	(0.27)
书记年龄差分	0.524	0.504	-0.055	-0.691	-0.717 **
	(1.45)	(1.14)	(-0.15)	(-0.62)	(-2.04)
市长年龄差分	0.319	0.398	0.328	0.272	0.250
	(1.20)	(1.39)	(0.99)	(0.62)	(0.94)
城市固定效应	否	否	是	—	是
时间固定效应	是	是	是	是	是
R-squared	0.977		0.954		
个体数	278	278	278	278	278

*** $p<0.01$, ** $p<0.05$, * $p<0.1$

观察以上 FD-GMM 估计结果，被解释变量的滞后一阶趋近于 1，因此存在类似单位根问题，需要使用系统 GMM 方法进行估计。为此，分别对系统 GMM 模型进行 Sargan 检验和序列相关检验，得到系统 GMM 估计的 Hansen 检验的 P 值为 0.3837，干扰项序列相关检验 m_2 的 P 值为 0.6425，说明模型设定工具变量较为合理。

从以上回归结果分析，相较于混合 OLS、随机效应模型、固定效应模型，系统 GMM 方法很好地识别了城市杠杆率提高所导致的城投债余额增加。城投债余额的滞后一期 1% 的水平上不为零，滞后一期的系数是 1.167，说明上一年的余额每增长 1 亿元，本年的城投债余额将增加 1.167 亿元。根据回归结果，城投债处在叠加扩张过程中。这与我国城投债在 2008 年之后的发行和偿还机制密切相关。根据第三章 H-ZH 公司的案例和前期模型识别，城投债作为地方政府隐性债务，其举借过程往往依赖政府信用、政府资产划拨和财政补贴，且债务处于不断"借新还旧"、累积扩张过程中，这与第三章所述债券筹集资金有 51% 用于借新还旧的整体趋势一致。提取数据计算，研究发现城投债余额平均占一般公共预算收入的66%左右，每年发行额与一般公共预算收入比率平均比率在21%左右。也就是说，如果完全依赖一般公共预算收入偿还城投债，将对财政经常性收支带来巨大冲击。因此，"借新还旧"是决定城投公司举债模式刚性扩张的原因。

控制了经济总量、经济发展水平、土地财政规模、城市投资水平、财政压力、人口因素、政治晋升因素后，核心解释变量"杠杆率"的系数估计值在1%水平上显著，杠杆率系数估计值为19.43。说明城市杠杆率提高1%，以城投债表征的地方政府债务余额就会增加0.1943亿元。从经济现实分析，一个城市的金融机构给社会各经济主体发放贷款后，会催生购房者的住房需求，使得房地产企业加快购地开发，从而使地方政府举债用于土地开发和基础设施建设，增加土地供给。从模型结果看，这个传导机制存在时间即时性，杠杆率的提升在1年内即可传导到城投行业，传导到土地开发行业，当期的贷款规模（年末值）增加会使地方政府快速增加债务规模。

同样可以发现，模型中，土地出让成交价款的系数在1%水平上显著为负，说明当期的土地出让越多，当期的城投债务则会越少。这可以从现实情况出发予以经济解释：当期的土地出让价款，最终进入地方政府国库，成为财政可用资金；这部分资金列入"政府性基金预算"，能够用于土地开发和基础设施建设。因此，当期出让土地获得的收入，将弥补地方财力，对举债资金形成互补。也就是说，土地出让价款越多，地方政府资金越充裕，对举债筹资的意愿越弱。因此，当期的土地出让价款增长，弥补了政府性基金收入，因此，城投债务规模减少。这种效应可以称为土地出让的"替代效应"：城投等融资平台对外举债存在资金成本；相对举债行为，如果有更低成本的资金，例如土地出让成交价款，地方政府则更加倾向选择相对价格更低的土地出让成交价款。

以上基准模型很好地证明了我国地方政府以地融资行为之下的城投债务增长态势，很大程度取决于城投公司的存量债务压力和当地杠杆率状况。与第四章分析结论一致，我国地方政府债务的形成原因，即内生原因例如政治晋升、财政压力等已有大量理论研究证实，这些因素在本章得到一并论证，但核心外生原因或许是信贷规模扩张下的杠杆率提高。更深入分析得知，原因实质是金融机构信贷扩张所导致的居民、房地产企业分别对住房消费和住房生产能力的提升，进而传导到土地供应环节的城投债务规模扩大。从表5-

6 可知，在纳入滞后一期被解释变量的系统 GMM 模型中，财政压力、晋升压力的系数也显著，说明这些内在主观因素可以通过修订考核标准、优化官员的绩效指标等进行调整，而决定城投债务快速扩增的核心外因是区域杠杆率，需要对金融市场及其各类市场主体从整体上进行调整。

二、稳健性检验

为确保以上实证结果真实可靠，本章继续使用替换变量、缩尾回归、降低城市异质性等方式巩固基准回归结果的稳健性。

（一）替换被解释变量

基准回归使用的被解释变量是地方城投债余额，本章继续使用"发行额"作为被解释变量。由于余额具有"粘性"，存在较强的时序相关性，用发行额可以更好地检验"杠杆率"影响城投公司债务的结论是否稳健，结果如表5-7所示。

表5-7　使用城投债发行额作为被解释变量

变量名	POLS	RE	FE	FD-GMM	SYS-GMM
L. 城投债发行额	0.996***	0.996***	0.707***	0.678***	0.780***
	(18.38)	(22.26)	(11.66)	(106.14)	(68.35)
杠杆率	12.323***	12.323***	11.355	16.933***	29.138***
	(2.70)	(2.85)	(1.54)	(9.49)	(8.11)
GDP（对数）	5.176*	5.176*	-142.310**	-293.392***	10.768
	(1.77)	(1.74)	(-2.31)	(-18.32)	(1.62)
土地成交额（对数）	4.370***	4.370***	0.144	-3.941**	-0.179
	(2.94)	(3.34)	(0.06)	(-2.51)	(-0.10)
固资投资（对数）	4.138	4.138	-9.159*	-15.007***	-11.434***
	(1.44)	(1.61)	(-1.66)	(-3.58)	(-4.20)
财政赤字率	8.150	8.150	-11.503	-18.022***	-4.369
	(0.85)	(0.69)	(-0.84)	(-3.68)	(-0.79)
人均GDP（对数）	3.424	3.424	159.190**	281.979***	6.077
	(1.39)	(1.20)	(2.48)	(12.35)	(1.06)

续表

变量名	POLS	RE	FE	FD-GMM	SYS-GMM
人口增长率	56.308	56.308	232.552***	229.869***	21.375
	(0.69)	(0.65)	(2.64)	(5.77)	(0.37)
书记年龄差分	0.605	0.605	−0.185	−0.366	−0.223
	(1.49)	(1.53)	(−0.55)	(−1.15)	(−0.63)
市长年龄差分	0.469	0.469*	0.202	0.331	0.493
	(1.62)	(1.94)	(0.57)	(1.16)	(1.39)
城市固定效应	否	否	是	−	是
时间固定效应	是	是	是	是	是
观测值个数	2,199	2,199	2,199	1,911	2,199
R-squared	0.809		0.569		
个体数	278	278	278	278	278

*** $p<0.01$, ** $p<0.05$, * $p<0.1$

从表 5-7 可以看出，更换被解释变量为城投债发行额后，系统 GMM 方法下杠杆率的系数估计值为为 29.138，在 1% 水平上显著，说明城市杠杆率上升 1%，则城投债发行规模上升约 2913.8 万元。也就是说，杠杆率提高将增加城投债发行规模。

值得注意的是，FD-GMM 模型的系数相对而言更加稳健。FD-GMM 的一阶滞后项系数为 0.678，与 1 相差较大，相对而言更加合理。经 Sargan 检验和序列自相关检验，工具变量选择合理。杠杆率系数估计值为 16.933，在 1% 显著性水平上显著。从金融机构角度看，债券发行具有时间上的相关性，连续多年大规模发行城投债，金融机构将对之后几年的城投债发行持谨慎投资态度。实际上，地方政府在做出城投债发行决策时，会考虑上一期发行量的对本期债券发行的负面影响。因为金融机构投资、贷款的"属地原则"，对每个地方政府的城投债设定了投资上限，如果超过这个上限，金融机构会暂停供给资金。也就是说，前期发行将"挤占"金融机构对当地的债券投资额度，成为后期发行的"负面因素"。

综合以上，更换近似被解释变量进行稳健性检验后，本章的研究结论仍然成立，基准回归结果具有较强的稳健性。

（二）替换控制变量

为验证结论可靠性，此处继续将控制变量中的"固定资产投资"替换为"房地产投资"，从统计口径上聚焦城市土地的下游房地产行业，在回归过程中使用对数化的房地产投资额作为控制变量，替换后的回归结果如表5-8所示。

表5-8　使用房地产投资作为解释变量

变量名	FD-GMM	SYS-GMM
L. 城投债余额	0.992***	1.068***
	(33.20)	(271.25)
房地产投资（对数）	5.903*	16.825***
	(1.77)	(7.79)
杠杆率	7.925	64.543***
	(1.21)	(19.20)
GDP（对数）	−231.850**	86.781***
	(−2.08)	(10.43)
土地成交额（对数）	−8.664***	−17.234***
	(−2.82)	(−8.39)
财政赤字率	−4.571	14.035*
	(−0.40)	(1.79)
人均GDP（对数）	230.170**	10.032
	(2.31)	(0.88)
人口增长率	156.134*	199.331***
	(1.71)	(5.19)
书记年龄差分	−0.626	−0.520
	(−1.29)	(−1.55)
市长年龄差分	0.285	0.827***
	(0.84)	(2.80)
城市固定效应	−	是
时间固定效应	是	是

变量名	FD-GMM	SYS-GMM
观测值个数	2113	2409
个体数	278	278

*** p<0.01, ** p<0.05, * p<0.1

从结果看，系统 GMM 方法的区域杠杆率系数估计值为 64.543，仍在 1% 的水平上显著。这与基准回归结果保持一致，说明杠杆率越高，城投公司的债务规模越大。

（三）缩尾回归

为避免极端值对研究结果的影响，此处将连续变量进行缩尾处理。对所有连续型变量在 5% 水平上进行 winsorize 缩尾处理后，回归结果如下。

表 5-9　缩尾处理后的回归结果

变量名	FD-GMM	SYS-GMM
L. 城投债余额	1.098***	1.167***
	(287.39)	(166.76)
杠杆率	10.471***	19.430***
	(8.88)	(7.91)
GDP（对数）	−144.81***	103.466***
	(−10.91)	(12.97)
土地成交额（对数）	−12.918***	−8.320***
	(−10.01)	(−4.20)
固资投资（对数）	−9.584***	−2.069
	(−3.96)	(−0.55)
财政赤字率	−3.923	16.549***
	(−1.08)	(4.10)
人均 GDP（对数）	167.917***	−34.677***
	(10.52)	(−3.26)
人口增长率	152.634***	13.433

变量名	FD-GMM	SYS-GMM
	(6.50)	(0.27)
书记年龄差分	-0.744***	-0.717**
	(-2.96)	(-2.04)
市长年龄差分	0.264	0.250
	(1.27)	(0.94)
城市固定效应	-	是
时间固定效应	是	是
观测值个数	1,911	2,199
个体数	278	278

*** p<0.01, ** p<0.05, * p<0.1

缩尾后表5-9的回归结果与基准回归结果仍然一致，系统GMM结果中，杠杆率的系数估计值为19.43，仍然在1%水平上显著，说明城投债务规模受杠杆率正向影响。

（四）降低城市异质性

我国"城市"之间的行政级别存在不同，这会带来样本异质性问题。一方面，剔除北京、上海、天津、重庆4个直辖市；另一方面，剔除与中部、东部地区省份存在显著差异的新疆、西藏下辖城市。减小样本行政级别差异后的回归结果如下。

表5-10 删除部分省市的回归结果

变量名	FD-GMM	SYS-GMM
L. 城投债余额	1.098***	1.167***
	(287.39)	(166.76)
杠杆率	10.471***	19.430***
	(8.88)	(7.91)
GDP（对数）	-9.584***	-2.069
	(-3.96)	(-0.55)

续表

变量名	FD-GMM	SYS-GMM
土地成交额（对数）	−144.81***	103.466***
	(−10.91)	(12.97)
固资投资（对数）	−12.918***	−8.320***
	(−10.01)	(−4.20)
财政赤字率	−3.923	16.549***
	(−1.08)	(4.10)
人均GDP（对数）	167.917***	−34.677***
	(10.52)	(−3.26)
人口增长率	152.634***	13.433
	(6.50)	(0.27)
书记年龄差分	−0.744***	−0.717**
	(−2.96)	(−2.04)
市长年龄差分	0.264	0.250
	(1.27)	(0.94)
城市固定效应	−	是
时间固定效应	是	是
观测值个数	1 911	2 199
个体数	253	253

*** $p<0.01$, ** $p<0.05$, * $p<0.1$

删除部分特殊省市后的回归结果与基准回归结果保持一致，本章的研究结论仍然成立，基准回归结果具有较好稳健性。

第四节 本章小结

本章对2008—2017年间我国278个城市杠杆率对城投债举债的影响进行了深入研究。通过计量实证分析，揭示了地方城投债务的"粘性"特征以及杠杆率对债务扩增的显著影响。研究发现，城市杠杆率提升能显著增加城投债债务规模，该结论在替换变量、缩尾处理、剔除特殊样本个体后维持稳健。同时，使用 FD-GMM 和 SYS-GMM 方法发现，城投债务在时间上存在"粘性"，表现为当期债务受前期债务规模的显著正向影响。也就是说，当前债务水平很大程度依赖前一期的债务水平。这说明地方的城投债务不仅仅是为了满足当前的融资需求，而是在一个持续的增长循环过程中，新的债务被用来偿还旧的债务，形成了一个自我增强的债务增长正反馈机制。

基于以上结论，本章提出以下政策建议。

1. 建立风险预警机制。地方政府及其财政部门债务监管机构应将城投等各类国企纳入债务监控范围，建立和完善债务风险预警系统，对债务结构、偿债能力和未来资金需求的综合评估，定期评估债务可持续性。

2. 优化债务结构。地方决策部门应通过延长债务期限、调整债务组合和优化债务成本来减少债务融资压力。例如，优先发行长期债券以替代短期债务，以减少短期偿债压力；在中央政府许可范围内发行地方政府债券置换部分高息债务。

3. 寻求财政收入多元化。在土地市场降温的情况下，寻求财政收入的多元化显得尤为重要。地方政府应探索土地出让之外的其他财政收入来源，例如如提高地方税收自主权、发展经济新增长点等。

4. 提高信息透明度。地方政府应增加各类债务和财政管理的透明度，提高各类市场主体对地方财政健康的信心，吸引长期投资资金。提高信息透明度还可以引入市场机制有效约束各类债务资金使用。

第六章

债务的经济效应分析

上一章已经就地方政府债务的成因和特性进行了实证分析，研究发现，城市杠杆率和自我增长机制使城投债务规模持续增长。接下来的问题是，债务对整体经济会产生什么影响？这是本章分析的主要问题。

第一节 主体决策影响分析

一、影响政府经济决策：房地产"单向棘轮效应"

从上一章图 5-1 可以看出，以城投债表征的我国地方政府债务正快速增长。地方政府通过公用设施、市政建设类城投企业举借债务，公开债务规模已高达 10 万亿以上，还不包含银行贷款、信托贷款、融资租赁、委托贷款、商业票据等债务工具对应的债务规模。这些债务所举借的资金只能通过"资本化"到土地价值的方式，通过政府出让土地一次性回收各类债务本息。例如，Z 市一级开发商对该市的村庄进行拆迁、平整，要花费大量补偿金、基础设施建设资金等，这些前期投入最终要通过拆迁地块升值，出让土地回笼资金，最终偿付债务本息。该模式如图 6-1 所示。

如图 6-1 所示，以上流程中最关键的是"出让"之后的土地出让收入和税收交付地方政府环节。金融学理论称之为"金融加速器"效应，即土地价格上涨增加土地价值，使持有土地的地方政府融资平台资产表扩张，更容易

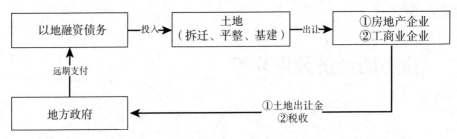

图 6-1　土地与地方政府债务"投入—产出—偿还"链条

扩大负债规模。这将对地方政府决策形成地价上涨的硬约束。[①]

基于以上分析，可以得到债务的第一个影响效应：

影响一：为避免以地融资债务违约，地方决策者制定房地产政策，会主动规避或延缓使房价、地价下跌的政策，自发选择稳房价的经济决策，形成地方决策的"单向棘轮效应"。[②]

二、影响财政政策：削弱预算约束效力

长期以来，我国中央政府对财政预算工作进行了大刀阔斧的约束性改革，取得了良好成绩。例如颁布《预算法》《预算法实施条例》等"硬约束"政策，同时提高预算透明度，使地方财政收支纳入法治体系，严格规范地方财政收支行为，进而实现财政资金的高效节约利用。

根据政治竞争模型，"理性人"假设下政治家是"利己"的理性人，为了确保经济增长和政治晋升等目标实现，地方决策者会规避财政资金的预算约束，倾向进入不受预算约束的金融领域，寻找支配自由度更高的资金，进行举债融资实现各类目标。因此，地方政府依托土地的债务规模扩张，将反过来影响地方政府财政决策，削弱地方财政收支的预算约束效力。

以上分析结果可以概括如下：

影响二：地方政府依托土地增值举借的债务将软化财政预算的约束效力。

① 孟宪春，张屹山，张鹤，冯叶.预算软约束、宏观杠杆率与全要素生产率［J］.管理世界，2020，36（8）：50-65；赵扶扬，刘睿智.土地空间配置、地方政府债务分化与区域协调发展［J］.数量经济技术经济研究，2024，41（4）：26-47.

② 唐云锋，马春华.财政压力、土地财政与"房价棘轮效应"［J］.财贸经济，2017（11）：39-54；刘尚希.财税热点访谈录［M］.北京：人民出版社，2016：80，263.

三、影响企业投资决策：挤出实体资本

根据本书定义，地方政府债务包括政府部门设立的融资平台等国有企业向金融机构举借的债务。也就是说在固定时期内，由中央银行确定的社会资金总量固定的条件下，这会影响金融资源在企业与政府之间的分配和配置。因此，地方政府依托土地的债务将表现为政府部门占有金融资源增多。

债务的挤出效应（Crowding-out Effect）是财政学公债理论的重要部分。如果地方政府加大举债力度，扩大债务规模，会导致金融市场的资金供给出现紧张，进而抬高各类市场主体融资的利率水平，特别是提高企业的融资成本，降低企业举债经营的收益率。因此，企业的融资意愿将受到抑制，企业的投资规模将会缩减，金融市场处于低水平市场均衡。最终，政府及其下属融资平台举借债务开展的投资等市场活动带来的经济产出，很大一部分会被市场利率上升所减少的企业投资降幅所抵消，这称为政府债务的挤出效应。①

1. 根据政府债务理论，如果中央银行保持货币供给总量不变，地方政府债务将挤出企业投资，具体作用机制如下（如图6-2所示）：

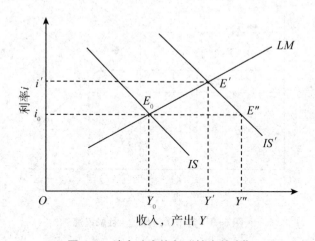

图6-2 地方政府债务"挤出效应"

根据IS-LM模型，假定经济体处于 $\delta k_{t-1} = I_t$ 的均衡状态，δ 是资产折旧率，

① 何涌，陈之雨. 地方政府隐性债务是否促进企业对外直接投资？——基于融资能力和土地价格扭曲视角 [J]. 投资研究，2023，42（5）：139-160.

k_{t-1} 是上一期资产总额，I_t 是本期投资额，在劳动力、技术等外部条件不变的情况下，社会总产出维持均衡状态，为图 6-2 的 E_0 点。此时，整个经济体的金融市场利率是 i_0，产出是 Y_0。当政府及其控制的融资平台举债融资，市场上突然出现大量的债券供给，这时候 IS 曲线会从原来的位置移动到 IS'，这时均衡点变化到 E'。新的均衡点下，利率是 i'，产出是 Y'。但如果市场利率没有发生改变，则新的均衡点将在 E'' 点。对应的产出在 Y''。也就是说，地方政府及其融资平台债务的突然出现，使社会经济产出不能达到利率不变情况下的 Y''，因为利率升高挤出了企业投资，从而使 $\delta k_{t-1} > I_t$，导致社会企业产出下降导致，$Y'' - Y'$ 即为政府债务的"挤出效应"。

因此，在货币供给总量保持不变情况下，地方政府债务会挤出企业投资，企业的理性决策是减少投资，等待市场的资金成本下降。

2. 如果稳健的货币政策灵活精准、合理适度，且在人为控制下，保持货币供应量和社会融资规模增速同名义经济增速基本匹配的话（2020 年中央经济工作会议要求），则"挤出效应"不会出现。

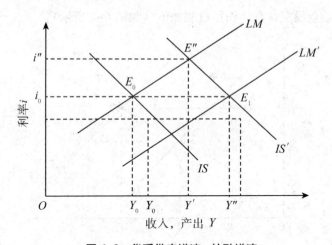

图 6-3　货币供应增速＝社融增速

如图 6-3 所示，如果中央银行将货币增速保持和社融规模增速一致，可以增加货币供给，提高资金充裕度，使市场利率下降。也就是说，中央银行根据政府债务融资需求同步增加市场货币供给，使 LM 曲线移动到 LM' 位置，原来的"挤出效应"将被弥补。这解释了为什么我国长期保持高度灵活的货币政策。

综上，本文得到政府债务如下影响效应：

影响三：地方政府债务对企业融资决策的影响，取决于中央银行的货币政策宽松力度和精准度，并不是单一的正向负向影响，而与货币政策宽松与否同频共振。

四、影响居民决策：扭曲居民购房的理性预期

设定居民1年的收入总量固定，在理性人经济决策下，如果地方政府依托土地进行融资，会从以下几个方面影响居民购房决策。

（一）假设居民基于短期预期采取行动

当一个"理性人"居民发现，市场上出现了政府以土地向市场融资，挤占了银行信贷资源，使得居民在银行借贷的资金成本短期上升。那么，在收入固定的情况下，居民基于获取信贷资金成本的替代效应，会减少向金融机构获取贷款，减少花费在住房上的支出。

因此，这类居民不会增加购房或租房需求。

（二）假设居民基于长期预期采取行动

根据李嘉图等价定理，政府借债最终依赖财政资金偿还，理性的居民会认为政府债务筹资行为，和税收筹资行为没有任何区别，最终的债务资金将"资本化"到土地价格中去，自发产生"土地升值""房价会涨"的个人长期理性预期。基于预期，这类居民会增加购房需求，提前购入房产，避免未来居住成本随政府债务扩增而上升。

（三）离群值情况

随时间推移，地方政府债务规模不断扩增，最终"资本化"到土地、房产价格中，使得房价不断上涨到一个"离群值"阶段。这时，按住房按揭贷款的月供计算，个人在既定收入水平下无法从银行获取足额信贷资金。这时候会出现较为严重的住房购买力不足，即无论居民是否基于预期行动，都无力购置房产。这时候会进入"土地萧条"时期。为避免债务违约，地方政府会采用限制销售对象等方式剔除无力购房群体，虽然会减少市场交易总量，但会促使具有理性预期的个人尽快购入住房，从而避免债务资金链断裂。

这种离群值情况下，地方政府可以采用约谈和设定指导交易价格等方法维持房地产市场价格水平，确保土地作为抵押品的金融加速器效应不出现逆

向下滑，引发土地相关债务违约。

影响四：地方政府债务对居民的影响，受到居民个人理性预期影响，有理性预期的居民将购置房产，但房价出现离群值，超出居民个人承受能力的情况除外。

第二节　金融风险影响分析：利润与通胀的二项选择

假设市场上只有两个部门举债，一个是政府部门，另一个是专门从事经济生产的产业部门。假设政府以地融资的债务规模为 B_t，当地的 GDP 总量为 $P_t Y_t$，地方政府以地融资的债务率为 b_t，根据定义可以得到下式：

$$b_t = \frac{B_t}{P_t Y_t} \tag{6-1}$$

按时间 t 求微分，得到：

$$db_t = d(\frac{B_t}{P_t Y_t}) = \frac{P_t Y dB_t - B_t d(P_t Y)}{P_t^2 Y_t^2} \tag{6-2}$$

其中，P_t 是当年的物价水平，Y_t 是社会实际产出水平。

通过式（6-2），继续往下推算：

$$db_t = \frac{dB_t}{P_t Y_t} - \frac{B_t}{P_t Y_t} \frac{dP_t}{P_t} - \frac{B_t}{P_t Y_t} \frac{dY_t}{Y_t} \tag{6-3}$$

令 $\frac{dP_t}{P_t} = \pi_t$，$\frac{dY_t}{Y_t} = y_t$，分别设定为通胀率、实际经济增长率，则上式变为：

$$db_t = \frac{dB_t}{P_t Y_t} - b_t \pi_t - b_t y_t \tag{6-4}$$

通过第五章实证分析，我们知道政府依托土地融资的债务规模大多采用"借新还旧"，因此：

$$dB_t = r_t B_{t-1} + I_{gt} \tag{6-5}$$

其中，r_t 是债券名义利率，I_{gt} 是政府计划的当期投资规模。假定社会各项经济指标已经达到稳定均衡状态，将式（6-5）代入（6-4），可得：

$$db_t = b^*(r_t - \pi_t - y_t) + i_{gt} \tag{6-6}$$

以上，假设政府债务率已经达到稳态，$b_{t-1} = b_t = b^*$。

政府投资不可能为负数，那么 $i_{gt} \geq 0$。这时候，如果想要控制住地方政府依托土地举借的债务，会出现什么情况呢？

控制 $db_t = 0$，则 $r_t - \pi_t - y_t = -\dfrac{I_{gt}}{B_t}$；控制 $r_t = 0$，则 $db_t = -cons + i_{gt}$，即债务率和投资额有增长空间；控制 $i_{gt} = 0$，则 $db_t = b^* r_t + cons$。这说明了三种情况。

政府能够控制的是债务率、债务利率、投资额，可以设定一个"联动三角"关系（图6-4）：

①如果债务率增长为0，则债务利率和投资额将反向增加或减少。

②如果想控制债务利率为0，则债务率增长和投资额将同向增加或减少（有一定可操作空间）。

③如果想控制投资额为0，则债务率和债务率增长将同向增加或减少。

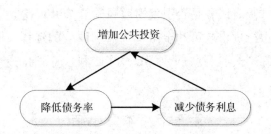

图6-4 政府债务的联动三角

政府的投资额肯定不能为零。2020年，为抵御公共卫生事件爆发，重振经济发展，我国中央政府提出"公共投资不减"要求，必须增加公共投资。图6-4上方的顶点内容必须实现，以对抗突发事件，实现经济可持续增长。但问题是，政府又要降低依托土地融资的债务率，或者政府债务率，避免地方政府和中央政府承担过多的连带责任，引发财政风险。因此，唯一的可行路径是减少债务利息。这从侧面证明了我国2020年以来部分财政学者提出"赤字货币化"的合理性和有效性：又要防御政府债务风险（系统性风险），又要确保公共投资不减（"六稳""六保"），唯一的缓冲措施只能是降低债务利率，尝试"赤字货币化"，甚至探索政府债务的负利率（参考日本等国家）。

从以上模型可以看出，地方政府债务是公共投资非常重要的一环，公共投资增加，将使财政的债务率控制和债务利率相互作用，最终只能通过降低债务利率来实现。但这点需要人民银行和财政部就货币政策和财政政策加强协调配合，实现信息相对透明，规避财政政策和货币政策的反向操作。

继续从式（6-6）分析。从以上联动三角可以看出，地方政府债务是联络财政、金融非常重要的关键环节。假设现在国家提出，既要扩大投资，又要避免防化隐性债务风险，那么作为中央银行，可以从两个选项进行选择：

1. 维持较低政府债务利率，保持一定通货膨胀率。

2. 维持较高政府债务利率，提高通货膨胀率。

简单来说，就是"少收利息+低通胀""多收利息+高通胀"的二项抉择。

因此，从财政部门角度看，希望少收利息，甚至零利息，这样可以维持低通胀，但这将损害金融机构利益；从人民银行角度看，维持较高利率，将提高通货膨胀率，但金融机构获得高额利息收入和利润。

影响五：地方政府债务是否引发财政风险和公共风险，取决于既定投资针政策下的中央银行货币政策和金融机构盈利政策的选择。根据联动三角结论，中央银行面临"少收利息+低通胀""多收利息+高通胀"的二项抉择。

第三节 本章小结

本章基于主体决策和模型分析，深入探讨了地方政府债务的影响效应，并提出了以下几个关键点：

影响一：房地产政策的决策硬约束

为避免依赖土地财政的债务违约，地方政府通常会对房地产市场实施决策硬约束，避免采取可能导致房价和地价下跌的政策。这种策略导致了"单向棘轮效应"，即一旦地方政府选择维持稳定的房价政策，就很难进行调整，即使面临经济过热或房价泡沫的风险。

影响二：政治激励与财政约束的软化

依赖土地的政府债务赋予地方官员实现政治激励的机会，提高了政治目标的实现概率。然而，债务的不断扩张可能会削弱政府的财政约束力，降低政策的有效性和执行力。

影响三：企业投资决策的影响

地方政府债务对企业投资决策的影响取决于中央银行的货币政策，尤其是政策的宽松力度和精准度。这种影响并非单向的推拉作用，而是涉及复杂的相互作用和反馈机制。

影响四：居民行为的变化

地方政府通过土地融资的行为会对居民产生影响。具有理性预期的居民可能会选择在适当时机购置房产。然而，如果房价异常高，处于离群值，则可能抑制居民购买意愿，影响总体市场的稳定。

影响五：财政与公共风险

地方政府通过土地融资的债务可能引发财政风险和公共风险。这些风险的发生与否依赖于既定的投资政策、中央银行的货币政策和金融机构的盈利策略。根据联动三角模型，中央银行和金融业面临的是一个"低通胀下的少收利息"与"高通胀下的多收利息"的策略选择。

2020年12月的中央经济工作会议明确提出"抓实化解地方政府隐性债务风险工作"，化解隐性债务风险是国家经济工作的重中之重。从地方政府债务的形成过程分析其影响机制，未来的财政和金融工作必须加强协调与配合，提高政策的协同效应，以保持对经济增长的必要支持，最终利用宝贵时间窗口，实现社会经济的全面协调发展。

第七章

已有债务管控措施效力检验

第一节　债务管控措施的产生背景

2012 年以来，地方政府债务规模及其风险引发各级政府和人民群众高度关注。党中央和国务院先后提出要有效规范地方政府债务融资，坚决遏制隐性债务增量。2013 年 12 月，国家审计署公布《全国政府性债务审计结果》，披露地方政府性债务合计 17.9 万亿元，且存在规模增长较快，部分地区和行业债务负担较重问题。2017 年 7 月，习近平总书记在全国金融工作会议上强调，各级地方党委和政府要严控地方政府债务增量，终身问责，倒查责任。同月，中央政治局会议强调"要积极稳妥化解累积的地方政府债务风险，有效规范地方政府举债融资，坚决遏制隐性债务增量"。2022 年 2 月，财政部将"防范化解地方政府隐性债务风险"作为全年十项重点工作之一，要求各级财政部门长期坚持，决不放松。2022 年 3 月，《政府工作报告》继续提出，要有序推进地方政府债务风险防范化解。鉴于以上要求，如何有效管理地方政府债务融资，防范化解债务风险，关系宏观经济健康和社会的长治久安，是必须予以解决的重大问题。

行政问责是监督、纠正地方政府各项行为的重要治理机制。在我国公共权力分级运行框架下，上级政府希望下级政府在预算内利用资源完成其职责，但下级政府可能偏离上级政府期望，在预算之外筹集资源和资金，达成自身政治激励或财政激励，出现违规融资的机会主义行为。行政问责是应对机会主义行为的重要治理机制，本质上是分配、认可和接受责任的过程，要求责任人对其机会主义行为做出说明、交代，进而通过惩戒行为责任人，实现地方治理的秩序与确定性。虽然行政问责的治理效果存疑，但治理成本低。中国最初于 2003 年非典时期在公共卫生领域开始行政问责，现已延伸至重大安全事故、环境污染、国有资产管理等领域，问责范围持续扩大。

2016 年，行政问责机制正式引入地方政府债务管理相关文件。国务院办公厅于 2016 年 11 月发布《地方政府性债务风险应急处置预案》（以下简称《预案》），要求各级政府发生政府性债务风险事件后，应启动债务风险责任追究机制，依法对相关责任人进行行政问责，并由省级债务管理领导小组组织有关部门进行专项调查或审计，认定责任、提出意见、形成报告，报省级政府审定。《预案》发布后，各省、自治区、直辖市于 2017 年制定对下级政府的各地《预案》，正式启动地方政府债务风险事件行政问责机制。截至 2022 年 8 月，财政部已累计通报 12 个省份债务问责典型案例，并通报了部分金融机构、会计师事务所在政府业务中的违规行为处罚结果。①

行政问责机制对地方政府债务融资的效果，不同理论的研究结论存在差异。使用跨国数据的研究发现，不存在一个适用于全球各国环境的有效债务管理措施，行政问责是否有效取决于国家的纵向财政失衡、上级政府援助预期、财政透明度等因素。如果纵向财政失衡加剧，则中央层面的管控措施更有效力。对美国地方政府一般债和市政债的研究发现，多样化的地方政府偏好将软化财政制度约束，导致地方政府使用预算外实体从事财政活动以规避约束，行政问责机制将成为"无约束力限制"。与其他国家相比，中国地方政府债务具有独特的特征。首先，中国地方政府债务依赖土地和金融分权，受到区域经济缺口驱动。其次，债务形式上，受 2008 年积极货币政策延续影响，已由银行贷款转为城投公司市政债券形式，50% 以上用于偿还过往银行贷款。最后，对如何管理政府债务，基于中国政治激励、财政压力等因素影响，有学者指出制度主义公共债务管理模式容易出现失灵，也有学者建议构建地方政府债务预算绩效管理体系，用于管控新时代债务问题。从已有研究分析，虽然遵循债务形成机制设计债务管控措施存在合理性，但缺乏实证基础。有必要对已有管控政策的效应进行实证检验，行政问责机制的实施为防范化解地方债务风险提供了一次良好的准自然实验。

---

① 数据资料来源于国家财政部官网。

基于以上背景，本章通过 Wind 金融终端搜集了 2014—2019 年全国各城市发债国有企业，即城投企业和非城投国企，构建处理组和控制组后，使用 DID 双重差分方法对企业财务数据和企业所在城市经济社会数据进行实证回归，检验行政问责对地方政府债务融资的影响及其作用机制。研究发现，实施行政问责后，城投企业显著增强了筹资活动，提高了自身负债水平，从偿债策略上避免辖区出现债务违约引发问责。另外，使用被通报城市样本回归发现，政策效应在地理上存在区域外溢性；汇总财务数据到城市层面仍然支持以上结果，回归结果同时表明融资决策者集中负债至个别城投，以降低问责概率；城市层面分组回归证实了政策效应在经济发达城市更加显著。

本章可能的创新和边际贡献主要体现在以下三个方面：第一，较为创新地使用行政问责机制作为政策事件，对政府债务的制度性管控措施进行政策效应评估，丰富和拓展了中国背景下政府债务领域的实证研究。第二，构建的债务指标，从企业财务角度更符合中国当下金融市场和金融工具快速演化的客观事实。地方债务主体的债务规模固然重要，但可动用的资产规模也决定了偿债能力的高低和风险大小，使用企业层面和行业层面资产负债率指标更贴合地方政府债务融资现实。同时，地方的"借新还旧"趋势变强，继续使用债券发行的规模、期限等数据代表债务融资存在指标测量上的偏差。第三，使用现实数据证实了学术界对制度性债务管控措施及其效力存在的疑虑，为深刻认识地方政府债务扩张、有效管控举债融资行为提供了新的经验证据，有利于朝市场化、法治化方向健全地方政府债务管理制度。

第二节　政策背景与理论假说

一、行政问责的政策背景

我国地方政府是国有资产管理的决策主体和责任主体。在社会主义公有制为主体的基本经济制度下，对公益性、安全性、垄断性的行业和关系国计民生的企业，地方政府从国家安全和社会公益考虑，采取国有企业的形式，实行国有国营。因此，国企负责人有双重身份，既是地方组织部门管理的领导干部，又是职场经理人和企业管理者。根据 2003 年《企业国有资产管理条例》，地方国有资产监督管理机构对下属国企责任人任免和重大融资规划履行出资人职责，审批管理国企重大融资计划。由于地级市政府不能直接公开举债，于是转为将国有企业中城投企业作为主体，赋予其政策性融资机构的作用。现有文献主要以城投企业债务指标衡量地级市及以下政府债务融资行为。

行政问责机制引入后，城投企业负责人承担债务违规违约事件的行政责任。《预案》提出，地方政府下属企事业单位因公益项目举借，为维护经济安全或社会稳定需要地方政府承担一定救助责任，但地方政府却无力救助导致违约的，属于风险事件，触发对相关责任人的行政问责机制。《预案》发布后，中央陆续下发具体操作规程，制定问责细则。2019 年，国务院针对融资平台发布《关于防范化解融资平台公司到期存量地方政府隐性债务风险的意见》，在行政问责基础上加快化解融资平台隐性债务。归纳各地后续公布的化解方案，主要包括"统筹偿还、置换展期、运营消化、引入转换"等债务化解方式。2021 年，经国务院批准，广东、上海、北京三地先后试行全域无隐性债务试点，省、直辖市政府发行"再融资"债券，偿还城投等主体的存量债务。其中，广东在 2021 年率先完成隐性债务清零，清零后地方政府以人大限额内的法定债务为主。

行政问责机制生效后，财政部多次从各地问责案例中，选取典型通报全国，发挥问责的警醒示范作用。2017 年，财政部通报案例显示，各地对责任人的行政问责具体惩罚包括开除、行政撤职、行政降级、严重警告、政务警告、记大过、诫勉谈话、书面检查并通报全省等措施，对象主要是地方政府分管国资或财政工作的副市长，财政局长和城投企业董事长、总经理等。触发行政问责的大部分原因是地方行政部门违规向金融机构或城投企业出具负有偿债义务的文件，导致隐性债务新增和债务风险累积。其中，对金融机构的处罚由金融监管机构负责，经财政部选取通报。

从 2017 年开始，对地方政府债务融资的行政问责，由省级政府负总责，各地级市按属地原则承担行政责任，已成为地方政府债务融资常态化的监管措施。

二、理论分析与假说

此处从成本效应和偿债策略两个方面，分析行政问责对地方政府债务融资的影响机制。

（一）成本效应

我国地方政府承受上级政府和金融机构较为严格的外部融资约束。一方面，根据《预算法》，地方政府举债主体范围仅限于中央批准的省、自治区、直辖市，其他级别政府和所属部门不能以任何方式举借债务，也不得为任何单位以任何方式提供偿债担保，因此以地方政府名义举债融资存在严格法律约束。另一方面，金融机构从债权人角度，将借款主体限定为能独立行使民事责任的法人，政府及下属行政部门一般被认定为非法人组织。因此，地方政府在长期承担区域经济增长、经济安全和社会稳定责任，即承担大部分社会刚性支出压力的同时，面临严格的外部融资约束。

融资平台是地方政府缓解融资约束的主要方法。融资平台是指地方政府及其部门通过财政拨款、土地和股权注入等方式设立，承担政府投资项目融资功能，拥有独立法人资格的经济实体。金融市场上这类经济法人大多名为"城投企业"。早期城投企业较为常见的融资方法是通过注入资产、政府提供增信等方式，将土地收入作为贷款偿债来源，帮助融资平台从银行获得信贷，为地方政府主导的基础设施建设融资。近年来，债券市场快速发展，地方政府转为对融资平台提供土地、补贴、增资等支持措施，帮助融资平台达到参与金融市场债券发行的"门槛"①。

行政问责提高了以上行为的潜在行政成本，引发举债决策者行为差异。虽然中央政府详细规定了隐性债务认定标准和问责办法，但仍然允许城投企业通过合规的市场化渠道举借债务②。因此，地方政府决策面临两种选择：（1）隐性担保，违规融资；（2）不予隐性担保，合规融资。前者可能因行政问责导致额外行政处罚，后者潜在着较高融资利率成本。但对城投债发行利率的研究证实，政府隐性担保对城投企业债券发行利率的影响不显著，金融

---

① BAO H X H, WANG Z, WU R L. Understanding local government debt financing of infrastructure projects in China：Evidence based on accounting data from local government financing vehicles ［J］. Land Use Policy, 2024, 136：106964.

② 财政部 2017 年发布《关于进一步规范地方政府举债融资行为的通知》："推动融资平台公司尽快转型为市场化运营的国有企业、依法合规开展市场化融资。"人民银行 2022 年发布《关于做好疫情防控和经济社会发展金融服务的通知》："要在风险可控、依法合规的前提下，按市场化原则保障融资平台公司合理融资需求。"从以上文件分析可知，中央鼓励融资平台通过合规的市场化融资渠道保障在建项目顺利实施。

机构等投资人可以采集分析地方经济社会信息进行内部自主评级，更关注行政区划内经济发展水平，即使政府及下属行政部门提供增信措施，金融机构仍然依靠自身调查评价，保持对经济发展较弱地区的悲观情绪，不会给予更高融资意愿和更低利率水平。因此，从地方政府决策者视角，行政问责对违规融资行为施加了额外成本。在金融机构依赖自身调查进行判断的情况下，地方政府倾向使用合规渠道进行债务融资，特别是经济发达地区，可以充分利用区域经济基本面优势从金融机构举借更多债务。基于以上分析提出以下研究假说。

假说1：行政问责通过成本效应使地方债务融资通过合规渠道提高负债水平，且经济条件较好的地区负债提升空间更大。

行政问责的成本效应反过来又会影响金融机构管理人员的行为决策。一方面，金融机构管理人员可以作为"跟随者"观察和分析成本效应下的债务人行为。根据《预案》中的规定，"省级政府对本地区政府性债务风险应急处置负总责"，金融机构管理人员据此对省级政府产生救助预期：由于省级政府对下级政府债务负总责，因此，省级政府存在帮助下级政府处理好债务问题的倾向，整顿违规融资，避免下级政府触发问责，引发中央追究省级政府领导责任和监管责任。另一方面，行政问责也会作用于金融机构管理人员：实施行政问责后，金融机构管理人员也在被处罚范围内，事后会因违规提供资金或违规要求、接收行政机构出具增信或救助文书，受到监察机关和监管机构追责处罚。因此，金融机构管理人员失去违规融资的内在激励，在融资决策上更依赖自身机构内部调查结果，更关注城投企业自身状况和城投企业所属地区经济环境、政府税收、财政平衡等因素，降低了自身参与地方政府举债融资的沟通成本和操作成本，在尽职调查后倾向于将资金配给符合条件的城投企业。基于以上分析得出以下假说。

假说2：行政问责强化了金融机构对省级政府债务责任的预期，降低了金融机构管理人员对"隐性担保"的自我激励和操作成本，基于区域经济情况给予城投企业融资资金，导致城投企业负债水平上升。

（二）偿债策略

不同情境下，政府债务的不同偿债策略对社会福利的影响不同。常规情境下，如果采用项目回流资金直接偿还相应政府债务，能减少地方政府债务规模，降低债务风险，减轻经济对政府投资的依赖，但政府债务"借新还旧"

策略的经济效应更值得关注①。如果经济体处于劳动力总量增幅大于资本长期回报率，快速的资本累积可能导致长期情况下出现经济低效，政府债务借新还旧可以吸收多余资本，消除资本代际累积引发的经济低效。同样地，如果政府对债券免征收益税，并且债券的总规模增幅低于税收增幅，那么借新还旧是可行的，但债务负担仍会代际传导，损害后代利益。

而在存量债务既定情况下，行政问责会强化借新还旧偿债策略。在中国制度背景下，虽然地方政府可以通过土地出让、财政补贴等方式要求城投企业偿还债务，但持续的"稳经济""稳投资"任务，使地方政府公共支出压力持续累积，决策者仍有通过城投企业扩大债务缓解财政压力的动机。如果存量债务发生违约，将触发行政问责机制，因此举债决策者背负历史存量债务风险的防范职能。帮助城投企业达到举债融资的门槛条件，再将存量债务本金利息，以及未来流动性资金需求、新增投资需求纳入下一轮举债融资计划，可以快速清偿存量债务，避免爆发风险事件引发金融机构全市场追偿，规避行政问责。但借新还旧的偿债策略，将提高举债主体负债水平。在具体操作上，除了将存量债务本金利息纳入下一轮融资计划，还可能在同一城市控制的不同城投企业之间集中债务的方式，隐藏、遮蔽或者后移债务风险。基于偿债策略分析，提出以下研究假说。

假说3：城投企业通过借新债偿还旧债或集中债务方式，缓解存量债务偿债压力，降低问责概率，进而使债务主体负债水平提高。

第三节　研究设计

一、模型设定

行政问责在 2016 年第一次由国务院公开提出后，各省、自治区、直辖市政府于 2017 年发布对下级政府的省级《预案》，该事件可视为在政府债务领域对地级市进行的一项政策试验。本章采用双重差分法，以 2017 年省级行政问责作为准自然实验，研究其对地方政府债务融资的影响。双重差分基准模

---

①　部分金融理论将借新还旧偿债策略称为"Ponzi 偿债策略"。

型如下：

$$Lev_{it} = \alpha_0 + \alpha_1 did_{it} + \alpha_2 X_{it} + \alpha_3 X_{jt} + u_i + v_t + \varepsilon_{it} \qquad (7-1)$$

其中，下标 i 表示企业，t 表示年份，Lev_{it} 表示第 i 个企业在第 t 年的资产负债率。did_{it} 是核心政策解释变量：如果企业属于城投企业，且观测值在 2017 年及之后，则 $did_{it} = 1$，否则 $did_{it} = 0$。X_{it} 是企业层面的控制变量，参考企业资本结构理论相关文献，包括资产报酬率、有形资产占比、盈利能力（净利润/主营业务收入）、企业规模（资产规模对数）、税率（应缴所得税/利润）、非债务税盾，以及资产负债率一期滞后项[1]。X_{jt} 是第 i 个国企所属第 j 市的城市控制变量，包括：城市经济发展水平、产业结构、财政压力、住宅地价、官员晋升压力。u_i 和 v_t 分别控制企业固定效应和年份固定效应，ε_{it} 为随机误差项。α_1 是本章关注的核心解释变量估计系数，其经济含义为行政问责机制对以城投企业负债率为指标的地方政府举债融资行为的影响。

二、变量描述

（一）被解释变量：企业资产负债率

参考企业资本结构理论，本章使用企业资产负债率测度负债水平。资产负债率指标可以优化债务指标设定：首先，使用资产负债率可以缓解负债规模、债券规模的单一角度测度问题。债务规模的增加并不意味着负债水平的提高，与债务相匹配的企业资产所带来的偿债能力也很重要，因此包含资产规模的资产负债率能更好地测度决策者举债融资意愿。特别是官方金融市场要求发行债务工具的企业必须公开披露财务信息，与负债规模对应的资产规模能从侧面衡量企业举债和偿债能力。其次，能够避免债券规模数据滞后问题。使用城投企业的债券余额、债券发行数据能反应地方政府融资意愿，但新的研究表明债券规模具有滞后性，因为很大一部分债券是"借新还旧"策略下，为偿还前期债务的被动举债融资行为，使用企业年度时点的资产负债率衡量举债意愿在会计口径上更加全面。最后，规避了债券的异质性问题。使用债券发行规模数据做被解释变量，会忽略债券期限、发行时点等债务要约对政府举债行为的影响，容易引发指标测量偏误。

---

[1] 根据资本结构权衡理论，上一期资产负债率偏离潜在"最优资产负债率"，企业在当期会往最优资产负债率进行调整，即本期资产负债率受上一期资产负债率影响。

（二）企业层面控制变量

参考企业资本结构理论，选取的企业控制变量如下。

（1）企业经营盈利能力，使用 ROA 衡量（ ROA_{it} ）。盈利能力的降低可能影响当年现金流的不确定性，降低企业获得外部融资的能力。因此，盈利能力是导致资产负债率变动的原因之一。

（2）有形资产占比（ Tng_{it} ）。有形资产占比是企业转型的重要表现，说明企业经营方式是朝着"重资产"还是"轻资产"方向变化。银行等传统金融机构更关注企业有形资产带来的偿债能力，因此有形资产占比是影响资产负债率的因素之一。

（3）盈利能力，使用销售利润率衡量（ $ProfitPercent_{it}$ ）。盈利水平的提高意味着企业的内部资金更多，会降低企业对于外部融资的需求。因此，企业的盈利能力的不断上升是整体负债率变化的一个影响因素。

（4）企业规模，使用总资产对数来衡量（ $lnAssets_{it}$ ）。根据企业资本结构理论，资产规模越大的企业，破产的概率或倾向越低，为维持运营可能采用较高的资产负债率。因此企业规模是影响企业资产负债率的重要因素之一。

（5）税率，使用所得税除以利润总额来衡量（ $IncomeTaxToProfit_{it}$ ）。税率是决定企业资本结构的一个非常重要的因素，因为企业使用债权的方式融资需要支付利息，利息的支出降低了企业税前利润，一定程度降低了所得税，起到一定税盾的作用。

（6）非债务税盾（ $NonDebtTaxShield_{it}$ ）。与债务的税盾类似，折旧也可以降低企业的税前利润，降低了企业应缴税收，因此被称为非债务税盾，与债务类税盾有互相替代的关系，对企业资产负债率有一定影响。

（三）城市层面控制变量

由于本章的研究对象是国企，理论分析部分的金融机构自主调查评级内容指出，城投债务受到当地经济、政府、社会等客观条件影响，因此，选取城市层面的控制变量包括：（1）城市经济水平，使用国企所在城市人均 GDP 衡量（ $perGDP_{it}$ ）；（2）产业结构，使用所在城市第二产业 GDP 占比衡量（ $Dier_{it}$ ）；（3）公共预算压力，使用一般公共支出超过收入百分比衡量（ $fisscalPressure_{it}$ ）；（4）政府性基金预算压力，使用该市当年政府性基金支出超过收入比例衡量（ $FundPressure_{it}$ ）；（5）住宅地价，通过搜集各市年度住宅土地出让价款和面积计算得到（ $housePrice_{it}$ ）；（6）晋升压力，使用各市当年市委书记和市长年龄对样本当年所有书记、市长平均年龄的差值衡量（$ShujiGap_{it}$、$ShizhangGap_{it}$）。以上变量的描述性统计如下。

表 7-1 变量描述性统计

变量名	观测值	均值	标准差	最小值	最大值
Lev	17963	52.36	16.13	0.01	125.50
ROA	17984	2.29	2.50	−54.28	60.83
Tng	17959	40.47	19.60	−66.42	100.00
ProfitPercent	17871	21.11	25.17	−21.89	178.30
lnAssets	17880	5.14	1.09	−7.55	10.29
IncomeTaxToProfit	17862	17.64	35.05	−1270	1469
NonDebtTaxShield	17145	0.77	1.52	−1.86	37.72
perGDP	1686	5.59	3.39	0	28.97
windDier	1686	44.44	10.08	10.60	75.50
fiscalPressure	1686	1.90	1.72	−0.420	13.24
FundPressure	1686	19.15	44.01	−91.42	675.8
housePrice	1686	2682	3735	5.62	42651
ShujiGap	1686	0	3.19	−10.99	16.01
ShizhangGap	1686	0	3.47	−13	12

备注：部分企业在金融市场债务工具到期偿付后，财务数据停止披露，因此部分样本企业某些年份的观测数据缺失。

三、数据说明

本章选取全国各城市政府实际控制，且已在银行间、沪深交易所发行债务工具的国有企业作为研究样本，通过 Wind 金融终端搜集样本企业2014—2019 年财务数据，构建企业层面的变量指标。样本国企分为两大类，城投企业和非城投国企。因城投企业主要承担公益类项目建设，属于《预案》行政问责范围，因此，设为政策处理组；非城投国企属于工业、材料、能源、可选消费、日常消费、信息技术、医疗保健 7 个行业，是营利性地方国企，因此设为控制组。展开实证研究前，对样本进行如下处理：（1）剔除国家部委、省级政府及所属行政机构、高等院校等非城市政府实际控制的国有企业；（2）剔除金融类国有企业；（3）剔除被样本国企控股的子公司样本；（4）剔除在 2014—2019 年间发生过实际控制人变更的样本企业。最终样本企业共 3550 个。

城市层面控制变量数据来自国泰安数据库和《中国城市统计年鉴》，并与 Wind 金融终端区域经济数据库复核校准。对缺失的城市层面经济数据，以手工方式搜集各地方政府统计公报、《统计年鉴》等官方资料予以补齐。最终，城市数量为 281 个。

第四节 实证结果分析

一、基准回归结果

双重差分基准模型估计结果如表 7-2 所示。列（1）未加入企业控制变量、城市控制变量、个体固定效应和时间固定效应；列（2）仅加入企业层面控制变量；列（3）加入了企业控制变量和城市控制变量；列（4）是全样本基准回归结果，加入了企业控制变量和城市控制变量，并控制了个体固定效应和时间固定效应。回归结果发现，所有回归结果的核心政策变量系数估计值均为正，在 5% 的统计水平上显著，表明行政问责机制显著提高了城投企业负债水平。列（4）的系数估计值为 0.548，说明相对不实施行政问责的情况下，城投企业因行政问责政策，相较非城投国企显著提高 0.548% 的资产负债率。基准回归结果证实了行政问责引发债务主体负债水平进一步提高的假说。

表 7-2 双重差分基准回归结果

变量	（1）	（2）	（3）	（4）
	Lev	Lev	Lev	Lev
did	4.585***	0.192**	0.327***	0.548**
	(35.22)	(2.48)	(3.55)	(2.34)
L. Lev		0.148***	0.142***	0.142***
		(29.78)	(27.04)	(14.44)
ROA		−0.341***	−0.341***	−0.328***

续表

变量	（1） Lev	（2） Lev	（3） Lev	（4） Lev
		（-9.61）	（-9.32）	（-5.57）
Tng		-0.682***	-0.682***	-0.682***
		（-122.62）	（-117.03）	（-33.24）
ProfitPercent		0.003	0.004	0.003
		（1.36）	（1.60）	（0.89）
lnAssets		1.190***	1.478***	1.368***
		（7.82）	（8.35）	（3.14）
IncomeTaxToProfit		0.003	0.004	0.003
		（1.10）	（1.16）	（0.72）
NonDebtTaxShield		-0.781***	-0.722***	-0.724***
		（-7.97）	（-7.14）	（-3.45）
perGDP			-0.103***	-0.083
			（-3.10）	（-1.59）
windDier			-0.007	-0.004
			（-0.58）	（-0.27）
fiscalPressure			0.030	0.005
			（0.15）	（0.02）
FundPressure			-0.003	-0.003
			（-1.44）	（-1.42）
housePrice			-0.000	-0.000**
			（-1.03）	（-2.05）
ShujiGap			-0.004	0.008
			（-0.25）	（0.38）
ShizhangGap			0.028**	0.026*

变量	（1）	（2）	（3）	（4）
	Lev	Lev	Lev	Lev
			（2.07）	（2.04）
Constant	50.585 ***	67.347 ***	67.230 ***	67.300 ***
	（677.08）	（72.39）	（54.79）	（22.63）
个体固定效应	No	No	No	Yes
时间固定效应	No	No	No	Yes
Observations	17,963	12,952	12,022	12,022
R-squared	0.079	0.765	0.768	0.769
Number of id	3,474	3,217	3,115	3,115

注：表中括号内数据为系数估计值的 t 统计量。***、**和*，分别表示估计值通过 1%、5%和 10%的显著性水平的统计检验，下同。

二、假设检验

（一）平行趋势检验

双重差分法要求在政策出台之前，处理组和控制组的资产负债率维持基本平行的时间趋势，以此证明实证结果的有效性。图 7-1 显示，行政问责政策出台前，处理组和控制组的资产负债率均值的时间趋势基本平行，证实了平行趋势假设。行政问责落地的 2017 年及以后年份，非城投国企资产负债率均值遵循"降杠杆"方针开始降低，但城投企业的平均资产负债率仍在上升，侧面证实了行政问责的潜在政策效应。

根据图 7-1，非城投国企资产负债率高于城投国企。从企业理论分析，由于非城投国企从事营利性非公益性的生产经营活动，多为主营业务收入较为充裕的工业、能源、消费等企业，因此，能凭借大量现金流资金获得较强借贷能力，负债水平更高。根据样本企业财务数据，非城投国企的年主营业务收入均值为 114.6 亿元，城投企业仅为 33.7 亿元，营收均值差异说明非城投国企营业收入能力强于城投企业。

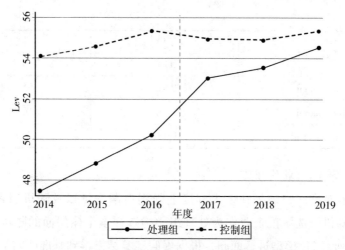

图7-1　处理组和控制组企业资产负债率时间趋势

（二）排除其他政策干扰

为了检验基准回归结果在多大程度上受其他政策的影响，本章将政策时间分别提前1年和推后1年，从时间进行反事实安慰剂检验。表7-3分别表示政策发生年份提前到2015、2016年的情况，二者系数在均不显著，检验结果表明，将政策时点提前或延后，政策变量的系数估计值变得不显著，处理组企业的资产负债率没有因政策实施时间提前或延后发生显著变化，说明是2017年的政策事件提高了城投企业资产负债率。

表7-3　政策随机性检验

变量名称	(1)	(2)
	Lev	Lev
*did*2016	0.453	
	(1.72)	
*did*2018		0.206
		(1.08)
企业控制变量	Yes	Yes
城市控制变量	Yes	Yes
个体固定效应	Yes	Yes
时间固定效应	Yes	Yes

续表

变量名称	(1) Lev	(2) Lev
Observations	12,022	12,022
R-squared	0.763	0.762
Number of id	3,115	3,115

(三) 随机生成处理组

为检验基准回归结果在多大程度上受到遗漏变量以及随机因素的影响，此处通过随机筛选城投企业作为处理组，构造样本个体层面的随机实验，按照表 7-2 列 (4) 模型进行回归，根据虚假实验结果得到基准回归估计系数的概率来判断结论的可靠性。为确保安慰剂检验的可信度，此处进行了 500 次随机抽样，最后绘出政策变量 did_{it} 的估计系数分布图，基于此来验证城投企业资产负债率是否显著受到除行政问责因素外的其他因素的影响。如果估计系数分布在 0 附近，则意味着模型并未遗漏掉足够重要的影响因素，也就是说，基准分析中的影响效应的确是由于行政问责政策发生带来的结果。如图 7-2 所示，随机抽样的虚假双重差分处理组估计系数集中分布于 0 附近，证明基准模型中不存在严重的遗漏变量问题，基准回归结果仍然稳健。

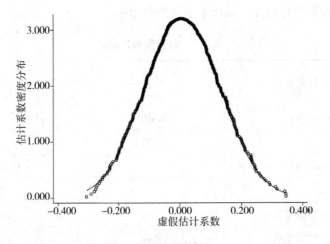

图 7-2　安慰剂检验

第五节 稳健性检验

为确保研究结论的稳健性，对双重差分基准模型进行如下稳健性检验。

一、样本数据缩尾

为避免某些企业在某些年份极端值的影响，此处使用 Stata 的 winsor2 命令对样本资产负债率和连续型控制变量进行 1% 和 99% 缩尾处理后，重新对式（7-1）进行回归。估计结果如表 7-4 列（1）所示，对极端值进行缩尾后，行政问责政策变量系数估计值变大，仍然在 5% 的水平上显著。

二、动态模型

资产负债率是企业年度财务指标，可能与企业当年其他财务指标产生相互影响的内生性问题。同样地，金融机构在调查是否向城投企业提供融资时，往往以前一年区域经济指标作为重要参考。此处将双重差分模型设定为包含前定一期企业控制变量和城市控制变量的动态模型，如表 7-4 列（2）、（3）所示，核心政策变量的估计值仍然显著为正，基准回归结果仍然稳健。

三、变更被解释变量

为保证研究结论的稳健性，此处通过 Wind 金融终端搜集了样本企业流动比率倒数（流动负债/流动资产）作为新的被解释变量，对式（7-1）进行回归。结果如表 7-4 列（4）所示，核心政策变量的回归结果仍然显著为正。政策变量估值为 2.439，高于表 7-2 列（4）总资产负债率（总负债/总资产）的 0.548，说明行政问责更多地作用于城投企业 1 年内或 1 个营业周期内的短期债务融资行为，因此对流动性资产负债的政策效应更加显著，侧面证实地方政府举债融资存在债务短期化趋势（假说 3）。

四、变更样本容量

省级行政问责主要作用于地级市，但我国直辖市没有下属地级市。另外，我国 4 个直辖市属于经济强市，其政府债务融资能力超过全国其他地级市正常水平，可能导致回归结果因直辖市样本产企业产生内生性问题，因此剔除直辖市企业后再次回归。同时，我国有 5 个计划单列市，虽然这些市位于特定省份，但财政上大多与中央直接往来，针对地方政府债务融资的各省措施不施加于计划单列市①，也有必要予以剔除后再次回归。剔除直辖市和计划单列市的回归结果分别如表 7-4 列（5）、（6）所示，政策变量系数估计值仍然在 5% 的水平上显著为正，说明研究结论仍然稳健。

表 7-4 稳健性检验

变量名称	(1)	(2)	(3)	(4)	(5)	(6)
	Lev	Lev	Lev	流动比率倒数	Lev	Lev
did	0.878***	1.118***	0.931***	2.439**	0.357***	0.347**
	(3.13)	(3.42)	(2.91)	(2.54)	(2.79)	(2.56)
企业控制变量	Yes	Yes	Yes	Yes	Yes	Yes
L. 企业控制变量	No	Yes	Yes	No	No	No
城市控制变量	Yes	Yes	Yes	Yes	Yes	Yes
L. 城市控制变量	No	Yes	No	No	No	No
个体固定效应	Yes	Yes	Yes	Yes	Yes	Yes
时间固定效应	Yes	Yes	Yes	Yes	Yes	Yes
Observations	14, 432	11, 650	11, 730	12, 034	10, 189	9, 460
R-squared	0.763	0.355	0.353	0.042	0.770	0.776
Number of id	3, 145	3, 038	3, 021	3, 114	2, 689	2, 501

---

① 根据财政部通报的问责案例，计划单列市的违规举债行为，与所在省份分开，单独通报。

第六节 作用机制分析

一、政府决策视角下成本效应的作用机制

理论分析提出,行政问责提高了政府决策者通过城投企业进行融资的潜在行政成本,决策者会通过合规市场融资渠道融资,因此城投企业负债水平提高。但不是所有城市都遭受过行政问责,对多数城市的融资决策者来说,行政问责是概率性的制度威胁,其真实效力是出现行政问责事件后,变成可信的确定事件,使决策者转向合规的市场化融资渠道。因此有必要筛选被问责处罚过的城市样本,这些地方的相关责任人因违规融资或风险事件被问责后,切实承担了惩罚成本,更能从实践说明行政问责内在作用机制。

另外,行政问责政策效应也存在地理上的外溢。部分问责案例会被省级政府通报省内各市政府,被各市政府借鉴。即使未被省内通报,相邻地方政府间存在横向学习,问责结果会通过正式或非正式渠道扩散传播。因此,书面的通报和决策者之间的横向学习会促进行政策效应扩散。

参考地理邻近的样本选择方法,手工整理财政部选取通报的 27 个城市及其邻近城市、同省所有城市作为样本检验成本效应的作用机制:(1)将样本容量缩小到被通报的 27 个城市国有企业,回归结果如表 7-5 列(1)所示;(2)将样本容量缩小到被通报的 27 个市和同省相邻的城市,回归结果如表 7-5 列(2)所示;(3)将被通报的 27 个城市所在的 11 个省市作为样本范围,回归结果如表 7-5 列(3)所示。(4)将通报的城市城投企业作为处理组,同省相邻未被通报城市的城投企业作为控制组,回归结果如表 7-5 列(4)所示。

表 7-5 政府决策成本的作用机制

变量名称	(1) Lev	(2) Lev	(3) Lev	(4) Lev
	问责城市	问责同省邻市	问责省份城市	通报/未通报城投
did	0.816*	0.390**	0.436**	0.025**
	(1.81)	(2.46)	(2.53)	(0.27)

续表

变量名称	（1）Lev	（2）Lev	（3）Lev	（4）Lev
	问责城市	问责同省邻市	问责省份城市	通报/未通报城投
企业控制变量	Yes	Yes	Yes	Yes
城市控制变量	Yes	Yes	Yes	Yes
个体固定效应	Yes	Yes	Yes	Yes
时间固定效应	Yes	Yes	Yes	Yes
Observations	3，104	5，927	6，454	3，104
R-squared	0.737	0.766	0.768	0.737
Number of id	781	1，555	1，704	781

　　表7-5回归的结果表明，行政问责存在成本效应。列（1）显示，选取被问责城市的城投企业和非城投国企政策变量的系数估计值为0.816，说明被问责后城投企业相对非城投国企将资产负债率提高0.816%，大于表7-2列（4）全样本基准回归系数估计值，说明被问责的城市政府决策者更大幅度提高了债务水平。同省相邻城市的政策变量系数估计值0.39，稍有降低，但仍高于剔除直辖市和单列市后的政策系数估计值①。这说明被问责城市的邻近城市在获悉政策可信后，感受到政策压力，也提高了资产负债率，说明政策效应存在区域外溢性。表7-5列（3）的政策变量回归系数估计值为0.436，也说明政策效应在省内存在区域外溢性。列（4）结果表明，被行政问责的城投企业相对未被问责的城投企业，也提高了资产负债率，这说明现实的行政问责增加了决策者压力，使其更进一步提高了当地城投企业的负债水平，避免发生违约而暴露债务风险。

二、金融视角下成本效应的作用机制

　　金融视角下，行政问责机制使金融机构对省级政府产生救助预期，降低自身对债务人违规行为的自我激励和操作成本，倾向给予更多资金支持，使得城投企业资产负债率上升。现有会计科目中，从金融机构获取融资的年度

---

① 被通报问责的城市为普通地级市，为确保对比口径一致，此处使用剔除直辖市和计划单列市后的地级市样本进行研究。

动态指标通常反映在现金流量表的筹资活动中，因此，继续使用筹资活动净现金流入超出流出比率 $FinanceInOut_{it}$ 作为中介变量检验金融视角下的行政问责成本效应。

构造式（7-2）、（7-3）的中介效应模型检验金融视角的成本效应：

$$FinanceInOut_{it} = \alpha_0 + \alpha_1 did_{it} + \alpha_2 X_{it} + \alpha_3 X_{jt} + u_i + v_t + \varepsilon_{it} \qquad (7-2)$$

$$Lev_{it} = \alpha_0 + \alpha_1 did_{it} + \alpha FinanceInOut_{it} + \alpha_2 X_{it} + \alpha_3 X_{jt} + u_i + v_t + \varepsilon_{it}$$

$$(7-3)$$

其中，$FinanceInOut_{it}$ 是第 i 企业第 t 年筹资活动现金流流入超过现金流出的比率，单位为%。如果取值增大，说明企业加大了筹资力度，获得比筹资活动流出更大比例的资金；如果取值减小，说明企业降低了筹资力度，获得比筹资活动流出资金更少比例的资金。其经济解释是：由于行政问责开始实施，金融机构对地方政府举债融资予以更高意愿的支持，给予企业更多债务资金，使得企业资产负债率提高。

表7-6　金融视角下成本效应的作用机制

变量名称	（1）FinanceInOut	（2）Lev
did	589.794 ***	0.495 ***
	(3.79)	(2.25)
FinanceInOut		0.010 ***
		(3.07)
企业控制变量	Yes	Yes
城市控制变量	Yes	Yes
个体固定效应	Yes	Yes
时间固定效应	Yes	Yes
Observations	14, 249	14, 249
R-squared	0.018	0.760
Number of id	3, 138	3, 138

表7-6列（1）结果显示，行政问责显著提高了筹资活动现金流入比率，

说明城投企业和金融机构受行政问责影响，较大幅度增强了筹资活动。列（2）为加入中介变量的回归结果，可以看出行政问责的政策效应仍在1%的水平上显著，但小于表7-2列（4）的全样本基准估计值，说明从金融视角分析，行政问责显著提高了城投企业资产负债率。

三、偿债策略的作用机制

理论分析部分还提出，属于同一政府实际控制的多家城投企业，在同一决策者管理下，可能存在企业间集中债务的行为，例如通过集中债务到某一主体的方式，避免多个城投企业承受债务压力，多点触发行政问责使得被问责概率增加。因此，有必要将企业层面的处理组、控制组财务数据，汇总到城市层面，再观察回归结果，检验是否存在债务集中现象。本章将企业资产负责率汇总到城市的具体算法如下：

$$Lev_{jt} \mid_k = \frac{\sum_{i=1}^{N_a} Liability_{ijt} \mid_k}{\sum_{i=1}^{N_a} Assets_{ijt} \mid_k} \qquad (7-4)$$

其中，$Lev_{jt} \mid_k$ 是第 j 城市在第 t 年，其 k 产业的城市层面资产负债率。$k=1$ 时，为城投产业；$k=2$ 时，为上文7个非城投的产业。$\sum_{i=1}^{N_a} Liability_{ijt} \mid_k$ 是第 j 城市第 t 年对应 k 产业所有国企负债规模的合计数，其分母为国企资产规模的合计数。通过以上算法，将城投处理组、非城投控制组变量汇总到城市层面。同样地，其他企业层面财务指标也依据式（7-4）汇总到城市层面，式（7-1）使用的城市层面控制变量予以保留。

表7-7　城市层面的资产负债率

变量名称	（1） Lev	（2） Lev	（3） Lev	（4） Lev
did	1.136***	2.065***	1.219***	0.952**
	(3.26)	(3.81)	(2.89)	(2.53)
城市控制变量	Yes	Yes	Yes	Yes
时间固定效应	Yes	Yes	Yes	Yes
个体固定效应	Yes	Yes	Yes	Yes

续表

变量名称	(1) Lev	(2) Lev	(3) Lev	(4) Lev
Observations	1686	558	564	564
R-squared	0.720	0.570	0.682	0.686
Number of id	281	93	94	94

汇总后的回归结果如表7-7所示。列（1）是281个城市城投行业和非城投行业的双重差分回归结果，回归结果为正且显著，说明行政问责提升了城市层面的城投资产负债率。城市层面的核心政策变量系数估计值为1.136，高于企业层面的基准回归结果0.548，说明行政问责对城市层面的债务融资决策政策效应更大。根据式（7-4）的算法分析，城市层面的政策效应更大，说明债务融资决策者可能将债务集中在个别城投企业，通过转移、集中债务的方式降低多主体的管理成本，集中风险点，降低爆发债务风险事件的概率。

表7-7列（2）～（4）是按人均GDP将城市分为高、中、低的3组回归结果。分组回归结果显示，对经济发展水平不同的城市，行政问责的作用方向相同。但在系数大小上存在差异：对经济发展水平靠前的城市（前1/3），行政问责的影响较大，使城投行业负债率提高2.065%；对经济发展水平偏后（后1/3）的地区影响较小，使城投行业负债率提高0.952%。原因是经济发达地区的地方政府财力更强，下属城投企业的经营能力、偿债能力也更强，金融机构采集各城市经济社会信息进行内部评级，也会重点关注该城市经济发展水平，因此，经济发展水平靠前的城市更容易提升负债水平。

第七节 结论与建议

中国的地方政府债务管理是一个复杂且重要的问题，直接关系到国家经济的稳定与可持续发展。地方政府通过举债建设当地基础设施，是现代市场经济体制下的规范做法。然而，不规范的债务管理可能导致财政风险累积，威胁经济安全和社会稳定。因此，建设好地方政府债务管理制度，是维护宏观经济稳定的重要前提。

2017年实施的行政问责制度，目的在于提高地方政府举债的透明度和合规性，促使地方政府决策者通过市场化渠道合法合规地举借债务，促使金融机构加强内部控制，减少对违规融资的支持。本章通过分析城市城投企业和非城投国企的财务数据及经济社会数据，发现行政问责机制的实施，显著提高了地方城投企业的资产负债率。特别是经济较为发达的城市，行政问责的政策效应更为明显，政策的出台在不同地区存在差异性和外溢性。

基于上述研究，本章就如何进一步健全地方政府债务管理制度，防范化解债务风险，提出如下政策建议。

（1）建立地方国企负债的全口径监测和监督体系。建议加快建设地方政府全口径债务监测平台，将监测范围扩大至地方国企所有筹资活动、表内负债和或有偿付义务，省级、市级、县级人大机构可依据监测统计结果审查债务，帮助中央和省级政府、金融监管机构及时掌握各地债务详细信息。

（2）升格地方政府债务风险评估和预警对象。建议以省以下各级政府为单位，针对地级市、区县和各级开发区管委会，使用监测工作获得的信息，参考企业债务风险理论，建立对一级政府的整体性债务风险评估和预警体系。

（3）加快城投行业市场化、法治化改革。建议从中央层面规范国企债务有关法律条文和司法解释，强制国企债务人向金融机构举债时，共同约定企业债务"不属于政府融资行为""与债务人对政府应收账款等资金往来不存在连带责任关系"等条款，避免政府与国企的委托代理关系产生逆向选择和道德风险。

第八章

债务演化背景下偿债能力评估机制

第一节　地方政府偿债能力评估背景

评估地方政府偿债能力，是防范化解债务风险的关键前提。党中央和国务院先后将完善偿债能力评估机制，防范化解地方政府债务风险作为各级政府财政工作重点。2014年9月，国务院印发《关于加强地方政府性债务管理的意见》（国发〔2014〕43号），要求财政部根据各地区一般债务、专项债务、或有债务等情况，测算各类指标，评估各地债务风险状况。2021年3月，国务院印发《关于进一步深化预算管理制度改革的意见》（国发〔2021〕5号），提出完善以债务率为主的政府债务风险评估指标体系，综合评估政府偿债能力。2022年10月，党的二十大报告指出，要完善风险监测预警体系，强化经济、金融等安全保障体系建设，主动防范化解风险。因此，如何完善地方政府偿债能力评估机制，防范化解政府债务风险，进而维护财政安全、经济安全乃至国家安全，是本章研究的起点。

因为经济增长、财政体制、土地市场、金融分权等原因，我国已形成较大规模的政府债务。基于不同口径的债务数据，学术界对地方政府偿债能力展开相关研究，研究方法上大致可分为指标测算和模型模拟两大类。指标测算法采用地方政府管辖区域的经济、财政、金融、政府治理等数据，使用熵值法、模糊综合评价、主成分分析等方法，先计算出地方政府综合偿债能力的指标权重，再统计出政府间偿债能力横向比较指标。模型模拟法则是将包含随机函数的理论模型优化，以适用于评估地方政府偿债能力，再使用区域经济和各地债务数据估计参数，模拟未来时点违约概率以及经济变量受影响情况。世界发达国家大多采用类似方法评估政府偿债能力，但他们主要基于分权型财政体制背景，使用国家或地区经济、债务数据检验政府偏离跨期政府预算约束公式的财政行为，评估拉弗曲线等财政反应函数的具体参数，最终评估政府债务是否可持续。纵观过往研究，评估政府偿债能力，多数基于财政体制、制度背景，使用静态指标进行，但对债务动态演化问题尚无系统性探讨，亟需从债务演化背景出发丰富和拓展地方政府偿债能力评估机制的研究。

回顾历史，我国金融业实现分业经营后，金融工具、资金用途、法律关系的不断创新，推动地方政府债务持续演变，进而给科学、合理、准确评估地方政府偿债能力带来挑战。虽然创新能促进资金分配更加高效，减少市场主体的融资约束，提升业绩，但创新也意味着政府偿付义务的复杂化，给评估政府偿债能力造成困难。特别是 2008 年以来，我国金融市场创新速度加快，诸如电子商业承兑汇票、股票质押式回购、资产支持证券等新型金融工具相继出现，这些工具在地方政府债务领域的广泛运用，使得地方政府债务加速演化，债务规模和债务风险的不确定性增大：一方面，导致政府债务内容难以准确界定；另一方面，金融工具本质上作为法律关系协议，其快速创新会导致政府偿债的义务和边界模糊。在多级政府委托代理关系框架下，下级政府有动力使用新型金融工具规避上级监管，引发政府纵向间财政机会主义行为。现有关于政府偿债能力的相关文献中，鲜有围绕债务演化背景优化地方政府偿债能力评估机制的研究。因此，基于现实和学术需要，在债务演化背景下完善地方政府偿债能力评估机制，进而防范化解债务风险，具有很好的研究价值。

第二节　地方政府债务演化的趋势分析

2014 年修订的《预算法》允许省、自治区、直辖市用于建设投资的部分资金，可在国务院确定限额内，通过发行地方政府债券方式筹措。自此债务问题可分为负有无条件偿还责任的"政府债务"和一定条件下负有偿还责任的"或有债务"。截至 2021 年末，地方政府在全国人大批准限额内的政府债务余额为 30.47 万亿元，同比增长 18.7%；其中一般债务 13.77 万亿元，同比增长 8.1%，专项债务 16.70 万亿元，同比增长 29.2%（见表 8-1）。

表 8-1　全国地方政府债务现状（单位：亿元）

年份	地方政府债务		一般债务		专项债务	
	余额	同比增长	余额	同比增长	余额	同比增长
2016	153558	4.06%	98313	6.15%	55245	0.54%
2017	165100	7.52%	103632	5.41%	61468	11.26%
2018	184619	11.82%	110485	6.61%	74134	20.61%
2019	213098	15.43%	118671	7.41%	94427	27.37%
2020	256611	20.42%	127393	7.35%	129217	36.84%
2021	304700	18.74%	137709	8.10%	166991	29.23%

数据来源：《中国财政年鉴》、财政部官网。

《预算法》修订后，国务院同步出台了一系列文件，规范地方的债务融资行为。但随着金融市场不断创新，债务问题呈现新的变化趋势。

一、再融资债券占比迅速上升

近年来，部分地方政府的一般债券和专项债券本金到期后使用再融资债券延续，再融资债券比例迅速上升。根据国务院《关于加强地方政府性债务管理的意见》（国发〔2014〕43 号），发展无收益的公益性事业确需政府举债的，由地方政府发行一般债券，相应纳入一般公共预算偿还；有一定收益的公益性事业，由地方政府发行专项债券融资，相应使用政府性基金或专项收入偿还。以上一般债券、专项债券本金到期后，可以再发行债券偿还本金。因此，2020 年"再融资债券"开始出现，2020 年、2021 年地方政府分别发行再融资债券 1.89 万亿元和 3.12 万亿元。其中，2020 年再融资债券发行规模占全部地方政府债券发行规模的 29.4%，2021 年提升至 41.6%，再融资债券占比迅速上升[1]。2021 年发行的地方政府再融资债券中，一般再融资债券为 1.79 万亿元，占当年再融资债券规模的 57.4%[2]；专项再融资债券为 1.33

---

[1] 数据来源于财政部官网。

[2] 数据来源于 Wind 金融终端，搜集地方政府债券明细分类计算获得。

万亿元，占当年再融资债券的42.6%①。两类债券再融资规模占比较大，一方面说明各地暂时无法使用预算收入偿还全部存量债务，另一方面说明各地政府相关项目有持续资金需求。整理政府债券发行人分布，再融资比例较高的发行主体，大多位于中国西部、北部，经济较为发达的珠三角和长三角省市使用再融资债券比例较低（见图8-1），说明经济发达省市政府偿债能力较强。由此说明我国地方政府偿债能力的地区不均衡趋势较为明显。

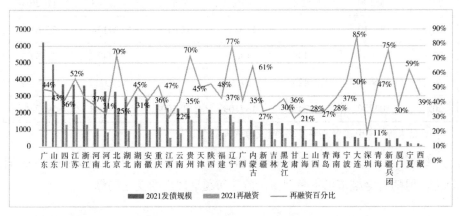

图8-1　2021年地方政府分类债券发行规模（单位：亿元）

数据来源：Wind金融终端。

二、债券资金用途不断延伸

"黄金法则"要求，基于代际公平原则，政府债务募集的资金应该用于公益性资本支出，不能用于经常性支出。2019年6月，中共中央办公厅、国务院办公厅印发《关于做好地方政府专项债券发行及项目配套融资工作的通知》（厅字〔2019〕33号），允许将专项债券资金作为重大项目资本金，例如铁路、公路、供电、供气等重大民生项目。但实践中，这些资金大多流向省级金融投资控股集团，用于向地方城市商业银行和农村商业银行注入资本金。经测算，截至2022年9月末，各地专项债券募集资金用于资本金的规模约995亿元②。虽然形式上是注资地方性商业银行，但实质上是帮助地方商业银

---

① 数据来源于财政部官网。

② 数据来源于Wind金融终端，搜集地方政府债券明细后按"债券资金用途"筛选加总获得。

行重新满足核心资本充足率等监管指标，使其恢复经营能力。这可能在财政上产生预算软约束问题，削弱地方政府偿债能力。如果国有企业发生亏损，地方使用债券资金注资高杠杆经营的银行，向其提供援助，这种行为将产生预算软约束问题，也会加剧预算软约束问题：地方政府使用债券募集资金注资银行后，利用银行进行"准财政"活动，放大债务资金杠杆，最终转嫁给财政承担银行经营亏损，削弱地方政府偿债能力。①

三、城投负债规模增长迅速

城投企业是社会各界关注的政府或有债务主体，其融资行为受经济社会和政策影响较大，因此针对地方政府债务的研究大多使用城投债券发行额、余额、利率等作为地方政府债务变量。但在评估地方政府偿债能力时，已有文献较少关注城投债券以外的其他负债科目。搜集 Wind 金融终端 3038 家地方城投企业财务数据发现，截至 2021 年末，城投企业合计负债规模约 79.34 万亿元，同比增长 12.84%。但以上地方城投企业同期债券余额为 12.72 万亿元，仅占负债规模 16%。债券占负债比例较低，侧面反映出城投企业对外偿债义务较存量债券总额更大，但评估偿债能力时很少将它们纳入考察范围。因此有必要关注公开债券以外其他负债的趋势和内容。

随着城投企业负债规模持续增长，非债券类的新型信用工具陆续出现违约事件，引发市场对地方城投企业偿债能力的关注。2022 年 9 月末，上海票据交易所披露 46 家城投企业商业承兑汇票持续逾期，较 8 月环比增加 7 家。商业承兑汇票是由企业签发的短期融资工具，企业作为出票人签发汇票后，负有保证汇票到期承兑和付款责任。上海票据交易所公告汇票持续逾期兑付名单，说明部分地方城投企业未能兑现到期付款责任，这也从侧面反映出地方城投在发行债券之外，依托新型金融工具，积累了一定规模其他负债或偿付义务。不仅反映出这些企业的偿债负担过重，同时也印证部分地方政府承担较大或有偿债义务，有可能带来新的债务问题。

---

① KORNAI J. The soft budget constraint [J]. Kyklos, 1986 (1): 3-30.

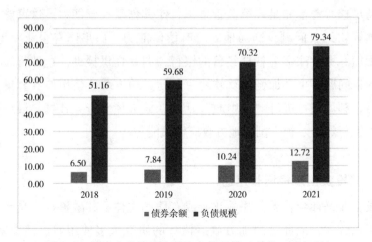

图 8-2 城投企业债券余额和负债规模（单位：万亿元）

数据来源：Wind 金融终端城投企业财务数据。

四、城投企业对外担保规模增大

城投企业作为地方政府发展公益事业的重要主体，融资决策具有较强的非市场化色彩，为外部企业担保是较为普遍的现象。除商业承兑汇票等信用工具外，城投企业对外担保也会间接削弱地方政府偿债能力。整理以上地方城投企业 2021 年财务数据发现，对外担保规模低于 1 千万元的城投企业仅306 家，占全部城投企业比例仅 10% 左右。虽然这些城投企业 2021 年末总负债规模为 79.34 万亿元，所有者权益为 53.89 万亿元，但对外担保合计约 9.2万亿元，占总负债规模的 11.6%，占所有者权益的 17%。地方城投企业户均对外担保 30.27 亿元，即每家地方城投企业平均对外提供 30.27 亿元"净信用资源"。本质上看，企业对外担保等于使用股东财富进行风险投资，承担的风险额度以净资产大小为限。如果对外担保余额占净资产比例越高，则股东所面临风险越大，股东财富总价值将因此而降低。城投企业的股东是地方政府，因此其对外担保占净资产比率偏高，将减少地方政府可用财富总量，进而降低地方政府偿债能力。另外，担保将使城投企业和银行间产生道德风险和逆向选择，本应由银行承担贷款的信用风险，最终被转嫁给城投企业承担，削弱地方政府偿债能力。

五、部分隐性债务逐步显性化

历经 20 多年渐进式社会保障体系改革，我国已建立比较完备的社保就业、公共卫生、养老服务、社会救助等一系列公共服务体系，政府不断加大民生领域投入规模，大幅提升了人民群众的获得感和幸福感。但与此同时，以上各类财政刚性支出使各级政府财政支出压力不断增加，财政资金可持续性问题引起各方关注。以基本养老保险为例，财政统计数据显示，2018 年到2020 年三年间，社会保险基金预算收入中，地方财政补贴金额分别为 1.74 万亿、1.88 万亿、2.07 万亿，分别占当年社保基金预算支出的 25.1%、23.4%、24.3%①，财政补贴规模呈逐年增加趋势。随着新生儿出生率下降和经济增速放缓，社会保险收入增速下降，有学者使用中国养老体系构建转制债务模型发现，在基准情景下中国养老金存量债务将在 2031 年达到峰值 19.82 万亿元，流量债务峰值将在 2035 年达到 1.28 万亿元。未来社会保险资金的债务将逐渐显性化，削弱各级地方政府的偿债能力。

第三节　债务演化对地方政府偿债能力评估的影响

一、再融资债券的影响

相对新增债券，再融资债券对地方政府偿债能力的代表性更强。首先，再融资债券是过往一般债和专项债本金到期的延续，说明地方政府未能使用一般公共预算收入、政府性基金收入和专项收入进行偿还，而是发行再融资债券借新还旧。因此，相对新增债券及其测算出的债务指标，再融资债券更能说明地方政府对借新还旧的依赖度，更能代表地方政府偿债能力。其次，发行再融资债券，可能衍生"公共池"问题。既然存量债务可以让市场继续承担，各地会忽视本金偿债责任，放松专项债项目收益的回收监督，将争取更多新增债券额度作为工作重心，助长个别地方政府超过自身偿债能力进行借债。再次，限额管理制度下再融资债券会快速挤占债务限额空间。整理各

---

① 根据历年《中国财政年鉴》社会保险基金预算收支数据测算。

省债务余额和限额发现，截至 2021 年末，大部分省、自治区的债务限额使用率已经超过 90%（见下表）。

表 8-2　2021 年末各省债务限额使用率

省份	债务限额使用率	省份	债务限额使用率	省份	债务限额使用率
天津	98.7%	广东	94.3%	陕西	90.7%
湖南	98.3%	吉林	93.9%	青海	90.6%
黑龙江	97.9%	甘肃	93.8%	江西	89.8%
重庆	96.7%	内蒙古	93.7%	宁夏	89.5%
浙江	96.6%	四川	93.5%	福建	89.4%
贵州	96.0%	新疆	92.5%	云南	89.3%
湖北	95.2%	海南	92.3%	河北	89.1%
山西	95.1%	安徽	92.3%	河南	86.9%
山东	94.6%	江苏	91.1%	北京	77.8%
广西	94.5%	辽宁	91.0%	上海	69.4%

注：数据来源于 Wind 金融终端。限额使用率是各省债务余额占获批限额比率。以上省市中，因西藏调整预算，予以剔除。

二、金融工具创新的影响

现行地方政府偿债能力评估工作很难及时跟上金融工具的快速进化与创新，即评估技术赶不上政府偿付义务的快速错配和变化。金融工具本质上是约定资金偿付法律关系的"合约"，其核心内容是双方的权利义务。针对权利义务的创新使"政府债务"只是政府偿付义务的一部分，或有债务成为评估偿债能力的难点。首先，政府机构、事业单位、城投企业对外签订合约，虽然约定偿付义务，但在签订当时和未来一段时间，不构成借款。例如，城投企业开具的电子商业承兑汇票计入"应付票据"科目，但未到期前不是借款；又例如城投企业对外担保，既不计入企业带息债务，也不计入其他负债，只在企业会计报表附注里说明，如果企业不主动披露，很难摸底排查。其次，更多的新型金融工具将"当下债务"转为"远期偿付"义务，转换法律关系规避债务审计。例如股票质押式回购交易、资产支持证券，根据制度规定，它们是资产或应收账款的所有权人贴现（资本化）其未来收益权，是一笔关于资产收益权和未来现金流折算到现值的"交易"。但实质上合同约定了指定条件下所有权人的远期回购义务，本质上也是一笔"债务"。这些新型金融工具，给予地方政府和城投企业较大表外债务腾挪空间，现有地方政府偿债能力评估工作很难覆盖全部新型金融工具，由此给偿债能力评估带来挑战。

三、交叉金融创新的影响

金融机构在突破分业经营、分业监管限制后，与不同金融机构交互融合，通过产品嵌套、股权控制、类信贷金融工具等方法，设计和操作交叉型金融产品，将资金在"债权""股权""收益权"等法律关系间相互交织，形成链式金融关系，模糊了政府偿付义务的边界，进而客观上制约了评估地方政府偿债能力。

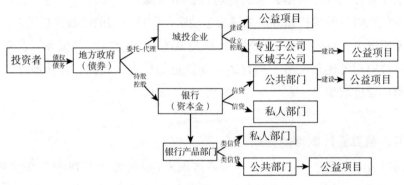

图 8-3　链式金融关系

如图 8-3 所示，常规情况下，政府和地方城投企业之间就公益项目建立"委托—代理"关系，由地方城投企业使用政府委托的政府债券资金建设公益项目。城投企业接受委托后，也可基于项目的专业性或地域性，成立城投专业子公司或区域子公司，通过股权投资，让最终承建方建设公益项目，以上资金链条是"债权→委托代理→股权"的三层链式金融关系。城投企业或城投企业专业子公司、区域子公司在建设项目时，会使用商业承兑汇票等金融工具筹集配套建设资金，获得政府资金或项目收益后，履行对外偿付义务。这些对外偿付义务是政府和城投企业"委托—代理"关系的延伸。随公益项目进行，城投企业对地方政府形成较大规模应收账款和应收票据，也会影响到地方政府偿债能力。例如，从 Wind 金融终端搜集的地方城投财务数据发现，2021 年末，这些企业应收账款及应收票据总规模高达 5.78 万亿元，占资产规模的 4.3%。

特殊情况下，如果政府将募集的债券资金用于补充地方商业银行资本金，将使链式金融关系进一步延伸。使用债券资金，对地方商业银行完成注资后，银行可以在表内使用信贷资金或保函等金融工具，向公共部门提供配套资金建设公益项目；银行也可以通过其控股或内设的产品部门募集社会资金，再次向公共部门提供类信贷金融服务，例如上文提到的股票质押式回购交易、商业承兑汇票等创新型金融工具。此时，主体间的金融关系就延伸转变为"债权→股权→股权→类信贷"的四层链式关系。在四层链式金融关系下，如果银行无法从公共部门收回相关款项，则信贷和类信贷工具将转化为银行的不良资产，要么银行在表内计提风险准备，承担不良资产损失，地方财政部门再次注资补充核心资本；要么打包转让给金融资产管理公司进行核销，将公共部门与银行的债权债务关系转为金融资产管理公司的股权产权关系。

基于以上，政府和各主体间的法律关系进一步复杂化，"债务"已不能完整衡量政府对外偿付义务，偿付边界变得更加模糊，因此，评估地方政府偿债能力的难度增加。

四、预算会计制度的影响

2017 年，《政府会计准则——基本准则》（财政部令第 78 号）正式施行，要求各级政府、部门和单位，以收付实现制为基础编制政府决算报告，以权责发生制为基础编制政府财务报告。根据该文件，决算报告向社会公众披露，财务报告不向社会公众披露。随后财政部修订印发《政府财务报告编制办法（试行）》（财库〔2019〕56 号）和《政府综合财务报告编制操作指南（试行）》（财库〔2019〕57 号）等一系列配套文件，选取部分中央部门和省市作为试点推广政府财务报告编制工作。截至 2020 年，已编制财务报告的中央部门 108 个，已经覆盖全部省市，初步构建起政府财务报告编制框架体系，政府财务报告制度已进入全面推进、提质定型阶段。但受制于政府财务报告的交互性、复杂性和敏感性，目前政府财务报告的公开制度尚在研究，因此评估地方政府偿债能力，仍然基于收付实现制的预算会计制度。而收付实现制存在以下几方面问题有待改进。

一是统计口径方面。我国政府预算会计制度长期使用收付实现制，无法科学、合理、准确地反映一级政府偿债能力。而基于权责发生制的财务报告编制完整的静态和动态财务报表，既能直接反映政府的筹资活动、投资活动、资源配置活动的状态和状况，也能间接揭示政府财务活动的效率和能力。但我国公开披露的政府决算报告实行收付实现制，仅披露静态的年度预决算报表。虽然提供的会计信息能反映政府和事业单位的资金流入、流出和结余信息，但不能完整反映政府中期、长期对外支付义务。现实中涌现出的新型金融工具、或有债务和法律关系创新充分说明了收付实现制度对评估偿债能力的帮助有限。

二是偿债资源方面。收付实现制的决算报告不披露四本预算的存量资产，因此很难完整体现政府可支配资源总量。政府持有的资产（固定资产、无形资产）、承担的负债（直接债务、或有债务）无法体现在收付实现制的报表中，现有地方政府偿债能力评估大多使用区域经济指标（人均 GDP）做替代性指标。但财政本身具有自动稳定器功能，经济增速放缓后，人均 GDP 下降会引发财政可支配资源减少，可是政府存量资源的实际价值不一定随经济环境变化而下降，存量资源更能体现政府作为公共主体所具有的偿债能力大小。以上问题在现有预算会计体系无法获得相应数据，制约了评估地方政府偿债能力的客观性和准确性。

第四节　构建适应债务演化趋势的地方政府偿债能力评估机制

基于以上分析，必须构建适应债务演化趋势的地方政府偿债能力评估机制，有效防范地方政府债务风险。

一、建立综合偿债能力评估指标矩阵

现阶段的地方政府偿债能力评估，大多基于直接显性债务的流量和存量指标进行计算。在流量上，将一般债务、专项债务规模与一般公共预算、政府性基金预算收入相比较确定限额；在存量上，将存量债务占 GDP 比重的债务率作为主要评估指标。而在金融加速创新的背景下，有必要对现有地方政府偿债能力指标进行优化改进，从宏观和微观两个层面建立更加科学合理的地方政府综合偿债能力评估指标矩阵。为此，参考经典的政府债务风险矩阵，

本章从宏观和微观两个层面，初步设计出地方政府偿债能力指标矩阵（如表8-3所示）。

表8-3　地方政府综合偿债能力评估指标矩阵

	微观偿债能力指标 （政府直接偿债能力）	宏观偿债能力指标 （政府间接偿债能力）
非经营性偿债能力指标（与市场机制无关的偿付能力）	· 一般债务率（-） · 一般再融资债务率（-） · 一般债务依存度（-） · 公共财政赤字率（-） · 一般债务限额剩余空间（+） · 一般债券组合久期（+） · 社会保险基金即期赤字率（-）	· 区域人均税收贡献（+） · 人均政府债务规模（-） · 区域人均GDP（+） · 60岁以上人口占比（-） · 社会保险基金远期赤字率（-）
经营性偿债能力指标（与市场机制有关的偿付能力）	· 专项债务率（-） · 专项再融资债务率（-） · 专项债依存度（-） · 政府性基金预算赤字率（-） · 专项债务限额剩余空间（+） · 专项债券组合久期（+） · 已储备国有土地价值（+） · 政府对当地国企的股东权益（+）	· GDP增速（+） · 第三产业占比（+） · 社会融资规模与银行贷款规模比率（-） · 地区银行不良资产率（-） · 地区城投资产负债率（-） · 地区城投利息保障倍数（+） · 地区城投对外担保占股东权益比率（-）

注：以上括号内正负符号分别表示该指标对地方政府偿债能力的正向、负向影响。

　　表8-3将地方政府偿债能力分为非经营性和经营性两类。其中，非经营性偿债能力指标，是由政府资源配置职能演化而来，是政府因掌握政治权力和承担财政事权而影响偿债能力的各类指标，具有固定性、法定性。这类偿债能力的变化与市场资产价格波动关联性弱，不依附于市场，是地方政府可以主动预测、主动控制的偿债能力指标。经营性偿债能力指标，是政府参与市场经济事务而承担的，影响对外偿付能力或担保能力的指标，这类偿债能力指标与政府参与市场经济事务的广度和深度，以及市场资产价格波动密切相关，是地方政府无法自主控制的偿债能力因素。

　　除了上述非经营性和经营性偿债能力指标，还可以从地方政府直接或间接承担偿债义务和获取偿债资源的角度将指标划分为两类：微观偿债指标和宏观偿债指标。其中，微观偿债能力指标是地方政府直接负担支付义务或掌握偿债资源，由各级政府部门参与社会资源二次分配后已经获取可用于偿债的各项指标；宏观偿债指标是各级政府不直接掌握，但政府间接负担支付义务或间接掌握偿债资源，未来可由地方政府通过税收、政府投资等财政渠道从市场间接获取或承担，间接影响政府偿债能力的各项指标。

以上地方政府综合偿债能力评估指标矩阵，最终可划分为四种类型的偿债能力指标，即微观非经营型偿债能力、微观经营性偿债能力、宏观非经营性偿债能力、宏观经营性偿债能力。表8-3中指标涉及多个城投企业的，使用该地区所有城投企业资产、负债、息税前利润、财务费用作为基础数据汇总后计算。例如"地区城投利息保障倍数"指该地区所有城投息税前利润与利息费用（财务费用）之比，用于衡量该地区城投支付利息费用的能力大小，该指标越大则地方政府及其国企体系偿债能力越强。

二、探索地方政府财务报告部分公开

《权责发生制政府综合财务报告制度改革方案》（国发〔2014〕63号）明确了在2020年完成政府财务报告公开制度的制定和发布工作。这一政策旨在提高政府财务管理的透明度，增强公共资源的管理效率，同时提升社会公众对政府财务活动的监督能力。

然而，从目前公开的地方财务审计工作报告来看，政府财务报告公开工作存在一系列挑战。首先，一些地方政府的财务核算不够规范，基础工作薄弱，这导致了财务报告的质量和可靠性不高。此外，基层财务人员在财务管理和报告方面存在能力不足的问题，对复杂的财政条款和操作缺乏准确的理解和执行能力。在细节上，一些机构之间的资金交往频繁且复杂，机构间数据抵消工作的处理不仅繁琐而且易出错。同时，财务报告信息系统与单位会计系统的接口不统一，增加了数据处理的复杂度和错误率。

针对这些问题，本文建议如下。

1. 试点实施

（1）按不同区域和政府层级选择试点：可以从经济发展水平不同的省份挑选出部分地级市和县作为试点，优先选择财务关系相对简单、基础工作相对健全的区县。试点地区应包括经济较发达的地区和欠发达地区，以覆盖不同类型的管理需求和挑战。（2）试点内容：试点内容可以从公开流动性较高的资产负债开始，逐步扩展到更多类型的财务信息，如固定资产、长期投资等。同时，也可以选择那些与市场关联度较低、社会关注度较高的公共服务部门（如教育、科研、文化、卫生等）开始公开，逐步扩大到其他部门。

2. 反馈与改进

（1）建立反馈机制：通过社会各界对试点财务报告的反馈，收集意见和建议，定期评估公开效果，并根据反馈调整和优化报告内容和格式。（2）公开后的质量控制：加强对公开财务报告的质量控制，确保信息的准确性和时效性。对于发现的问题需要迅速响应和修正，保持公开内容的高标准和高质量。

3. 激励与支持

（1）财政支持与奖励机制：对于积极参与财务报告公开的地方政府，中央和省级政府可以提供必要的财政支持和技术帮助，包括资金支持、人员培训和技术系统的升级。（2）建立激励机制：通过设立评价体系和奖励机制，激励地方政府和部门提高财务报告的质量和公开的积极性。奖励可以包括财政奖励、表彰以及更多的政策自主权等。

三、加快地方政府从"管理型"向"服务型"转变

随着中国改革开放的不断深入，经济已经从高速增长阶段转向高质量发展阶段。这一转变不仅需要地方政府在经济活动中的角色发生根本性变化，更要求各级地方政府必须从"管理型"向"服务型"转变，以更好地适应经济社会发展的新要求。

1. 深刻理解"管理型"与"服务型"政府的区别

"管理型"政府主要聚焦于经济建设，通过直接或间接参与市场活动、强化政府在资源配置中的主导角色来推动经济发展。而"服务型"政府则着重于提供公共服务，通过优化政府职能、强化社会保障和公共服务的供给，满足公民的基本生活需求和促进社会公平正义。

2. 识别政府债务与经济事务的关系

在过去的发展过程中，地方政府为了推动经济增长，往往通过增加债务来扩大基础设施投资，这在短期内有效促进了地区经济的快速增长。然而，这种做法也使得政府的债务负担加重，债务结构复杂化，并导致政府在经济事务中的过度介入。这种介入往往使得政府角色与市场功能发生冲突，不仅影响市场的正常运行，还可能导致资源配置的低效率。

3. 转型的必要性与挑战

经济的成熟不仅意味着市场体系和企业结构的成熟，同样也要求政府角色的适应性调整。政府需要逐步缩减在市场经济活动中的角色，转而强化在教育、医疗、社会保障等公共服务领域的作用。然而，转变过程中面临的挑战包括：（1）事权和支出责任的重新划分——需要清晰界定中央与地方在公共服务中的责任和职能范围；（2）财政压力的管理——随着向民生领域的支出倾斜，地方政府可能会面临更大的财政压力，如何平衡有限的财政资源与不断增长的公共服务需求，是一个重大挑战；（3）公众期待的管理——公众对高品质公共服务的期待不断提高，如何满足这些期待并有效管理公众的"政府兜底"预期，是亟需解决的问题。

为实现从"管理型"向"服务型"政府转变，地方政府可以采取以下策略。

（1）优化财政支出结构：逐步减少对传统基础设施项目的投资，增加对教育、医疗、社会保障等公共服务的支出。

（2）优化事权与支出责任：明确中央与地方政府在各类公共服务领域的事权和支出责任，避免职责重叠和资源浪费。

（3）提高财政资金使用效率：通过采用现代化管理工具和技术，例如大数据和云计算，提升财政资金分配和使用的透明度和效率。

（4）增强公共服务供给能力：通过政府购买服务、公私合作等多元化方式，引入社会资本参与公共服务事业，提高公共服务供给的质量和效率。

（5）建立评估与反馈机制：建立健全的政策评估机制，确保政策的实施效果能够得到实时监控和评估，根据反馈及时调整政策方向。

四、加快地方政府从"管企业"向"管资本"转变

国有资本经营预算的收支规模相对较小，而地方政府更倾向于通过注入国有土地等资源到企业中从而参与经济运作。这种做法虽然在短期内能够快速推动地方经济发展，但长期来看，会使得政府的债务边界模糊，增加财政的隐性债务风险。特别是在土地市场降温的当下，原有依靠土地财政的模式已不可持续，必须寻求新的经济增长点和财政收入方式。

在当前中国经济转型和土地市场降温的大背景下，地方政府的角色和功能转变显得尤为迫切。传统上，地方政府通过掌握国有企业，特别是城投公

司，在地方经济发展中扮演了举债和投资的双重角色。然而，这一做法不仅加剧了财政风险，也影响了市场的公平竞争。因此，将地方政府的角色从"管企业"转向"管资本"，是实现经济高质量发展的重要策略。

（1）建立国有资本投资和运营公司：推动以"管资本"为主导的国有资本投资公司和运营公司改革，这些公司专注于资本管理而非直接干预企业日常运营，可以更加专业和市场化地进行资产管理。

（2）明确地方政府与企业的界限：实现预算和资本分开、所有权与经营权分开，确保政府职能回归到宏观调控和公共服务，减少政府直接参与市场竞争。

（3）优化土地资源配置：在土地市场降温的背景下，重新评估和规划国有土地的使用和开发策略，避免过度依赖土地出让收入，探索多元化的土地增值方式。

（4）加强财政和债务管理：清晰政府和企业的债务边界，将举债等经营事务决策权归还企业，政府则通过加强监管和风险评估来确保财政的可持续性。

（5）创新财政收入机制：在土地市场收入减少的情况下，探索包括环保税、消费税等新型财政收入来源，以及通过公私合营模式激发市场活力，增加财政收入。

（6）加强国有企业改革：深化国有企业改革，推动企业向现代企业制度转型，提高管理水平和经济效益，减少对政府的依赖。

（7）推动区域协调发展：鼓励地方政府间的协作和资源共享，优化区域资产配置，提升整体经济效益和竞争力。

五、分级认定系统重要性机构清单

在中国经济转型和土地市场降温的背景下，地方政府的财政收入和偿债能力面临新的挑战。为了应对这些挑战，亟需进一步提高地方政府债务管理的透明度和效率。建议由中央职能部门分级认定地方政府辖内系统重要性机构清单。可以参考中国人民银行等发布的《系统重要性银行评估办法》（银发〔2020〕289号）以及事业单位分类改革方案，采用因素法、专家打分等方法，对各级地方政府辖区内各行政机构、事业单位和国有企业（含城投企业）进行分级认定。这种分级认定基于机构的职能、贡献以及性质，按照其在地方经济和社会发展中的重要性从低到高进行排序。这不仅有助于明确各类机构的功能和责任，也能使政府和市场的边界更加明确和清晰，可以进一步提升国家治理能力。

通过这样的分级，初步建立功能明确、运行高效、治理完善的政府管理体制和运行机制。这种机制能够确保在资源配置和政策执行中，重要性高的机构优先考虑，从而有效支持地方经济的稳定和发展。同时，这种分级也有助于政府在进行财政预算和资金分配时，更加科学和合理地安排资源，避免资源浪费和效率低下。

而且，在土地市场降温的当前环境下，传统依赖土地销售的财政模式已经不可持续。因此，地方政府需要寻找新的收入来源和财政支持方式。这种情况下，合理评估和利用地方政府系统内部的资产和资源尤为重要。通过对机构进行重要性分级，地方政府可以更有效地识别和利用那些可以带来长期财政收入、公共利益和社会效益的资产，比如通过优化国有企业的结构和提高其运营效率，或是通过创新的公私合作模式来开发和利用土地资源，以实现更加多元和可持续的经济发展模式。

最后，这种分级制度还能为地方政府债务管理提供重要支持。通过对机构的重要性进行评估，可以为每个机构的债务赋予不同的权重。这种权重系统不仅有助于评估整个地方政府的偿债能力，还能够在债务重组和风险管理中发挥关键作用。例如，对于系统重要性高的机构，政府可能需要制定特别的风险控制措施和债务管理策略，以确保这些机构的稳定运行不会受到财政困难的影响。

第九章

债务风险化解的对策建议

第一节　研究结论

21世纪是互联互通的世纪，我国地方政府债务，不仅仅是融资平台等国有企业的债务，也不仅仅是地方政府的债务，更是和全社会密切联络的债务。虽然这类债务问题错综复杂，但通过分析债务链条的下游资金走向，可以发掘我国地方政府债务的主要成因。前期学者通过计量方法证明了我国地方政府举债的各类原因，包括官员晋升激励、财政压力、招商引资、经济发展、人口增长等，本书则通过案例分析、理论模型模拟、计量实证等方式识别了我国地方政府债务的金融成因。

首先，本书对Z市H集团的一级土地开发模式进行了案例分析。通过深入挖掘Z市S商务区的整理开发流程，揭示了常用的"一级开发"模式，实际上是具有较强金融属性的"远期结算"模式。土地是政府、房地产企业、购房者的债信基础要素，围绕土地，整个房地产开发经历了从一级开发到最终销售环节的债务叠加过程。一级开发阶段的债务、房地产开发阶段的债务、销售阶段的债务不断累积扩增，共同构成了我国金融机构信贷的重要组成部分，最终在房屋销售和土地出让环节实现清偿，具有较强的金融属性。这种模式具有非常多的优点，债务不体现在财政预算内，可以避免受限于《预算法》等制度约束，使得投融资操作便利，并且可以捆绑各类用途的土地，实现整体连片开发。但这种模式存在规模不可控，债务隐性化等风险。

其次，本书将不同部门的债务率冲击引进DSGE模型，使用我国宏观经济数据估计参数，进行方差分解和脉冲响应，得出结论：虽然地方政府债务的内生原因包括政治晋升、财政压力等，但购房者、房地产企业的债务率，和地方政府面临的债务率等是地方政府债务的核心外生成因。相对于晋升、财政压力、住房需求等主观性较强的影响因素，DSGE模型的结论指出，地方政府债务，实际上是围绕房地产债务的一个中间环节或者上游环节。地方政府类似生产生活资料（土地）的唯一供应商，在一级市场、二级市场拥有绝对的市场力量，因此作为唯一上游供应商，必然受整个产业链条下游的债务率影响。该部分的研究指出，最直接影响地方政府债务的是地区债务杠杆率，其次是购房者的债务杠杆率、房地产企业的债务率。该章节的结论为我国继续实施购房"限贷"调控提供了坚实理论依据。

然后，通过手工搜集整理，梳理出我国278个地级市2008—2017年10年间，经济金融数据和城投债余额、发行额的数据进行GMM回归。数据实证发现，地方政府债务在时间维度上存在较大"粘性"，地方政府围绕城市发展开展交通行业类、市政公用事业类投资建设时，举借的债务显著受到上期（上年）债务正反馈作用。而且杠杆率提升对我国地方政府债务有非常显著的正向影响。实证结果支持了之前的章节结论，即金融信贷杠杆率是致使地方政府形成债务的重要原因。从结论看，杠杆率对地方政府债务余额影响较大，超过财政赤字对债务的影响力。该部分的结论还通过替换变量等稳健性检验措施得到巩固。计量模型结论还发现，政府依托土地举借的债务存在"自发生长"现象：滞后一期的债务规模系数大于1，即上一期债务增长了，本期债务将以更加快的速度增长，存在债务规模增长的"加速度"和债务"自发增长"的正向反馈扩大机制。

最后，本书深入剖析了与土地市场紧密关联的地方政府债务所产生的经济效应，揭示了其如何通过"单向棘轮效应"固化地方政府对房地产市场的干预、软化财政预算约束、影响企业投资决策并扭曲居民预期，同时在宏观层面引发"低利率+低通胀"与"高利率+高通胀"的风险抉择困境。在此基础上，本书继续对现有债务管控措施（行政问责机制）的实际效力进行了实证检验，发现在实践中，出于规避问责和维持运转的压力，行政问责机制可能促使地方融资平台通过合规渠道进一步提高负债水平，例如采取"借新还旧"策略，这凸显了现有管控机制面临的挑战与复杂性。面对债务影响的深远性和管控的现实困境，本书进一步研究了地方政府债务形式的持续演化趋势——包括再融资债券占比激增、募集资金用途延伸、城投企业非债券类负债与对外担保规模扩大，以及养老金等隐性债务逐步显性化等新情况，指出这些演化模糊了政府的真实偿债边界，使得传统的偿债能力评估机制滞后于风险现实。因此，为在土地市场降温背景下有效防范化解地方政府债务风险，本书强调必须构建适应债务演化趋势的偿债能力评估新机制，并提出具体建议：建立综合偿债能力评估指标矩阵，审慎探索政府财务报告的部分公开，加速地方政府职能从"管理型"向"服务型"、从"管企业"向"管资本"转变，并分级认定地方系统重要性机构，从而为健全地方政府债务管理、维护财政与经济稳定提供系统性的评估框架与治理对策。

第二节 政策建议

1. 积极落实中央"保持宏观杠杆率基本稳定"要求。从结论看，地方政府债务受地区杠杆率驱动，因此有必要调节金融机构货币政策和信贷政策，保持或降低各地区宏观杠杆率，尤其是降低地方政府授权的一级开发企业、房地产开发企业、购房者的贷款率，确保整个房地产开发链条借贷势能下降，积极推动信贷资源"脱虚向实"，从房地产这一第三产业转移到制造业和科技创新等战略产业上。重点管制银行土地信贷、房地产信贷的杠杆率，扩大房地产贷款集中度管理制度到土地一级开发业务，从信贷杠杆率这一根源上遏制地方政府债务。

2. 推动土地要素市场化改革，优化房地产制度，降低土地和房地产"金融属性"。研究发现，信贷资源深度介入土地和后续房地产开发进程，主要基于地方政府对一级土地开发的排他性垄断地位，具备较强金融势能，能强力吸引金融机构投入信贷资金。因此，有必要继续推动土地要素市场化改革，弱化地方政府对土地一级开发的垄断。例如依托土地利用集约化改革的契机，继续推动农村集体经营性建设用地入市的实施细则落地，稳妥放宽土地用途规划的限制，提高市场在土地资源中的配置作用，扩大市场"看不见的手"作用，收回政府干预市场所用的"看得见的手"，让市场在土地交易中发挥决定性作用。通过市场化改革，让土地市场的问题由市场主体承担，而非由地方政府包揽一切与土地有关的收支事务，这是解决地方政府依托土地举借债务的理性方案。另外，降低房地产业务的金融属性，强化购房贷款抵押率和利率的硬约束，严格管制除银行贷款之外的房地产信托贷款、第三方委托贷款、融资租赁和供应链金融等创新融资工具，坚决抑制房地产泡沫，避免房地产行业杠杆率进一步提升①。

3. 更加合理地划分财政和企业责任边界，建立一级开发"债务"和"业务"风险隔离墙，明确二者法律关系，硬化制度约束。一级开发企业债务的唯一偿债来源是地方政府性基金预算收入，即未来的土地出让收入。因此，应在授权一级开发的合同文本或国家司法机关法律解释中明确规定政府的连带责任边界，不能让一级开发商等债务主体因"道德风险""逆向选择"导致的债务违约和不当后果转嫁给地方财政，杜绝债务挤占财政"公共池"，避免让政府财政承担无限责任。另外，建议地方财政部门会同当地人民代表大会，制定明确的政府"委托—代理""授权管理"等约束文件，尤其对具有远期结算等时间错配属性和较强金融属性的财政收支行为进行规范，制定并公开相关的制度文件，建立与一级开发商债务的"防火墙"。

4. 更加广泛地运用市场约束。金融市场存在"国企信仰""城投信仰"，倾向在信息不充分情况下将信贷资源配置给国企、城投公司，有可能导致债务持续扩张，出现债务危机的自我实现（Self-fulfilling Debt Crisis）。建议加快地方全口径债务监测平台建设，利用金融大数据建立现代化的"政府—银行—企业"债务信息系统，全面摸底地方国企的全口径债务，适当向金融市场开放端口，披露国企、融资平台债务信息。对于不在债务监测平台披露范围的，正常情况下地方财政不对国企债务进行代偿，禁止地方财政以直接和间接等方式对非政府预算内债务进行偿付。

5. 建立财政的动态风险预警和评估机制。房地产市场维系着地方政府依托土地举借的债务，如果房地产市场出现风险苗头或危机，首先受影响的是土地市场，危机传导到一级开发过程，社会多方面公共事务将遭受打击。市场波动下，一方面一级开发商倾向观望，减弱拆迁整备力度，导致大量工程烂尾；另一方面被拆迁对象在房地产不景气情况下倾向保留土地，抵制拆迁。因此建议对房地产市场建立动态风险预警和评估机制，地方政府实时掌握当地房地产和一级土地市场信息，定期评估，理性预判债务的偿债来源情况，

---

① 郭树清. 完善现代金融监管体系［M］//《中共中央关于制定国民经济和社会发展第十四个五年规划和二○三五年远景目标的建议》辅导读本. 北京：人民出版社. 2020：287-294.

确保土地一二级开发流程稳妥运行，地方政府债务风险得到有效的防范化解。

6. 现代社会已是统一发展的动态整体，财政、金融工作必须协调配合，提高财政政策和金融政策的协同配合能力，在地方政府债务处理的关键性问题上由中央层面建立联席会议和部门间定期沟通机制，明确各部门权责和相应的追究制度，进而使财政和金融协调配合，保持对经济恢复的必要支持力度，实现中国社会经济全面协调发展。

第三节　研究机会

本书的研究内容在未来还有值得进一步拓展的空间。

1. 继续拓展理论模型，设定土地总量固定条件下的拆迁成本、出让收益相结合的 DSGE 模型。

2. 将金融机构和货币引入 DSGE 模型，进化为 NK-DSGE 模型，进一步将财政的债务政策和金融机构信贷政策、货币政策结合起来，更加深入研究各类机制路径。

3. 继续开展政府间举债方式、举债规模的"同群效应"实证研究，通过纳入政治距离、地理距离、经济距离的空间权重矩阵，定量测度地级市、区县级政府间的横向学习能力，定量测算地方政府的"学习模仿能力"。

4. 近年来，我国陆续发生地方政府专项债注资中小商业银行事件。可使用 2020 年资本金政策颁布时点作准自然实验，验证地方政府专项债对区域杠杆率的因果关系。

附录一：一级开发模式债券资金用途

证券简称	规模	期限（天）	资金用途
14Z 市 H-ZH 公司 MTN001	30	1 826	发行人本期中期票据募集资金为 30 亿元，主要用途如下： 1. 优化融资结构： 公司拟使用本期中期票据募集资金 70 000 万元用于置换融资利率相对较高，期限较短的银行借款。其中发行人商贸物流板块下属公司 Z 市 H-ZH 公司商贸控股有限公司拟使用 59 000 万元用于归还流动资金借款，截至 2014 年 3 月末，银行借款余额为 59 100 万元；发行人商贸物流板块下属公司 Z 市 H-ZH 公司汽车销售有限公司拟使用 11 000 万元用于归还流动资金借款，截至 2014 年 3 月末，汽车公司银行借款余额为 11 500 万元。上述拟使用募集资金归还的借款全部为银行表内流动资金借款 2. 补充营运资金： 发行人拟使用本期中期票据募集资金 100 000 万元，用于补充发行人商贸物流板块子公司 Z 市 H-ZH 公司商贸控股有限公司的营运资金 3. 项目建设： 发行人拟使用 13 亿元募集资金用于某金融中心大厦项目建设，募集资金使用金额占总投资额的 34.21%，其余资金自筹

续表

证券简称	规模	期限（天）	资金用途
15Z 市 H–ZH 公司 MTN001	8	1 826	发行人本期中期票据募集资金为 8 亿元，主要用途如下： 1. 优化融资结构：公司拟使用本期中期票据募集资金 61 000 万元用于置换融资利率相对较高，期限较短的银行借款．其中发行人商贸物流板块下属公司 Z 市 H–ZH 公司商贸控股有限公司拟使用 54 500 万元用于归还流动资金借款，发行人商贸物流板块下属公司 Z 市 H–ZH 公司汽车销售有限公司拟使用 6 500 万元用于归还流动资金借款 2. 补充营运资金：发行人拟使用本期中期票据募集资金 19 000 万元，用于补充发行人商贸物流板块子公司 Z 市 H–ZH 公司商贸控股有限公司的营运资金
15Z 市 H–ZH 公司 MTN002	7	1 827	本期中期票据募集资金 7 亿元，将用于补充公司营运资金和项目建设 补充营运资金 1.5 亿元：发行人商贸物流板块子公司 Z 市 H–ZH 公司商贸控股有限公司 项目建设 5.5 亿元：国际金融中心大厦项目建设
15Z 市 H–ZH 公司 MTN003	28	1 827	发行人本期中期票据募集资金 28 亿元，拟将本期中期票据募集资金 19.55 亿元用于支付 S 商务区会展商务组团（一期）回购款．拟将使用募集资金中的 8.45 亿元用于下属子公司项目贷款分期还款
15Z 市 H–ZH 公司 SCP001	3	270	首期超短期融资券拟募集资金 3 亿元，全部用于补充营运资金
16H–ZH 公司 01/02	40	1 826	公司拟将本次债券募集资金中的 31 亿元用于偿还公司金融机构借款，其余 9 亿元用于补充流动资金，该资金使用计划将有利于公司调整并优化债务结构，改善资金状况。 （一）偿还公司金融机构借款，优化公司债务结构 A 信托 41 400 B 信托 80 000 C 银行–D 信托 50 000 E 信托 28 600 F 信托 30 000 G 银行–H 信托 30 000 C 银行–I 信托 50 000 （二）补充流动资金 本次债券募集资金拟安排 9 亿元用于补充流动资金，帮助公司更好地应对经营规模扩张带来的流动资金压力，保障公司的中长期发展

续表

证券简称	规模	期限（天）	资金用途
16Z 市 H-ZH 公司 MTN001	20	1 826	本期中期票据募集资金 18.38 亿元用于支付 S 商务区会展商务组团（一期）回购款．募集资金中的 1.62 亿元用于下属子公司项目贷款分期还款
16Z 市 H-ZH 公司 MTN002	22	1 826	发行人本期中期票据募集资金 22 亿元，主要用途如下：拟将本期中期票据募集资金 11.40 亿元用于支付 S 商务区会展商务组团（一期）回购款．发行人拟将使用募集资金中的 10.6 亿元用于偿还下属子公司的项目委托贷款
16Z 市 H-ZH 公司 SCP001	17	270	10.2 亿元用于补充营运资金，6.8 亿元用于偿还银行借款 发行人 2016 年 7 月 31 日前到期的部分借款情况表（单位：万元） 借款主体金额 H 集团汽车公司 3 000.00 H 集团商贸公司 50 000.00 H-ZH 公司发展公司 15 000.00
16Z 市 H-ZH 公司 SCP002	10	270	发行人下属子公司 H 集团商贸公司拟使用本期超短期融资券募集资金 10 亿元用于补充营运资金
16Z 市 H-ZH 公司 SCP003	10	270	本期超短期融资券拟募集资金 10 亿元，其中 7.3 亿元用于补充公司运营资金，2.7 亿元用于偿还银行借款
16Z 市 H-ZH 公司 SCP004	13	270	发行人本次发行的 13 亿元超短期融资券的主要用途如下： 1. 补充营运资金：发行人下属子公司 H 集团商贸拟使用本期超短期融资券募集资金 2.5 亿元补充营运资金 2. 偿还银行借款：发行人本次拟使用本期超短期融资券募集资金 10.5 亿元偿还 2016 年内到期的部分短期借款，增加公司直接融资规模，优化公司融资结构，降低公司融资成本。具体如下表： 发行人 2016 年内到期的部分借款情况表单位：万元 借款主体 金额 H-ZH 公司发展 40 000.00 H 集团商贸 65 000.00

续表

证券简称	规模	期限（天）	资金用途
16Z市H–ZH公司SCP005	7	270	发行人本次发行的 7 亿元超短期融资券全部用于补充发行人下属公司 H 集团商贸的营运资金
16Z市H–ZH公司SCP006	20	270	发行人本次发行的 20 亿元超短期融资券的主要用途如下：发行人下属子公司 H 集团商贸拟使用本期超短期融资券募集资金 134 835 万元补充营运资金；发行人本次拟使用本期超短期融资券募集资金 65 165 万元偿还 2016 年内到期的部分短期借款，增加公司直接融资规模，优化公司融资结构，降低公司融资成本
16Z市H–ZH公司SCP007	20	270	发行人本期超短期融资券募集资金 20 亿元，主要用途如下：（一）发行人下属子公司 H 集团商贸拟使用本期超短期融资券募集资金 15 亿元补充营运资金。（二）发行人拟将使用募集资金中的 5 亿元用于偿还下属公司 H 集团商贸前期向 Z 市 H 集团财务公司的流动资金贷款
17Z市H–ZH公司SCP001	10	270	首期超短期融资券拟募集资金 10 亿元，全部用于偿还金融机构借款
17Z市H–ZH公司SCP002	10	270	发行人本次发行的 10 亿元超短期融资券的主要用途是补充营运资金和偿还银行贷款．发行人下属子公司 H 集团商贸拟使用本期超短期融资券募集资金 27 000.00 万元补充营运资金．发行人本次拟使用本期超短期融资券募集资金 73 000.00 万元偿还 2017 年内到期的部分短期借款，优化公司融资结构，降低公司融资成本
17Z市H–ZH公司SCP003	20	180	发行人本次发行的 20 亿元超短期融资券拟用于偿还 Z 市 H–ZH 公司发展有限公司 2016 年第六期超短期融资券
17Z市H–ZH公司SCP004	10	270	发行人本期超短期融资券募集资金 10 亿元，主要用途如下：（一）补充下属公司 H 集团商贸的营运资金（二）偿还金融机构贷款

证券简称	规模	期限（天）	资金用途
17Z市H-ZH公司SCP005	10	270	本次发行的10亿元超短期融资券拟用于偿还Z市H-ZH公司发展有限公司2016年第七期超短期融资券
17Z市H-ZH公司SCP006	8	270	本次发行的8亿元超短期融资券拟用于偿还Z市H-ZH公司发展有限公司2016年第七期超短期融资券
17Z市H-ZH公司SCP007	10	270	本次发行的10亿元超短期融资券的主要用途如下：补充营运资金和偿还Z市H-ZH公司发展有限公司2016年第七期超短期融资券
17Z市H-ZH公司SCP008	10	270	发行人下属子公司H集团商贸拟使用本期超短期融资券募集资金10亿元补充营运资金
17Z市H-ZH公司SCP009	12	270	发行人本次发行的12亿元超短期融资券的主要用途为补充营运资金
17Z市H-ZH公司SCP010	20	270	本期超短期融资券拟募集资金20亿元，全部用于偿还Z市H-ZH公司发展有限公司2017年第一期和第二期超短期融资券
18H-ZH公司01	20	1，826	本次债券发行规模为20亿元，募集资金扣除发行费用后，公司拟将本次债券募集资金中的20亿元偿还债务性融资
18Z市H-ZH公司SCP001	10	270	公司拟将此次发行的10亿元超短期融资券募集资金用于补充H集团商贸的营运资金缺口，用途符合国家法律法规及政策要求的企业生产经营活动

证券简称	规模	期限（天）	资金用途
18Z 市 H-ZH 公司 SCP002	10	270	本期募集资金拟用于补充子公司 H 集团商贸营运资金缺口
18Z 市 H-ZH 公司 SCP003	10	270	本期募集资金拟用于归还 H-ZH 公司发展及其子公司 H 集团商贸和 H 集团物业的有息负债
18Z 市 H-ZH 公司 SCP004	10	270	本期募集资金拟用于归还 H-ZH 公司发展及其子公司 H 集团商贸的存量债务
G18 H-ZH 公司 1	10	1 826	本次债券募集资金扣除发行费用后拟用于绿色项目建设、运营、收购或偿还绿色产业项目贷款 本次绿色债券提名项目共 2 个，总投资 444,500 万元，均采用直接投入的方式用于项目建设
19Z 市 H-ZH 公司 SCP001	10	270	本期募集资金 10 亿元，其中 3 亿元拟用于归还 H-ZH 公司发展及其子公司 H 集团商贸的存量债务，7 亿元用于补充子公司 H 集团商贸营运资金缺口
19Z 市 H-ZH 公司 SCP002	10	270	本期募集资金 10 亿元，全部用于补充子公司 H 集团商贸营运资金缺口
G19H-ZH 公司 1	5	1 827	本期绿色公司债券募集资金 5 亿元，扣除承销费后的募集资金全部用于偿还 H 集团国际金融中心大厦项目贷款
20H-ZH 公司 Y1	10	1 095	本期债券募集资金扣除发行费用后，将全部用于补充流动资金
20H-ZH 公司 Y2	10	1 095	本期债券募集资金扣除发行费用后，将全部用于补充流动资金

续表

证券简称	规模	期限（天）	资金用途
20H－ZH 公司 Y3	6	1 095	本期债券募集资金扣除发行费用后，拟用于偿还公司到期债务
20H－ZH 公司 Y4	10	365	本期债券募集资金扣除发行费用后，拟用于偿还公司到期债务
合计	506		

附录二：DSGE 模型系统方程组

第四章基础模型包含 23 个内生变量：

$\{R_t, B_{H,t}, P_{H,t}, H_t, X_t, K_{e,t}, I_{e,t}, C_t, W_t, N_t, R_{e,t}, Y_t, G_t,$
$Y_{H,t}, L_{S,t}, K_{F,t}, I_{F,t}, B_{F,t}, P_{L,t}, \lambda_{F,t}, C_{F,t}, B_{G,t}, \lambda_{G,t}\}$

模型包含的参数：

$\{\gamma \, \delta_H \, \delta_K \, \beta \, \varphi \, \psi_e \, A_e \, \mu \, \psi_K \, \alpha \, \beta_F \, \psi_F \, \beta_G \, \kappa \, \overline{L}\}$

均衡系统包含 23 个方程：

1. 住房投资者

$$R_{H,t}B_{H,t} = \theta_{H,t}E_t(P_{H,t+1}H_t) \tag{11}$$

$$E_t\gamma\Lambda_{t,t+1}\left[\frac{X_{t+1} + P_{H,t+1}(1-\delta_H-\theta_{H,t})}{P_{H,t}}\right] = 1 - E_t\frac{\theta_{H,t}}{R_{t+1}}\frac{P_{H,t+1}}{P_{H,t}} \tag{12}$$

$$\Lambda_{t,t+1} = E_t\left(\frac{C_{H,t}}{C_{H,t+1}}\right) \tag{6-13}$$

2. 家庭部门

$$K_{e,t} = (1-\delta_K)K_{e,t-1} + I_{e,t} \tag{14}$$

$$1 = \beta R_t E_t\left(\frac{C_t}{C_{t+1}}\right) \tag{15}$$

$$\chi_t C_t = X_t H_t \tag{16}$$

$$W_t = \varphi N_t^{\eta} C_t \tag{17}$$

$$1 + \psi_e\left(\frac{K_{e,t}}{K_{e,t-1}} - 1\right) = \beta E_t\left\{\frac{C_t}{C_{t+1}}\left[R_{e,t+1} + (1-\delta_K) - \frac{\psi_e}{2}\left(1-\left(\frac{K_{e,t+1}}{K_{e,t}}\right)^2\right)\right]\right\} \tag{18}$$

3. 实体企业

$$Y_t = A_e(N_t)^{1-\mu}(K_{e,t-1}^{\psi_K}G_{t-1}^{1-\psi_K})^{\mu} \tag{19}$$

$$W_t = (1 - \tau_t)(1 - \mu)E_t(\frac{Y_t}{N_t}) \tag{20}$$

$$E_t(R_{e,t+1}) = (1 - \tau_t)\psi_K\mu E_t(\frac{Y_{t+1}}{K_{e,t}}) \tag{21}$$

4. 房地产企业

$$Y_{H,t} = (L_{S,t-1})^\alpha (K_{F,t-1})^{1-\alpha} \tag{22}$$

$$K_{F,t} = (1 - \delta_K)K_{F,t-1} + I_{F,t} \tag{23}$$

$$R_t B_{F,t} = \theta_{F,t}E_t(P_{L,t+1}L_{S,t}) \tag{24}$$

$$1 = \beta_F E_t(\frac{C_{F,t}}{C_{F,t+1}})R_t + \lambda_{F,t}R_t \tag{25}$$

$$P_{L,t} - \beta_F\alpha E_t(\frac{C_{F,t}}{C_{F,t+1}}\frac{P_{H,t+1}Y_{H,t+1}}{L_{S,t}}) = \lambda_{F,t}\theta_{F,t}E_t(P_{L,t+1}) \tag{26}$$

$$1 + \psi_F(\frac{K_{F,t}}{K_{F,t-1}} - 1) = \beta_F E_t\{\frac{C_{F,t}}{C_{F,t+1}}[(1 - \alpha)\frac{P_{H,t+1}Y_{H,t+1}}{K_{F,t}} + (1 - \delta_K)$$
$$- \frac{\psi_F}{2}(1 - \frac{K_{F,t+1}^2}{K_{F,t}^2})]\} \tag{27}$$

$$C_{F,t} + P_{L,t}L_{S,t} + R_{t-1}B_{F,t-1} + I_{F,t} + \frac{\psi_F}{2}\left(\frac{I_{f,t}}{K_{f,t-1}} - \delta_k\right)^2 K_{F,t-1} = P_{H,t}Y_{H,t} + B_{F,t}$$
$$\tag{28}$$

5. 地方政府

$$G_t + R_{t-1}B_{G,t-1} = B_{G,t} + P_{L,t}L_t + Tax_t \tag{29}$$

$$R_t B_{G,t} = \theta_{G,t}E_t(P_{L,t+1}L_t) \tag{30}$$

$$1 = \beta_G E_t(\frac{G_t}{G_{t+1}})R_t + \lambda_{G,t}R_t \tag{31}$$

$$\ln L_t = \ln\overline{L} + \kappa\ln\left(\frac{P_{L,t}}{P_{L,t-1}}\right) \tag{32}$$

6. 市场出清条件

$$Y_{H,t} = H_t - (1 - \delta_H)H_{t-1} \tag{33}$$

$$Y_t = C_{H,t} + C_t + C_{F,t} + I_{F,t} + \frac{\psi_F}{2}\left(\frac{I_{f,t}}{K_{f,t-1}} - \delta_k\right)^2 K_{F,t-1} + C_{e,t} + I_{e,t}$$
$$+ \frac{\psi_e}{2}\left(\frac{I_{e,t}}{K_{e,t-1}} - \delta_K\right)^2 K_{e,t-1} + G_t + \tau_t Y_t \tag{24}$$

附录三：城投债的"一次核准，分期发行"

国家发展改革委关于某省 Z 市 H 集团有限公司
发行公司债券核准的批复
发改企业债券〔2019〕＊＊号
（银行间市场和深交所批复）

某省发展改革委：

你委《关于转报 2019 年 Z 市 H 集团有限公司申请发行公司债券申报材料的请示》（发改财金〔2019〕＊＊号）等有关申报材料收悉。经研究，根据《公司法》《证券法》和《企业债券管理条例》，现批复如下。

一、同意 Z 市 H 集团有限公司发行公司债券不超过 200 亿元。其中，公开发行部分（品种一债券）98 亿元，所筹资金 39 亿元用于科技园区和物流园区的开发与运营、农业、体育、电力生产等领域符合国家产业政策的项目，20 亿元用于政府出资产业投资基金和创业投资基金出资，39 亿元用于补充营运资金。非公开发行部分（品种二债券）批复内容见附件。

品种一债券募集资金不得借予他人，不得用于房地产投资和过剩产能投资，不得用于与企业生产经营无关的股票买卖和期货交易等风险性投资，不得用于弥补亏损和非生产性支出。

二、品种一债券一次核准，可分期发行。在各期债券发行前，发行人应公开披露募集资金拟投资的项目清单和偿债保障措施。

三、品种一债券期限不超过 10 年（含 10 年），各期债券的具体期限方案和发行时点由发行人根据市场情况和用款进度安排。本次债券采用固定利率形式，单利按年计息，每年付息一次，通过中央国债登记结算有限责任公司簿记建档发行系统，按照公开、公平、公正原则，以市场化方式确定发行利率。簿记建档区间应根据有关法律法规，由发行人和主承销商根据市场情况充分协商后确定。

四、品种一债券由主承销商＊＊证券股份有限公司、＊＊证券股份有限公司、＊＊证券股份有限公司、＊＊证券股份有限公司、＊＊证券股份有限公司、＊＊证券股份有限公司和＊＊证券股份有限公司负责组织承销团，以余额包销方式进行承销。

五、品种一债券为实名制记账式，采用簿记建档、集中配售的方式，通过承销团成员在银行间市场以及深圳证券交易所向机构投资者公开发行，并分别在中央国债登记结算有限责任公司和中国证券登记结算有限责任公司深圳分公司登记托管。本次债券上市后，机构投资者、个人投资者均可参与交易。

六、品种一债券应在批复之日起24个月内发行完毕。各期债券发行均应符合债券发行条件，发行期限不超过10个工作日。期间，如按照有关规定需更新财务审计报告的，应在各期债券发行首日前10个工作日报我委备案。

七、在品种一债券发行前，请你委督促发行人和主承销商按照有关规定进行信息披露。募集说明书等法律文件应置备于必要地点并登载于相关媒体上，募集说明书摘要应刊登于《中国经济导报》或其他媒体上。

品种一债券发行后，应尽快申请在合法交易场所流通或上市，发行人及相关中介机构应按照交易场所的规定进行信息披露。

八、发行人和主承销商应在品种一债券发行期满后20个工作日内向我委报送承销工作报告。

九、发行人应按照募集说明书披露的募集资金投向使用发债资金，如存续期内变更募集资金用途或发生其他对债券持有人权益有重大影响的事项，应符合相关法律法规和政策要求，按照有关规定或约定履行程序，并及时公告。

十、发行人应做好债券资金管理，认真落实偿债保障措施，确保债券本息按期兑付。债券存续期内，发行人和主承销商应于每年4月30日前，向我委报送上一年度募集资金使用和项目进展情况，以及本年度债券本息兑付资金安排和偿付风险排查情况，并由律师事务所对项目的合规性发表法律意见。

十一、发行人和主承销商应严格按照国家法律法规和我委有关规定要求开展债券发行和存续期管理工作。对违反有关规定的，我委将视情节严重程度采取相应监管惩戒措施。

国家发展改革委

2019 年 ＊ 月 ＊ 日

关于核准 **H-ZH** 公司向合格投资者公开发行
公司债券的批复
（证监会批复）

H-ZH 公司：

你公司报送的《H-ZH 公司关于面向合格投资者公开发行公司债券的申请》及相关文件收悉。根据《公司法》、《证券法》和《公司债券发行与交易管理办法》（证监会令第 113 号）等有关规定，经审核，现批复如下：

一、核准你公司向合格投资者公开发行面值总额不超过 30 亿元的公司债券。

二、本次公司债券采用分期发行方式，首期发行自我会核准发行之日起 12 个月内完成；其余各期债券发行，自我会核准发行之日起 24 个月内完成。

三、本次发行公司债券应严格按照报送我会的募集说明书进行。

四、本批复自核准发行之日起 24 个月内有效。

五、自核准发行之日起至本次公司债券发行结束前，你公司如发生重大事项，应及时报告并按有关规定处理。

中国证监会
2015 年

参考文献

一、著作

[1] 陈共. 财政学（第十版）[M]. 北京：中国人民大学出版社，2020.

[2] 郭树清. 完善现代金融监管体系 [M]//《中共中央关于制定国民经济和社会发展第十四个五年规划和二〇三五年远景目标的建议》辅导读本. 北京：人民出版社. 2020.

[3] 贾康，刘薇. 构建现代治理基础中国财税体制改革40年 [M]. 广州：广东经济出版社，2017.

[4] 刘尚希，傅志华，等. 中国改革开放的财政逻辑（1978—2018）[M]. 北京：人民出版社，2018.

[5] 刘尚希. 财税热点访谈录 [M]. 北京：人民出版社，2016.

[6] 刘尚希. 公共风险论 [M]. 北京：人民出版社，2018.

[7] 毛捷. 地方公债学：理论与实务 [M]. 北京：清华大学出版社，2021.

[8] 王玮. 地方财政学（第三版）[M]. 北京：北京大学出版社，2019.

[9] 谢旭人. 中国财政60年 [M]. 北京：经济科学出版社，2009.

[10] 周黎安. 转型中的地方政府：官员激励与治理（第二版）[M]. 上海：格致出版社，2017.

[11] 朱军. 高级财政学Ⅱ—DSGE的视角及应用前沿（模型分解与编程）[M]. 上海：上海财经大学出版社，2019.

二、译著

[1] 詹姆斯·M. 布坎南，理查德·A. 马斯格雷夫. 公共财政与公共选择：两种截然对立的国家观 [M]. 类承曜，译. 北京：中国财政经济出版社，2000.

[2] 理查德·A. 马斯格雷夫，艾伦·T. 皮考克. 财政理论史上的经典文献 [M]. 刘守钢，王晓丹，译. 上海：上海财经大学出版社，2015.

[3] 理查德·A. 马斯格雷夫，佩吉·B. 马斯格雷夫. 财政理论与实践（第5版）[M]. 邓子基，邓力平，译. 北京：中国财政经济出版社，2003.

[4] 亚当·斯密. 国民财富的性质和原因的研究 [M]. 上海：商务印书馆，1972.

三、期刊

[1] 陈金至，宋鹭. 从土地财政到土地金融：论以地融资模式的转变 [J]. 财政研究，2021（1）：86-101.

[2] 陈志勇，陈莉莉. "土地财政"：缘由与出路 [J]. 财政研究，2010（1）：29-34.

[3] 楚尔鸣，曹策，李逸飞. 开发区升级与城投债杠杆率：影响机制与异质性 [J]. 财贸经济，2021，42（5）：144-160.

[4] 范子英. 土地财政的根源：财政压力还是投资冲动 [J]. 中国工业经济，2015（6）：18-31.

[5] 傅勇. 中国的分权为何不同：一个考虑政治激励与财政激励的分析框架 [J]. 世界经济，2008（11）：16-25.

[6] 高然，龚六堂. 土地财政，房地产需求冲击与经济波动 [J]. 金融研究，2017（4）：32-45.

[7] 葛扬，岑树田. 中国基础设施超常规发展的土地支持研究 [J]. 经济研究，2017（2）：35-51.

[8] 龚强，王俊，贾坤. 财政分权视角下的地方政府债务研究：一个综

述 [J]. 经济研究, 2011 (7): 144-156.

[9] 郭长林, 胡永刚, 李艳鹤. 财政政策扩张、偿债方式与居民消费 [J]. 管理世界, 2013 (2): 64-77.

[10] 郭玉清, 何杨, 李龙. 救助预期、公共池激励与地方政府举债融资的大国治理 [J]. 经济研究, 2016, 51 (3): 81-95.

[11] 郭玉清, 毛捷. 新中国 70 年地方政府债务治理: 回顾与展望 [J]. 财贸经济, 2019 (9): 51-64.

[12] 郭玉清, 薛琪琪, 姜磊. 地方政府债务治理的演进逻辑与转型路径: 兼论中国地方政府债务融资之谜 [J]. 经济社会体制比较, 2020 (1): 34-43.

[13] 国务院发展研究中心土地课题组, 李剑阁, 蒋省三, 韩俊, 刘守英. 土地制度、城市化与财政金融风险: 来自东部一个发达地的个案 [J]. 改革, 2005 (10): 12-17.

[14] 何芳, 滕秀秀, 易媛. 土地财政与地方政府债务系统性风险传染效应分析 [J]. 统计与决策, 2021, 37 (11): 142-146.

[15] 何杨, 满燕云. 地方政府债务融资的风险控制: 基于土地财政视角的分析 [J]. 财贸经济, 2012 (5): 45-50.

[16] 何涌, 陈之雨. 地方政府隐性债务是否促进企业对外直接投资?——基于融资能力和土地价格扭曲视角 [J]. 投资研究, 2023, 42 (5): 139-160.

[17] 黄志刚, 许伟. 住房市场波动与宏观经济政策的有效性 [J]. 经济研究, 2017 (5): 103-116.

[18] 纪志宏, 周黎安, 王鹏, 赵鹰妍. 地方官员晋升激励与银行信贷: 来自中国城市商业银行的经验证据 [J]. 金融研究, 2014 (1): 1-15.

[19] 冀云阳. 新时代地方政府债务管理改革研究: 从预算管理到绩效治理 [J]. 经济学家, 2021 (2): 62-70.

[20] 蒋震, 邢军. 地方政府"土地财政"是如何产生的 [J]. 宏观经济研究, 2011 (1): 20-24.

[21] 刘畅，曹光宇，马光荣．地方政府融资平台挤出了中小企业贷款吗？[J]．经济研究，2020，55（3）：50-64．

[22] 刘昊．地方政府债务理论：国内外研究比较与国内研究展望[J]．经济理论与经济管理，2013（11）：59-70．

[23] 刘民权，孙波．商业地价形成机制、房地产泡沫及其治理[J]．金融研究，2009（10）：22-37．

[24] 刘穷志，刘夏波．日本地方政府债务治理及启示[J]．现代日本经济，2020（5）：24-39．

[25] 刘尚希，石英华，武靖州．制度主义公共债务管理模式的失灵：基于公共风险视角的反思[J]．管理世界，2017（1）：5-16．

[26] 刘尚希．以拆弹的精准和耐心化解地方隐性债务风险[J]．地方财政研究，2018（8）：4-6．

[27] 刘守英，蒋省三．土地融资与财政和金融风险：来自东部一个发达地区的个案[J]．中国土地科学，2005，19（5）：3-9．

[28] 刘元春，陈金至．土地制度、融资模式与中国特色工业化[J]．中国工业经济，2020（3）：5-23．

[29] 罗长林，王天宇．地根经济的微观基础：土地抵押贷款的杠杆放大效应研究[J]．财贸经济，2017（4）：54-70．

[30] 罗党论，佘国满．地方官员变更与地方债发行[J]．经济研究，2015（6）：131-146．

[31] 马海涛，吕强．我国地方政府债务风险问题研究[J]．财贸经济，2004（2）：12-17．

[32] 毛捷，刘潘，吕冰洋．地方公共债务增长的制度基础：兼顾财政和金融的视角[J]．中国社会科学，2019（9）：45-67．

[33] 毛捷，马光荣．政府债务规模与财政可持续性：一个研究综述[J]．财政科学，2022（11）：10-41．

[34] 毛捷，徐军伟．中国地方政府债务问题研究的现实基础：制度变迁、统计方法与重要事实[J]．财政研究，2019（1）：3-23．

[35] 毛锐, 刘楠楠, 刘蓉. 地方债务融资对政府投资有效性的影响研究 [J]. 世界经济, 2018 (10): 51-74.

[36] 梅冬州, 崔小勇, 吴娱. 房价变动, 土地财政与中国经济波动 [J]. 经济研究, 2018 (1): 35-49.

[37] 梅冬州, 温兴春. 外部冲击、土地财政与宏观政策困境 [J]. 经济研究, 2020, 55 (5): 66-82.

[38] 孟宪春, 张屹山, 张鹤, 冯叶. 预算软约束、宏观杠杆率与全要素生产率 [J]. 管理世界, 2020, 36 (8): 50-65.

[39] 裴育, 欧阳华生. 地方债务风险预警程序与指标体系的构建 [J]. 当代财经, 2006 (3): 36-39.

[40] 钱先航, 曹廷求, 李维安. 晋升压力, 官员任期与城市商业银行的贷款行为 [J]. 经济研究, 2011 (12): 72-85.

[41] 沈坤荣, 施宇. 地方政府隐性债务的表现形式、规模测度及风险评估 [J]. 经济学动态, 2022 (7): 16-30.

[42] 司海平, 刘小鸽, 魏建. 地方政府债务融资的顺周期性及其理论解释 [J]. 财贸经济, 2018 (8): 21-34.

[43] 汤林闽. 我国地方政府资产负债表: 框架构建及规模估算 [J]. 财政研究, 2014 (7): 18-22.

[44] 汤玉刚, 石绍宾. 土地租税制度重构与地方债务融资模式转变 [J]. 复旦学报 (社会科学版), 2015 (4): 132-138.

[45] 唐铁汉. 我国开展行政问责制的理论与实践 [J]. 中国行政管理, 2007 (1): 6-8.

[46] 唐云锋, 马春华. 财政压力、土地财政与"房价棘轮效应" [J]. 财贸经济, 2017 (11): 39-54.

[47] 汪德华, 刘立品. 地方隐性债务估算与风险化解 [J]. 中国金融, 2019 (22): 53-54.

[48] 汪莉, 陈诗一. 政府隐性担保、债务违约与利率决定 [J]. 金融研究, 2015 (9): 66-81.

[49] 王国刚. 关于"地方政府融资平台债务"的冷思考 [J]. 财贸经济, 2012 (9): 14-21.

[50] 王晓光. 地方政府债务的风险评价与控制 [J]. 统计与决策, 2005 (18): 35-38.

[51] 魏国雄. 建立地方政府融资平台的融资约束机制 [J]. 中国金融, 2009 (20): 35-37.

[52] 吴俊培, 李淼焱. 中国地方债务风险及防范研究: 基于对中西部地方债务的调研 [J]. 财政研究, 2013 (6): 25-30.

[53] 谢思全, 白艳娟. 地方政府融资平台的举债行为及其影响分析: 双冲动下的信贷加速器效应分析 [J]. 经济理论与经济管理, 2013 (33): 60-80.

[54] 熊琛, 金昊. 地方政府债务风险与金融部门风险的"双螺旋"结构: 基于非线性 DSGE 模型的分析 [J]. 中国工业经济, 2018 (12): 23-41.

[55] 徐军伟, 毛捷, 管星华. 地方政府隐性债务再认识: 基于融资平台公司的精准界定和金融势能的视角 [J]. 管理世界, 2020, 36 (9): 37-59.

[56] 鄢志娟. 地方政府偿债能力评价: 以江苏省为例 [J]. 统计与决策, 2021 (16): 149-152.

[57] 闫先东, 张鹏辉. 土地价格, 土地财政与宏观经济波动 [J]. 金融研究, 2019 (9): 1-18.

[58] 杨继东, 杨其静, 刘凯. 以地融资与债务增长: 基于地级市面板数据的经验研究 [J]. 财贸经济, 2018 (2): 52-68.

[59] 姚余栋, 李宏瑾. 中国货币政策传导信贷渠道的经验研究: 总量融资结构的新证据 [J]. 世界经济, 2013 (3): 3-32.

[60] 余靖雯, 王敏, 郭凯明. 土地财政还是土地金融? ——地方政府基础设施建设融资模式研究 [J]. 经济科学, 2019 (1): 69-81.

[61] 余明桂, 王空. 地方政府债务融资、挤出效应与企业劳动雇佣 [J]. 经济研究, 2022, 57 (2): 58-72.

[62] 张婧屹, 李建强. 房地产调控, 金融杠杆与社会福利 [J]. 经济评

论，2018（3）：13-30.

[63] 张莉，黄亮雄，刘京军. 土地引资与企业行为：来自购地工业企业的微观证据 [J]. 经济学动态，2019（9）：84-98.

[64] 张莉，王贤彬，徐现祥. 财政激励，晋升激励与地方官员的土地出让行为 [J]. 中国工业经济，2011（4）：35-43.

[65] 张路. 地方债务扩张的政府策略：来自融资平台"城投债"发行的证据 [J]. 中国工业经济，2020（2）：44-62.

[66] 张牧扬，潘妍，范莹莹. 减税政策与地方政府债务：来自增值税税率下调的证据 [J]. 经济研究，2022，57（3）：118-135.

[67] 张青，胡凯. 中国土地财政的起因与改革 [J]. 财贸经济，2009（9）：79-83.

[68] 张佐敏. 财政规则与政策效果：基于 DSGE 分析 [J]. 经济研究，2013（1）：41-53.

[69] 赵扶扬，刘睿智. 土地空间配置、地方政府债务分化与区域协调发展 [J]. 数量经济技术经济研究，2024，41（4）：26-47.

[70] 赵扶扬，王忏，龚六堂. 土地财政与中国经济波动 [J]. 经济研究，2017（12）：46-61.

[71] 赵越强，柏满迎. 中国养老保障体系转制债务风险的压力测试评估 [J]. 数量经济技术经济研究，2018（4）：80-96.

[72] 郑石桥. 政府审计对公共权力的制约与监督：基于信息经济学的理论框架 [J]. 审计与经济研究，2014，29（1）：11-18.

[73] 郑思齐，孙伟增，吴璟. "以地生财，以财养地"：中国特色城市建设投融资模式研究 [J]. 经济研究，2014，49（8）：14-27.

[74] 中国经济增长前沿课题组，张平，刘霞辉. 城市化、财政扩张与经济增长 [J]. 经济研究，2011（11）：4-20.

[75] 钟辉勇，陆铭. 财政转移支付如何影响了地方政府债务？[J]. 金融研究，2015（9）：1-16.

[76] 钟辉勇，钟宁桦，朱小能. 城投债的担保可信吗？——来自债券评

级和发行定价的证据［J］. 金融研究，2016（4）：66-82.

［77］钟宁桦，刘志阔，何嘉鑫，苏楚林. 我国企业债务的结构性问题［J］. 经济研究，2016，51（7）：102-117.

［78］周飞舟. 大兴土木：土地财政与地方政府行为［J］. 经济社会体制比较，2010（3）：77-89.

［79］周飞舟. 生财有道：土地开发和转让中的政府和农民［J］. 社会学研究，2007（49）：49-82，243-244.

［80］周佳音，陆毅. 土地市场降温与地方政府债务风险：来自区县级数据的证据［J］. 数量经济技术经济研究，2024，41（7）：28-48.

［81］周黎安. 中国地方官员的晋升锦标赛模式研究［J］. 经济研究，2007（7）：36-50.

［82］周文婷，吴一平. 基于财政补贴视角的隐性担保对信贷约束的影响［J］. 财政研究，2020（10）：42-56.

［83］朱军，李建强，张淑翠. 财政整顿、"双支柱"政策与最优政策选择［J］. 中国工业经济，2018，365（8）：26-43.

四、报纸

［1］刘尚希. 要警惕地方债务风险隐形化，看不到房地产税出台迹象［N］. 新京报，2021-01-06.

五、著作

［1］Auerbach A J，Chetty R，Feldstein M，Saez E. Handbook of public economics（Volume 5）［M］. Amsterdam：Elsevier，2013.

［2］Backhaus J G，Wagner R E. Handbook of public economics［M］. New York：Springer，2004.

［3］D'Erasmo P，Mendoza E G，Zhang J. What is a sustainable public debt?［M］//Handbook of macroeconomics. Amsterdam：Elsevier，2016.

［4］Feldstein S G，Fabozzi F J. The handbook of municipal bonds［M］.

Hoboken：John Wiley & Sons，2008.

［5］Fisher R C. State and local public finance ［M］. London：Routledge，2022.

［6］Khan K. The urban development investment corporations（UDICs）in Chongqing，China ［M］. Washington，D. C.：World Bank，2012.

［7］Lu Y，Sun T. Local government financing platforms in China：a fortune or misfortune?［M］. Washington，D. C.：International Monetary Fund，2013.

［8］Polackova H. Contingent government liabilities：a hidden risk for fiscal stability ［M］. Washington，D. C.：World Bank Publications，1998.

［9］Spiotto J E. The last resort for financially distressed municipalities ［M］// The handbook of municipal bonds. Hoboken：John Wiley & Sons，2008.

［10］Taylor J B，Woodford M，Uhlig H. Handbook of macroeconomics ［M］. Amsterdam：Elsevier，1999.

［11］Yusuf J，Fowles J，Grizzle C，Liu G. State Fiscal Constraints on Local Government Borrowing：Effects on Scale and Cost ［M］// Handbook of Local Government Fiscal Health，Burlington：Jones & Bartlett Publishers，2012.

六、期刊

［1］Afonso A，Jalles J T. Growth and productivity：The role of government debt ［J］. International Review of Economics & Finance，2013（25）：384-407.

［2］Ang A，Bai J，Zhou H. The great wall of debt：Real estate，political risk，and Chinese local government financing cost ［J］. The Journal of Finance and Data Science，2023（9）：100098.

［3］Bao H X H，Wang Z，Wu R L. Understanding local government debt financing of infrastructure projects in China：Evidence based on accounting data from local governmentfinancing vehicles ［J］. Land Use Policy，2024（136）：106964.

［4］Barro R J. On the determination of the public debt ［J］. Journal of political Economy, 1979, 87 (5, Part 1): 940-971.

[5] Bernanke B S, Gertler M, Gilchrist S. The financial accelerator in a quantitative business cycle framework [J]. Handbook of macroeconomics, 1999 (1): 1341-1393.

[6] Blankart C B, Klaiber A. Subnational government organisation and public debt crises [J]. Economic Affairs, 2006, 26 (3): 48-54.

[7] Bohn H. Are stationarity andcointegration restrictions really necessary for the intertemporal budget constraint? [J]. Journal of monetary Economics, 2007, 54 (7): 183 7-1847.

[8] Buchannan. J. Taxation in fiscal exchange [J]. 1976, 6 (1-2): 17-29.

[9] Cai M, Fan J, Ye C, Zhang Q. Government debt, land financing and distributive justice in China [J]. Urban Studies, 2021, 58 (11): 2329-2347.

[10] Chen J, Wu F. Housing and landfinancialization under the state ownership of land in China [J]. Land Use Policy, 2022 (112): 104844.

[11] Chen T, Kung J K. Busting the "Princelings": The campaign against corruption in China's primary land market [J]. The Quarterly Journal of Economics, 2019, 134 (1): 185-226.

[12] Chen Z, He Z, Liu C. The financing of local government in China: Stimulus loan wanes and shadow banking waxes [J]. Journal of Financial Economics, 2020, 137 (1): 42-71.

[13] Cheng Y, Jia S, Meng H. Fiscal policy choices of local governments in China: Land finance or local governmentdebt? [J]. International Review of Economics & Finance, 2022 (80): 294-308.

[14] Diamond P A. National debt in a neoclassical growth model [J]. The American Economic Review, 1965, 55 (5): 1126-1150.

[15] Eberhardt M, Presbitero A F. Public debt and growth: Heterogeneity and non-linearity [J]. Journal of international Economics, 2015, 97 (1): 45-

58.

[16] Gao H, Ru H, Tang D Y. Subnational debt of China: The politics-finance nexus [J]. Journal of Financial Economics, 2021, 141 (3): 881-895.

[17] Goto Y. Governance of the Management of Public Debt in Japan [J]. Public Policy Review, 2008, 4 (1): 1-36.

[18] Guo S, Shi Y. Infrastructure investment in China: A model of local government choice under land financing [J]. Journal of Asian Economics, 2018 (56): 24-35.

[19] Gyourko J, Shen Y, Wu J, Zhang R. Land finance in China: Analysis and review [J]. China Economic Review, 2022 (76): 101868.

[20] Iacoviello M, Neri S. Housing market spillovers: evidence from an estimated DSGE model [J]. American Economic Journal: Macroeconomics, 2010, 2 (2): 125-164.

[21] Iacoviello M. Financial business cycles [J]. Review of Economic Dynamics, 2015, 18 (1): 140-163.

[22] Iacoviello M. House prices, borrowing constraints, and monetary policy in the business cycle [J]. American Economic Review, 2005, 95 (3): 739-764.

[23] Kornai J. The soft budget constraint [J]. Kyklos, 1986 (1): 3-30.

[24] Liu Z, Wang P, Zha T. Land-price dynamics and macroeconomic fluctuations [J]. Econometrica, 2013, 81 (3): 1147-1184.

[25] Panizza U, Presbitero A F. Public debt and economic growth: is there a causal effect? [J]. Journal of Macroeconomics, 2014 (41): 21-41.

[26] Plekhanov A, Singh R. How should subnational government borrowing be regulated? Some cross-country empirical evidence [J]. IMF Staff Papers, 2006 (53): 426-452.

[27] Teles V K, Mussolini C C. Public debt and the limits of fiscal policy to increase economic growth [J]. European Economic Review, 2014 (66): 1-15.

［28］ Ter-Minassian T. Fiscal and Financial Issues for 21st Century Cities ［J］. Global Economy and Development at Brookings，2016：1-22.

［29］ Wiesen M A. Chapter 9 Bankruptcy in Detroit and the Pension Problem ［J］. New Eng. L. Rev. On Remand，2014（49）：25.

［30］ Wigger B U. A note on public debt，tax-exempt bonds，and Ponzi games ［J］. Journal of Macroeconomics，2009，31（3）：492-499.

［31］ Wu F. Landfinancialisation and the financing of urban development in China ［J］. Land Use Policy，2022（112）：104412.